LIBRES MÉDITATIONS
D'UN
SOLITAIRE INCONNU.

Ouvrages du même auteur, qui se trouvent chez les mêmes Libraires:

Rêveries sur la nature de l'homme, etc.; nouv. édition, 1809, 1 vol. in-8.
De l'Amour; seconde édition, 1808, 1 volume in-8.
Observations critiques sur l'ouvrage intitulé: *Génie du Christianisme*, 1816 (non *annoncé* en général), 1 vol. in-8.

Imprimerie de Fain, place de l'Odéon.

LIBRES MÉDITATIONS

D'UN

SOLITAIRE INCONNU,

SUR

LE DÉTACHEMENT DU MONDE, ET SUR D'AUTRES OBJETS
DE LA MORALE RELIGIEUSE;

Publiées par M. de Senancour.

PARIS,

P. MONGIE AINÉ, LIBRAIRE, BOULEVART
POISSONNIÈRE, N°. 18;

CERIOUX, LIBRAIRE, QUAI VOLTAIRE, N°. 17.

1819.

On a vu de notre temps une chose singulière. Un homme vivait au milieu des bois de Fontainebleau, parmi les roches qui sont en grand nombre dans cet espace, d'environ vingt lieues carrées, que terminent le bourg de Milly, et l'ancienne ville de Moret. Le métier de cet homme robuste et bon travailleur était celui de terrassier dans les carrières de grès où l'on taille des pavés qu'on embarque ensuite aux ports de Lacave et de Valvin. C'est vers l'âge de trente ans qu'il adopta une manière de vivre dont le motif n'est point connu. Durant tout un demi-siècle, il passa les nuits sur le sable ou sur quelques branchages. Sa femme et ses deux fils restèrent avec lui plusieurs années; mais ensuite l'un de ses enfans se fit militaire à l'instigation des autres ouvriers, et le second se noya en traversant la Seine. Leur mère mourut âgée de quarante-cinq ans, et on croit que l'ennui abrégea ses jours. Cet ouvrier vécut donc seul dans la forêt pendant plus de quarante ans. Il en avait quatre-vingt-deux, lorsque vers Noël, en 1805, dit-on, ses anciens camarades, le voyant près de sa fin, le transportèrent malgré lui à Fontainebleau, où il ne tarda pas à mourir.

Plusieurs fois ces gens qui l'aimaient, ne pouvant

le décider à quitter sa demeure, avaient cherché du moins à la lui rendre plus commode. Il s'y était refusé constamment. Un jour, en son absence, on entoura de bruyère et de morceaux de grès disposés avec soin, cette espèce de caverne, et on l'orna d'une porte; mais elle lui déplut alors : il fut sur le point de l'abandonner, et il n'y resta qu'après avoir détruit en partie ce qu'on avait fait. Il possédait néanmoins quelques ustensiles, et même des meubles grossiers. Il s'était approprié un peu de terrain; il y récoltait du blé, ainsi que des légumes : il nourrissait des poules et un chien. Des haies de sureau entouraient son petit domaine; une pierre lui servait de table, et il dormait sans se déshabiller.

Lallemant s'était fixé dans la partie septentrionale de la hauteur qu'on nomme *le Rocher Saint-Germain*, près du chemin qui conduit de la Belle-Croix au port de Lacave. Il eût pu choisir, au pied de ces mêmes collines, une exposition moins froide; mais, dans le fort de l'hiver, il arrangeait autour de lui des branches de genièvre, et il fermait sa porte, c'est-à-dire qu'il dressait une planche.

Souvent les personnes qui dînaient dans la forêt, envoyaient chez lui du gibier ou du vin. Il était surtout l'objet de ces attentions ou de cette curiosité, durant les *voyages* de la cour, et même il était connu de Louis XVI. Mais, dès qu'il apercevait une calèche, il s'éloignait; ou, si on le surprenait dans son asile, on avait beaucoup de peine à lui faire accepter quelque chose.

On ne le voyait à l'église que le dimanche seulement, et il n'y a point d'apparence que la dévotion l'ait jeté dans cette retraite. Rien non plus n'annonce que l'avarice l'y ait déterminé : l'on sait qu'il portait quelques secours chez les malades des villages voisins ; et, comme il ne fréquentait pas les cabarets, on conjecture qu'il distribuait en général son argent à ceux dont les besoins étaient plus étendus que les siens, se bornant, pour sa propre consommation, au produit du terrain fort maigre qu'il cultivait. On dit que sa manière de vivre attira sur lui l'attention de la police, et qu'on le surveilla dans les premiers temps ; mais ensuite son indépendance, et même ses défrichemens furent tolérés d'après les ordres du roi.

On prétend que les papiers intitulés *Soirées d'un homme inconnu*, et, sur un autre feuillet, *Méditations*, etc., furent trouvés dans l'espèce de grotte où cet homme remarquable avait vécu. Mais il paraît qu'on n'a pris aucune précaution pour constater ce fait.

Dans des notes qui sont de la même main, et qui ne renferment du reste que des choses inutiles au public, on voit que l'auteur anonyme avait quarante-deux ou quarante-trois ans lorsqu'il écrivit les *observations* dont il voulait faire une sorte de préface, ou peut-être de discours préliminaire. Ces observations ne sont point terminées, et tout porte à croire qu'elles eussent été beaucoup plus étendues, s'il n'avait pas négligé d'y revenir. Quant aux Méditations mêmes, l'auteur s'en occupa deux fois, à ce qu'il semble ; mais ensuite il les abandonna. On n'a pas d'autres renseignemens sur sa personne, et vraisemblablement on ignorera toujours ce qui le concerne. Ses penchans paraissent l'avoir distingué des gens d'esprit qui font profession d'écrire, et on voit aussi qu'il ne fût pas homme d'église. Ce n'est point non plus l'habitant même du Rocher Saint-Germain : outre les indications que fournissent plusieurs passages des Soirées, il est certain que cet ouvrier estimable, et peut-être extraordinaire dans ses mœurs, a manqué d'instruction ; que rien ne le séparait, sous ce rapport, des autres individus de son état, et que d'ailleurs il ne possédait pas même le très-petit nombre de livres que le véritable auteur paraît avoir gardés.

Il ne serait pas moins difficile de dire quelles étaient précisément les opinions de l'auteur, et dans quels lieux il se retira. Fut-il soumis à l'autorité de l'église romaine; et, en s'abstenant dans son livre, de ce qui tient au dogme, avait-il en vue de ne pas éloigner les *incrédules* même ? Devons-nous au contraire le considérer simplement comme un homme désabusé du monde, et pénétré des avantages qu'obtiendrait quiconque, méditant sur les plus grands objets de la pensée, voudrait soumettre toujours ses principes et sa conduite aux lois immuables ? Quoi qu'il en soit, il admet du moins par ses vœux une existence prolongée, dans laquelle la vie présente n'est apparemment que le jour des épreuves; et, s'il laisse entrevoir des doutes particuliers, ces doutes mêmes n'affaibliraient pas les principes essentiels: partout il en reconnaît l'évidence. Il parle en même temps à ceux qui affirment, et à ceux qui supposent comme seulement vraisemblable, que la raison de l'homme et ses devoirs font partie des desseins éternels.

Je pourrais ajouter que sans exception, c'est-à-dire, indépendamment de toute croyance, cette lecture convient aux hommes justes, puisque tous admettent une loi suprême, ou la souhaitent ardemment. Si plusieurs d'entre eux forment des objections, cette incertitude, contraire à leurs désirs, les prive de la seule espérance qui soit supérieure à toutes les peines; des réflexions propres à rétablir cette espérance ne sauraient leur déplaire.

Dans les sermons ou les homélies, et dans d'autres livres, on trouve des maximes utiles à un grand nombre de personnes; mais il faut aussi quelques ouvrages qui n'appartiennent pas uniquement à la classe des livres de dévotion, et qui puissent entrer dans tous les cabinets. C'est dans des vues semblables que Necker a fait la *Morale religieuse*. L'éditeur ne sera donc blâmé ni par les hommes sages des diverses communions, ni par ceux qui ont entrepris de marcher sans secours surnaturels dans les voies de la justice. C'est aux amis de la vérité, anachorètes modernes, ou simples particuliers, nouveaux Pascals, ou nouveaux Épictètes, que s'adressent ces pages, insuffisantes comme tant d'autres, mais qui paraissent écrites dans des intentions louables. Il se peut assurément qu'elles ne soient pas toujours conformes à mes opinions personnelles; mais ce n'eût pas été un motif pour refuser d'en être l'éditeur : il suffit qu'en général je les croie utiles, et que je n'y aperçoive rien de dangereux, ou de contraire à la raison. Ainsi je ne les publierais point si j'y trouvais quelque trace d'intolérance ; c'est la plus grande marque d'une religion toute charnelle. Je n'affirme pas pourtant qu'on ne puisse jamais en rencontrer chez des hommes pleins de bonne foi; les causes des erreurs humaines sont trop diverses pour que cette exception paraisse impossible. Mais enfin, il est temps de séparer de toute passion, de tout dessein vil ou frivole, les considérations religieuses; il est temps que les hommes soient unis au nom de celui qui les voit tous d'un même œil, et que sous ce rapport ils oublient mutuellement leurs fautes, dont ils avouent que le juge suprême connaît seul les conséquences essentielles. Trop de gens aujourd'hui seraient indignés si des fourbes alléguaient dans leurs complots les sentimens les plus respectables. Toute dissimulation chez ceux qui prétendent servir le Dieu de vérité, sera toujours une monstrueuse inconséquence; et, malgré des tentatives qui parurent dernièrement n'exciter qu'une indignation silencieuse, il est certain que la France verrait dans des persécutions, non pas seulement un attentat, mais une impiété.

Un défaut surtout aurait frappé ceux qui auraient eu à examiner ce manuscrit sous le rapport littéraire. Pour y remédier tout-à-fait, il eût fallu se permettre d'assez nombreuses transpositions. Peut-être l'auteur n'avait-il pas d'abord divisé sa matière en trente chapitres; vraisemblablement ils eussent été d'une étendue plus égale. Peut-être aussi, en se livrant au cours de ses pensées avec cette indépendance qu'il paraît avoir chérie, songeait-il moins à bien dire, qu'à dire des choses dont on pût tirer quelque avantage. Il reconnaît lui-même qu'il n'a pas su rendre à beaucoup près tout ce qu'il eût dû écrire; mais enfin il se rapprochait ainsi de la manière naturelle qui caractérise les livres de Salomon, de Job, ou de quelques prophètes israélites, et que l'on retrouve dans des ouvrages plus modernes, dont l'objet est semblable. Celui que je publie présentera quelque uniformité; c'est toujours un développement de cette idée qui n'embrasse pas toute la loi, mais qui en est un ferme appui : ne prendre pour guide aucune passion, n'étudier que l'ordre universel, désirer par-dessus tout de se réformer soi-même, espérer enfin une existence moins précaire et moins agitée. L'auteur n'annonce pas des prétentions étrangères à son but principal; il ne faut exiger de lui que ce qu'il promet, et ce qui est conforme au caractère qu'on doit lui attribuer. Ce n'était pas un ermite dans l'acception ordinaire, ce n'était pas un homme du monde; mais sans doute un individu paisible, qui ne s'occupait sérieusement que des besoins réels, et d'une perspective infinie.

Il me sera permis de m'arrêter à une observation assez importante. Nous ne pourrons prêter un langage vraiment convenable à la Divinité, qui n'a besoin d'aucun langage; et, dans nos suppositions même, il nous est très-difficile de ne pas nous exprimer d'une manière pour ainsi dire blasphématoire, en faisant parler cette sagesse que nul homme ne peut comprendre. Il faudrait du moins s'élever alors à une noble simplicité, c'est ce que nous connaissons de plus majestueux; il faudrait ne pas donner pour des paroles divines un bavardage que de certains hommes ne voudraient pas se voir attribuer. Les longs discours du Père Éternel, dans le troisième chant du *Paradis perdu*, n'ont point de dignité; cette remarque est de l'abbé Delille. Dans l'*Imitation*, l'âme et son guide céleste discourent ensemble fort longuement; l'âme répond à Jésus (en l'interrompant, je crois): « Seigneur, ce que vous dites est très-véritable. » Il y a même, dans la traduction faite par dom Robert Morel, version fort approuvée de la Sorbonne, un chapitre intitulé : *De l'Amitié familière avec Jésus.* Je ne veux pas justifier à tous égards les Méditations que je publie ; mais enfin l'on n'y verra pas « Dieu et l'âme se donner des témoignages de tendresse » réciproques et continuels, » comme dans *le Commencement et la Perfection de la Sagesse* par le jésuite Comitin, monument qui, selon le jésuite, sera plus durable que le bronze. Je pourrais citer aussi quelques passages des plus célèbres sermonnaires, et au besoin, j'en trouverais jusque dans le *Petit Carême*. Il était incomparablement plus facile d'écrire avec l'approbation générale, lorsque le goût du siècle permettait d'employer presque tout ce qui venait dans l'esprit, et quand les différens moyens d'émouvoir n'avaient encore rien de trop vulgaire.

Quelques personnes penseront que l'auteur, ayant négligé, peut-être à dessein, ce qui appartiendrait exclusivement au catholicisme, n'a pas pris le moyen de se ménager beaucoup de lecteurs ; elles ajouteront qu'il ne doit plaire qu'au petit nombre, puisqu'il s'adresse surtout aux hommes dont la pensée est seulement religieuse, et à ceux qui, dans les diverses doctrines, cherchent sincèrement une interprétation de la doctrine céleste. Je ne répondrai pas directement à cette objection ; il est plus convenable d'éviter autant que possible de préconiser ce qu'on publie. S'en charger, c'est déjà faire voir que l'on croirait facile de disculper l'auteur sous les rapports essentiels. Ne faut-il pas avouer, en outre, que chez la plupart des hommes qui lisent, la religion n'est point ce qu'ils prétendent eux-mêmes, et que, malgré l'importance qu'ils s'efforcent d'y mettre, il n'est rien aujourd'hui qu'on néglige davantage. On entend, par la religion de nos pères, celle que l'on s'est faite; tous ces catholiques adoptent une réforme. On voit même plusieurs défenseurs modernes du christianisme se dire : Si nous rejetons quiconque ne sera pas notre ami sans restriction, nous n'aurons guère de partisans. De nos jours, en effet, la prudence ne doit pas condamner ce qu'il y a de vague dans l'attachement de certains hommes à la religion de leurs ancêtres. Voulez-vous exiger un assentiment plus parfait, vous vous exposez à une résistance positive. C'est à peu près ainsi que l'athéisme devint commun à l'époque du renouvellement des sciences. On avait la maladresse d'encourager encore les inclinations superstitieuses; l'aveuglement avec lequel la multitude avait écouté de nombreux sectaires, inspira le dégoût à des esprits moins dociles, et fut la cause principale de cette incrédulité. Ce qui est certainement contraire à la foi, c'est de substituer aux intérêts de l'éternité les intérêts du jour; ce qui dégrade la religion, c'est de la subordonner à des convenances politiques, ou à l'ambition d'un corps; ce qui est sacrilége, enfin, c'est de prétendre relever la majesté de l'œuvre de Dieu, par un luxe puéril, et des inventions populaires.

De siècle en siècle, l'opiniâtre intervention de l'homme dans la religion a beaucoup nui à l'autorité divine des idées religieuses. Serviles imitateurs du vieux temps, que font la plupart de ceux qui se disent la lumière des peuples ? Voulant des aides et des prosélytes dans leurs vues temporelles, ils ne savent rien de mieux que d'orner, pour les passions, la carrière du sacerdoce; ils la déshonorent par des dignités, par des bénéfices. C'est avec une industrie aussi condamnable qu'on décide le peuple à fréquenter les églises. Ce sont pour les gens privés de fortune, des lieux de fête, de réunion, de parade. Chacun y va pour se montrer, pour avoir l'occasion de s'habiller, pour passer le temps au moyen de pratiques que des hommes religieux n'eussent jamais imaginées. Cette longue condescendance pour les faiblesses des hommes réduit à des dehors trompeurs, à de dévotes coutumes, la religion de Dieu.

Vous qui prêchez assidûment contre les sophistes, n'ayez plus recours à tant de subtilités pour confondre avec les garanties de la morale même, le bizarre privilége de vos titres humblement fastueux et pour persuader qu'une religion ne peut consoler les indigens ou les infirmes, si ses prélats ne sont pas traînés par quatre chevaux blancs. Ces manœuvres ne vous rendront point l'ascendant qu'elles vous ont fait perdre. Essayez un moyen nouveau; relisez les maximes de conduite qui brillent dans vos exhortations, peut-être les pompes du monde cesseront-elles de vous séduire. Mais ce n'est qu'un premier pas; cherchez dans l'Évangile, non plus un texte pour votre éloquence avide de réputation, mais votre propre loi. Si jamais un sentiment religieux agrandit vos espérances, vous placerez votre but au-delà de ce que n'approuve pas même une sagesse profane; et, quand vous aurez parlé des splendeurs de la vie future, vous ne demanderez plus pour récompense les vanités de nos jours. Inspirés enfin par une religion que vous invoquiez sans paraître en discerner les fondemens, vous la débarrasserez de cet alliage qui, dans vos leçons même, la faisait méconnaître ; on vous verra modérés à l'égard de vos besoins présens, parce que vous aurez des besoins infinis ; et comme alors vos habitudes seront simples, et votre zèle sincère, vos paroles deviendront sublimes *.

---

* L'existence de ce manuscrit, en 1813, a été connue du directeur de la librairie, M. de P....., et de deux autres personnes. L'impression devait avoir lieu à cette époque. Les corrections nouvelles (l'éditeur s'est permis d'en faire un certain nombre) ne changent nullement l'esprit de ces Méditations.

OBSERVATIONS

LAISSÉES PAR L'AUTEUR.

L'homme détrompé ne se sépare pas du monde à tous égards. Ses intérêts personnels ne l'y ramèneront pas, mais les vrais liens subsistent ; il n'y a de barrière entre ses semblables et lui, que pour les choses du temps, l'éternité leur est commune. Que j'oublie à jamais les démêlés des hommes, et que leur ambition oublie mes heures silencieuses, et mon nom sans gloire. Mais que leur frère éloigné se rapproche d'eux, s'il est possible, par quelques-unes de ces pensées qui appartiennent à tous les siècles, et qui sont propres à l'homme de la terre, sans flatter ses penchans terrestres.

Le milieu de la vie semble être le temps le plus favorable pour apprécier tout ce qu'un mortel peut se promettre. Chez les vieillards, le mépris des passions devient suspect. Dans la première jeunesse, cette manière de voir passerait pour un enthousiasme accidentel. Mais quand le temps a rectifié les idées, sans avoir détruit cette aptitude qui nourrit les désirs, lorsque jeune encore, on a également connu et les usages du monde, et la retraite, on peut dire aux hommes : J'ai observé sans prévention vos coutumes, et ce que vous nommez vos plaisirs; tout m'a paru vain, hors l'espérance d'une âme soumise à la justice. *Adhærere Deo!*

Est-ce pour nous seuls, et pour les seuls intérêts de la vie actuelle, que nous sommes émus quelquefois avec tant de force? Nous sentons ce que nous ne pouvons exprimer, nous apercevons ce que nous ne pourrions décrire. Une voix puissante nous dit de tout quitter, et de proposer le même repos à ceux que nous estimons; elle nous dit de commencer de plus nobles jours: mais le voile n'est point levé, les entraves se multiplient, et souvent on ne saurait saisir ce qui paraît nécessaire.

Dès à présent, je vois du moins un vœu à former, je vois un travail à entreprendre.....

TABLE.

	Pages
Notice.	v
Observations.	xvij
Iere. Soirée. Incertitude de l'esprit, etc.	1
IIe. — Misères humaines, etc.	10
IIIe. — De l'instabilité des choses présentes, etc.	21
IVe. — De l'amour de l'ordre au milieu même de notre ignorance.	37
V^e. — Des passions, etc.	52
VIe. — De la soumission aux lois suprêmes, etc.	67
VIIe. — De l'immortalité, etc.	86
VIIIe. — De la mort, etc.	109
IXe. — Harmonie des choses célestes, etc.	126
X^e. — Beauté des objets visibles, etc.	139
XIe. — Unité divine.	155
XIIe. — Vanité des travaux, etc.	161
XIIIe. — Vanité des succès, etc.	179
XIVe. — Vanité des espérances, etc.	194
XVe. — Du contentement sur la terre.	203
XVIe. — De l'obscurité des lois morales, etc.	225
XVIIe. — Détachement du monde, etc.	239
XVIIIe. — Des solitaires.	252
XIXe. — De la paix intérieure.	275
XXe. — Avantages temporels des justes, etc.	290
XXIe. — Solitude particulière, etc.	305
XXIIe. — De l'usage de nos facultés, etc.	314

XXIII⁰. — De quelques habitudes morales que
l'éducation peut donner. 327
XXIV⁰. — Des fautes irréparables, etc. 336
XXV⁰. — Indulgence, équité, etc. 342
XXVI⁰. — Amour des hommes, etc. 372
XXVII⁰. — Bienfaisance, commisération, etc. . 389
XXVIII⁰. — De la faiblesse de nos moyens, etc. . 409
XXIX⁰. — Examen de soi-même, communication
avec le monde invisible, etc. . . . 415
XXX⁰. — Des œuvres conformes à la croyance, etc. 424

FIN DE LA TABLE.

LIBRES MÉDITATIONS

D'UN

SOLITAIRE INCONNU.

―――――――――――――――――――――――

SOIRÉE PREMIÈRE.

Incertitude de l'esprit, etc.

L'ORIGINE et la fin de nos désirs, les dernières conséquences de notre choix, les dernières suites de nos volontés sont généralement inconnues : la terre n'explique pas ce qui sort des limites de la terre. Il est impossible de dire quel avantage nous satisferait aujourd'hui ; nous n'éprouvons rien qui nous suffise, et nous savons seulement que nous voudrions être ce que nous ne sommes pas. J'ai besoin de me soustraire en partie à cette destinée commune ; c'est mon habitude de chercher dans d'autres pensées la paix ou la consolation que les pensées du monde ne donneraient point.

Vaudrait-il mieux se livrer à toute l'inconstance des hommes? la stérilité de leurs distractions n'affaiblirait-elle pas en nous de plus nobles sentimens ? On n'échappe pas au désordre en perdant de vue la vérité. Si je veux remédier au mal qui se renouvellerait en moi, j'en étudierai les causes. Prétendre trouver un refuge dans une témérité nouvelle, c'est imiter l'aveugle courage de la brute : lorsqu'elle est blessée, elle se précipite sur le fer qui la menace encore, et cet emportement diminue sa douleur; mais enfin elle tombe, et son ennemi triomphe. S'abandonner en fermant les yeux, c'est une résolution désespérée; il est peu digne d'un homme d'invoquer le hasard, et de se dire que désormais on sera subjugué par les choses présentes. Si vous croyez posséder les forces de l'âme, pourquoi ne pas concevoir des desseins plus mâles ? ou, si rien de réel ne nous est offert, que vous servira de rechercher vivement ce qui ne mérite, selon vous-même, aucune estime ? Ne saurait-on conserver jusqu'au moment de périr quelque tranquillité ?

Je ne prétends pas enseigner les voies difficiles que je suivrai moi-même avec trop de lenteur; je dirai seulement, et je répéterai qu'il est indispensable de s'attacher à les mieux connaître. C'est parce qu'une telle incertitude est pénible qu'on se la dissimule; nous, au contraire, nous nous en occuperons assidûment. L'importance surpasse la difficulté, *Quæ sursum sunt sapite, non quæ super terram* [1]. Je vois le seul vrai malheur de l'homme dans cette obscurité qui lui cache et le principe, et la règle, et le but. Que devons-nous être maintenant? que serons-nous ensuite? Dès ma première jeunesse je me suis fait cette question ; mais le cours des objets actuels nous entraîne chaque jour, et nul n'étudie constamment les lois durables.

Je parlerai surtout à ceux qui cherchent la vérité, qui la cherchent sincèrement. D'autres demanderont si je la vois toute entière dans les dogmes du pays que j'habite. Ma réponse serait superflue, soit parce que cela ne doit rien changer à la croyance de ceux qui me liront, soit parce que je n'ai pas le projet de m'adresser particulièrement à une certaine classe. Je ne me propose pas non plus de faire un ouvrage régulier ; je me borne à réunir quelques réflexions, et je désire qu'il s'en trouve d'utiles pour plusieurs pesonnes.

Ceux qui pourraient craindre que les idées religieuses et les conceptions illimitées ne fussent des erreurs, jugeront du moins

---

[1] Saint Paul aux Coloss., 3.

que cela ne saurait être prouvé. S'ils rencontraient partout la même incertitude que dans les choses de la terre, ne leur resterait-il aucun motif pour s'occuper des espérances les plus vastes? Je les suppose étrangers aux diverses religions, et je vais même jusqu'à leur attribuer de l'éloignement pour le culte de leurs compatriotes. En doivent-ils moins s'attacher aux premiers fondemens de toute prudence? Si nous étions réduits à nous dire que peut-être l'illusion est partout, ne faudrait-il pas encore préférer ce qui est plein de grandeur? Livrons-nous à l'espoir d'entrer bientôt dans des régions nouvelles; nous y gagnerons de sortir d'une sphère étroite que les afflictions remplissent, et nous jouirons d'une attente que du moins on ne voit jamais s'évanouir. Employons nos heures à examiner, dans la solitude, les probabilités d'une vie immortelle : vaudrait-il mieux passer ces mêmes heures à grossir une troupe servile, à fatiguer les princes, dans l'espoir d'obtenir, aux approches de la mort, des décorations recherchées par ceux qui sont enfans jusqu'au dernier jour? *

Ce sont nos prétentions qui nous accablent.

---

* L'auteur, quel qu'il ait été, n'a pu blâmer sans res-

Nous nous approcherons de la paix en reconnaissant que notre volonté n'est rien ; nous entrevoyons le repos quand nous nous sentons plongés dans l'infini. On trouve encore des hommes que n'entraînent pas sans retour les applaudissemens les plus frivoles, et tout le bruit de la vie agitée; je voudrais les ramener au goût des premiers biens, aux méditations sérieuses ; je voudrais détromper ces justes, incertains d'eux-mêmes, à qui le monde paraît encore agréable. Mais, s'il satisfait pleinement quelques-uns de ses disciples, ce n'est pas à eux que je puis m'adresser : il faudrait posséder tous les dons de la persuasion pour lutter contre une semblable faiblesse d'esprit. Ma voix est sans autorité, je n'ai point de mission, je ne suis pas même un véritable imitateur des premiers hommes du désert; mais, comme eux, je suis étranger au monde, je l'ai connu sans l'aimer jamais. De folles promesses ne m'ont point

---

triction des démarches qu'on doit faire assez souvent par des motifs raisonnables, et quelquefois peut-être dans de louables intentions. Ce qu'il croyait puéril, c'est de mettre à ces distinctions vulgaires, une certaine importance.

Voyez d'ailleurs la dernière note de la 18e. soirée.
Note de l'Editeur.

abusé ; j'aspirais à quelque chose de plus heureux.

La vie présente est comme un jour du dernier mois d'automne, un jour obscurci par des brouillards épais, et qui dure peu d'heures entre deux sombres crépuscules. A midi, le ciel paraît se découvrir, mais aussitôt les nuages se rapprochent et s'épaississent. Cependant le soleil brille dans des contrées où les vapeurs n'arrivent jamais. Pourquoi ne verrions-nous point d'autres journées ? Je ne m'attacherai pas entièrement à celle qui déjà m'échappe: si elle doit former mon seul partage, j'aurai tout perdu, sans doute ; mais ce tout, qui d'ailleurs est si peu de chose, comment aurais-je évité de le perdre?

Quand le souffle de la mort dissipera les fantômes, peut-être entreverrons-nous la splendeur des cieux. Cette perspective, si belle en effet pour tous, convient plus visiblement aux âmes insatiables, aux esprits étendus, à ceux qui souffrent ou qui pensent, à ceux chez qui l'illusion terrestre a perdu de sa force. Dans le malheur, cette espérance devient une puissante consolation ; dans d'autres circonstances, elle importe à la dignité de nos jours : elle vaut plus que de prétendues réalités qui nous trompent sans cesse, puisqu'elles n'ont rien de constant.

Qu'on ne dise point que, s'il me reste des doutes sur quelques objets, je dois me taire sur tous, et que je persuaderai mal si je ne suis pas entièrement convaincu. C'est avec sincérité que je cherche la loi ; quelque sévère qu'elle puisse être, si je la connais, je suis prêt à la suivre. Il n'est pas indispensable de regarder comme certain tout ce qu'il est raisonnable et juste de désirer. Si j'établis seulement ce dont je ne douterai jamais, j'aurai fait beaucoup : le reste est peut-être dans les secrets même de la Divinité. Que vous servirait de savoir à quel point un individu peut chanceler dans ses espérances ? Vous ignorerez son nom ; vous écouterez ses paroles : vous ne vous attacherez pas à une maxime parce qu'il l'adopte, mais parce que vous la jugerez utile et vraie.

Ne serait-ce pas assez même que l'on pût démontrer la nécessité d'être homme de bien ? Beaucoup d'autres choses, moins essentielles, sont quelquefois plus importantes à vos yeux ; vous les savez donc, néanmoins vous vivez comme s'il n'était pas bon de les savoir. Pour moi, j'ai appris avant tout, que le parti le plus sage serait encore de renoncer à la vie du monde, si même on n'avait rien de vraiment heureux à y substituer. Mais je sens aussi combien est désirable une foi positive : elle donne le repos dans toutes les situations, et elle doit répandre sur la vie solitaire un charme particulier. Cependant n'y eût-il de certain que le néant des biens qui se dissipent, c'en serait assez, non pour remplir le cœur, mais pour diriger la conduite ; non pour introduire la lumière dans cette vallée de douleurs, mais pour nous permettre d'en observer les funèbres harmonies.

Dès que l'on est obligé d'admettre comme possible l'immortalité humaine, on doit sentir que l'homme de bien est seul prudent, seul conséquent. Si au contraire nous pouvions être sûrs de périr tout entiers, l'utilité de la justice serait moins frappante, mais nous la choisirions encore afin d'éviter le trouble de l'âme. Vous n'avez point cette triste certitude, vous ne l'aurez jamais ; et vous êtes forcés d'avouer que, dans le doute même d'une existence future, d'une grande destination, il faut préférer des convenances durables, à des émotions passagères et bornées.

Le moment viendra où les hommes puissans que vous flattez, et le palais que vous embellissez ne seront plus : et ensuite la ville même restera déserte, et la nation entrera dans l'oubli.

Après d'autres révolutions, la terre périra ; elle sera entraînée dans l'espace comme cet éclat de chêne que l'eau emporte, et qui des forêts de la Lithuanie descend vers les mers australes. Et, après ce temps, d'autres globes finiront, et des constellations s'éteindront. Et quand des mondes nombreux auront successivement disparu, d'autres âges commenceront à s'écouler ; mais, après ces âges, Dieu et l'avenir subsisteront. Vous avez l'espérance d'exister alors, et d'exister plus heureux: ne pourriez-vous un moment contenir vos haines ou votre cupidité ? Nos minutes sont rapides, et le fruit du crime sera déjà consumé quand l'horloge sonnera ; laissez tomber le marteau des heures présentes ; soyez calmes, soyez justes, restez jeunes et purs, afin de compter vos jours par les phases de l'univers, et de vivre de la vie des cieux.

SOIRÉE II.

Misère humaine, etc.

« Homme misérable, disait saint Augustin, qui es-tu ? Aveugle pour les véritables lumières..., tes jours s'évanouissent comme l'ombre. C'est une vie fragile et périssable, une vie remplie des périls de la mort..... O infinie et épouvantable misère de la vie humaine ! je ne pense point à tes orages avec assez de sagesse et de douleur ; je m'amuse aux légères consolations qui interrompent ton cours, et je ne me fortifie point contre ces montagnes de flots que tu élèves et que tu pousses contre moi [1]. »

Combien elles paraissent vénérables les voix qui devant l'Être puissant déplorent nos faiblesses ! Quelle dignité dans une douleur qu'on observe en soi-même, pour l'écarter de ses semblables ! Une longue plainte retentit au milieu de cette famille des hommes à qui appartiennent le rire et les larmes. Les larmes deviennent son ali-

---

[1] Soliloques, ch. 2.

ment sur le sol malheureux où elle règne à sa manière ; et le rire, singulier attribut d'un esprit incertain, sera le signe même de sa dégénération. Redoutez le rire, trompeur dédommagement de la servitude. Votre gaîté est sinistre, et souvent elle ne vous laisse rien dont vous puissiez jouir ; mais vous serez paisibles dans une sorte de tristesse, de retenue et d'indépendance. Éloignez-vous de la multitude ; soyez enfin attentifs au murmure qui s'élève de tous les lieux où l'homme de nos jours établit sa domination *.

En examinant les maux qui vous environnent, vous vous occuperez d'une vie meilleure. Quand vous connaîtrez le calme des âmes pures et soumises, vous maudirez le trouble qui suit la rébellion. Celui-là seul n'aura plus à descendre qui aura mis toute sa grandeur à mépriser de pompeuses détresses. C'est tôt ou tard une jouissance pour un esprit juste d'approfondir le secret de cette misère humaine ; soit parce qu'il y a quelque charme dans les développemens de

---

* Sans doute l'auteur entend par *nos jours*, les siècles historiques, et les siècles héroïques, tout cet âge du monde qui est le temps de notre espèce, et dont nous connaissons à peu près la partie écoulée.

Note de l'Éditeur.

la vérité, même quand elle paraît nous être contraire; soit surtout parce que, voyant mieux le désavantage de notre condition dénuée d'harmonie, nous la regardons alors comme l'effet d'une chute que la miséricorde oubliera sans doute, comme une interruption de nos destinées réelles.

Fatigué du passage des heures, reposez-vous dans l'idée d'un jour perpétuel : le jour des cieux n'est pas obscurci par les brumes, et l'éternité n'a point de nuits. La lumière a-t-elle pâli parce que vos jeunes années ne sont plus? la sagesse perdra-t-elle jamais l'empire des temps? Réjouissez-vous dans l'homme immortel, pleurez sur l'homme terrestre : qu'ils gémissent les hommes pervers, tout peut leur être ôté, le repentir est leur seul asile; mais que les bons ne s'affligent point, qu'ils deviennent tranquilles et confians. Oubliez ce qui bientôt ne sera plus : ce qui ne sera plus, déjà n'est rien. Les passions s'épuisent, mais la vérité demeure; et les astres subsistent, quand les saisons changent.

Si les biens du monde n'ont point de stabilité, que vos regards s'en détournent. Un seul homme a-t-il osé dire : Je ne mourrai pas; il y a sur la terre un lieu qui est le mien, et des choses qui m'appartiennent? Le siècle des vanités doit finir: tu périras, terre présomptueuse! L'univers aura-t-il alors des bornes plus étroites, et n'est-ce point du Dieu des hommes que toutes choses dépendent? Vous ne savez pas dans quels mondes vous vivrez ; mais aviez-vous connu que vous dussiez paraître dans celui-ci? Observez, adorez, attendez: le vide et la bassesse de ce qui vous échappe relèvent encore vos magnifiques espérances.

Exilé sur des rives ennemies, Israël trouva de nouvelles douceurs au souvenir de la terre de Sion. Les anciens des tribus, les femmes même et les adolescens ne disaient pas : Qui nous rendra libres sur l'Euphrate ; jusqu'à quand les plaisirs de Babylone nous seront-ils interdits? Mais dans les jours tristes de leurs anciennes solennités, ils chantaient : Qu'il nous soit donné de souffrir la soif et tous les maux du désert pour revoir les collines du Jourdain ! C'est notre seule joie de rester étrangers dans une capitale impie, et de faire entendre nos regrets dans cette ville superbe où le Seigneur ne règne point. Malheur à celui d'entre nous qui loin du sanctuaire connaîtra l'allégresse! Malheur à celui qui cherche à s'établir dans les lieux maudits des justes, et qui renonce à la cité des prophètes, à l'accomplissement des temps, au salut d'Israël!

Mais aujourd'hui l'on entreprend de se faire une demeure sur la terre d'exil, dans la cité fantastique. Vous vous livrez à des jeux, et vous cherchez des applaudissemens. Comme ces hommes qui, dans les songes de la nuit, veulent agir selon les circonstances où il croient se trouver, vous vous attachez au simulacre de l'être; vous dites que les réflexions sérieuses sont d'inutiles rêveries, et vous êtes prémunis contre les importunités de la raison. Mais tout cela durera peu; l'inévitable lumière pénétrera dans cette obscurité licencieuse, et la mollesse même ne pourra plus fermer votre paupière. Environnés de périls, et malheureux par vos propres sentimens, vous connaîtrez enfin cette condition de l'homme, *de utero translatus ad tumulum* [1].

Si les biens qu'on se dispute ici étaient les seuls qui nous fussent destinés, il est à croire que la possession de ces biens nous serait constamment favorable. Nous verrions l'artisan gémir dans son obscurité; le contentement du cœur serait réservé aux riches que l'on s'empresse de servir, et que les distinctions envi-

---

[1] Job, 10.

ronnent. Il en serait du moins ainsi chez tout peuple qui aurait du discernement. Il faudrait être stupide pour vivre joyeux dans la pauvreté, dans l'oubli, ou pour devenir chagrin au milieu du faste des cours.

Les partisans du monde, ne pouvant nier que ce ne soit précisément le contraire, se réduiront à demander comment des choses inutiles seraient recherchées partout. Cependant cette objection est sans force, puisque l'on n'est pas enthousiaste de ces biens lorsqu'on les possède, mais seulement quand on se les promet. Ces prétendus biens sont effectivement des biens en apparence. Or, l'apparence suffit au plus grand nombre des hommes; on aime l'erreur, parce qu'elle est d'abord agréable, et qu'on n'en examine pas les suites. Des gens riches, il est vrai, peuvent encore s'attacher aux richesses; mais donnez-leur à dépenser dix fois par jour la somme annuelle qui faisait leur revenu, vous les verrez alors fatigués de cette abondance. Le pouvoir exercé long-temps fatigue de même, et les honneurs, plus vite encore. Mais observez l'homme qui, au fond des campagnes, consomme avec sa famille la simple récolte d'une métairie, et voyez si l'ennui l'accable, ou si jamais il lui viendra dans l'esprit d'avancer le terme de ses années. Tant que les biens apparens peuvent s'accroître, on est facilement séduit ; mais, quand on paraît les posséder, on ne les aime guère : la satiété commence dès que la privation cesse.

Et néanmoins la terre contient des biens réels en un sens. Passagers comme elle, ils ne peuvent avoir qu'une importance limitée ; mais enfin ce qui nous est donné pour que nous en fassions un bon usage, est bon par cela même. La raison, la santé, la perfection des organes, ce que, dans un égal partage, chacun pourrait avoir des fruits du sol, enfin, tout ce dont la jouissance n'a rien d'exclusif, et n'exige pas que nous obéissions, que nous commandions, voilà nos biens : ils seraient assez nombreux, si notre erreur, ou l'erreur générale ne nous empêchaient pas d'en jouir, lors même qu'ils nous environnent avec surabondance.

La terre deviendrait heureuse ; mais les hommes ne repoussent qu'imparfaitement le petit nombre des véritables maux : un autre travail consume leurs forces. Suscités contre eux-mêmes par leur esprit fertile en écarts, ils inventent beaucoup de choses pour le frivole orgueil de quelques individus, et ne savent rien pour le bonheur ou le salut des générations.

Leur persévérance me paraît grande, et leur industrie m'étonne : mais cette source de délices qu'ils prétendent ouvrir ne peut être alimentée que par des pleurs ; elle se répand auprès d'eux comme la rosée inféconde des marais les plus fétides. *Plorate ululantes in miseriis vestris..... divitiæ vestræ putrefactæ sunt* [1]. Incertitude des biens et complication de peines; inimitié des classes rivales, haines des peuples, affliction des sexes, des âges et des climats ; continuel assemblage des maladies et de l'indigence, des erreurs et des vices ! *Detestatus sum omnem industriam meam quâ sub sole studiosissimè laboravi* [2].

Mais n'ayant point appris, en commençant à vivre, de quelle manière vous partageriez la destinée commune, vous regardez le mal qui vous arrive comme une exception ; tandis qu'il ne faudrait voir en cela qu'une suite très-naturelle de la loi générale. Il semble que tous les hommes aient résolu de ne laisser connaître de leur sort que des incidens propres à le faire envier, afin que chacun d'eux tombât dans cette méprise de croire les autres plus heureux que

---

[1] Ép. de Saint Jacques, 5.
[2] Ecclésiaste, 2.

lui-même. Pour moi, je sais un moyen de n'être pas entraîné par de simples apparences, et d'éviter ou d'éluder les maux ; c'est de compter pour peu de chose une vie si rapide, une terre si vaine. Au milieu de cette tranquillité morne, seule paix que vous obteniez, j'entends quelque chose de redoutable ; le bruit se prolonge sourdement : c'est le torrent des douleurs ; il entraîne, il submerge tout ce qui veut jouir, il saisit l'homme, et ces flots amers le pressent de toutes parts. L'homme ne rétrograde point vers les premiers songes ; il s'en éloignera sans relâche, il sera précipité dans l'inconnu.

Écoutez les sages, vous entendrez des paroles sévères. Au sortir de l'enfance, la sagesse nous paraît triste ; mais elle devient ensuite une jouissance pour le cœur, parce qu'elle s'accorde avec la nature des choses. Indépendamment de la vérité qui seule est divine, indépendamment de l'origine surnaturelle, la religion la plus persuasive serait celle qui s'occuperait de cette peine des humains, de cette douleur dont une législation imparfaite développe plus sûrement les germes. Si une religion invitait au contentement dans la vie présente, ou elle changerait pour ses sectateurs nos institutions civiles, ou cette doctrine ne serait qu'une ironie aussi dure que ridicule.

Aux idées étendues se lient nécessairement des idées sombres. Ce qui est gai, c'est une certaine agitation dans les perspectives bornées de l'intérêt présent. Les clartés de l'ordre universel ne descendent qu'à travers des nuages dans le domaine de l'homme, dans ce lieu d'ignorance. La vue des deux mondes contraires, la honte dans le mal, la circonspection dans le bien même, des notions confuses et d'inexplicables désirs, tout réprime nos penchans, tout agrandit notre attente. Les véritables biens existent, mais ils sont loin de nous; ainsi, notre confiance est mêlée de crainte. Mécontent de ce que je suis, et satisfait de ce que je pourrais être, je vis moins dans le présent, je me détache de ce qui passe. Je n'ai point de chagrins sans consolations; mais le plus habituel état de mon âme est un paisible renoncement, une sorte de doute favorable, et de tristesse heureuse *.

---

* Des hommes d'autant plus impatiens de jouir qu'ils se sentent plus éloignés du bonheur, affectent de blâmer une semblable disposition d'esprit; mais ils n'auraient pas même de prétextes, si on ne la confondait pas avec

Vous arrivez trop promptement aux bornes de la joie. C'est la douleur qu'il faut connaître, parce qu'il faut étudier l'infini. Et d'ailleurs, trouver les choses assez bonnes telles qu'elles sont, n'est-ce pas un dangereux consentement au désordre général ? Puisse celui qui jugera les siècles, ne voir qu'avec indulgence les esprits inconsidérés dont la froide approbation autorise tous ces maux ! et puisse n'être pas éloigné de nous le moment où le prestige finira ! Je ne troublerai point l'ordre prétendu que l'on regarde comme seul naturel ; mais je me suis retiré, afin de ne contribuer en aucune manière à ce merveilleux arrangement qui, dans ma pensée, ne convient tout-à-fait à personne, et ne peut jamais convenir au grand nombre.

---

ce qu'exprime le mot de mélancolie, dont on a beaucoup abusé. *Note de l'Auteur.*

SOIRÉE III.

De l'instabilité des choses présentes, etc.

Je traversais, il y a seize ans, de hautes montagnes. Au-delà des pâturages les plus froids, et des dernières habitations, j'entrai dans une sorte de bassin aride que sillonnaient de nombreux courans échappés des glaciers. Cet espace, tout couvert de cailloux, était borné par les noirs escarpemens des sommets enfoncés dans les nuages. Vivons ici, me disais-je en parcourant ces lieux abandonnés. Ce mot, je le disais pour la première fois : jamais les riches campagnes éclairées d'une douce lumière, ou les sites agréables, sous une atmosphère embaumée, n'avaient produit en moi ce désir subit de ne chercher plus rien, et d'appuyer sur le roc le simple toit qui suffit aux besoins d'un homme. J'eusse aimé les difficultés du sol ou du climat, et l'âpreté des lieux, et l'horreur des hivers. Lutte favorable qui fait trouver assez de diversion dans l'exercice des forces, et qui substitue de pressans besoins à de molles habitudes ; naturel empire de l'homme sur les choses; heureux triomphe qui ne fait point de victimes, et dont le souvenir n'interrompt pas la sécurité du sommeil! J'aurais arraché moi-même à une grande distance les souches des ifs et des sapins, oubliées dans les bois. De roches en roches, j'en aurais monté les éclats jusqu'auprès de ma cellule soutenue par de longues poutres, et ainsi garantie de la chute des neiges amoncelées. Quelquefois je serais descendu dans un ravin exposé au midi, pour jouir des divers phénomènes de la végétation. A l'entrée des vallées, j'aurais vu les fleurs qui ornent assez vainement le séjour des hommes; j'aurais entendu les chants du montagnard au milieu de ses prés, ou le cri de l'oiseau des forêts; j'aurais entendu les voix qui semblent s'éloigner de la terre *.

Si je n'avais qu'un faible espoir d'exister dans d'autres temps, ou si même je partageais le malheur de ceux qui regardent comme chimérique notre immortalité, je continuerais également à vivre dans la retraite; sans doute elle ne me satisferait plus, mais je pourrais y ache-

---

* Je ne m'arrêtai pas dans ces lieux déserts, je les traversai seulement; je portais alors le joug dont un peu plus tard je me suis délivré sans retour.

Observation écrite à la marge par l'auteur.

ver, moins péniblement que partout ailleurs, mes jours attristés. L'aspect de la terre ne changerait pas à mes yeux ; j'aurais perdu ce qui donne du prix à l'existence, mais serait-ce une raison pour tourmenter le peu d'heures qui me sépareraient du néant? Privé de ce qui seul est désirable, devrais-je m'attacher à ce qui me paraîtra toujours inutile? Ce serait assez de m'attendre à mourir tout entier ; je voudrais du moins me soustraire en partie à cette mutabilité des choses humaines, et ne prendre aucun souci pour des avantages qui n'ont aucune valeur.

Quand ceux qui n'admettent que des biens temporels, ne peuvent éviter les fatigues du monde, ils font bien peut-être d'en rechercher les grandeurs apparentes; ce mouvement les empêche, jusqu'à un certain point, de sentir le vide où ils sont plongés. Mais moi qui ai pu m'éloigner de tout ce bruit, pourquoi me lasserais-je de ma liberté? Ce que je trouvais puéril au sortir de l'enfance, me séduira-t-il dans un autre âge ? Croirai-je à de perpétuels mensonges? Imiterai-je ces hommes brillans qui ne se proposent que d'exciter l'envie, ces personnages qui ont tant de prospérité dans le regard, et tant de tristesse dans le cœur? me nourrirai-je de cette misère, et parlerai-je sérieusement de leurs importans desseins, ou de leurs succès glorieux ?

Que l'intérêt actuel occupe seul les autres espèces vivantes, puisque leur instinct ne peut saisir les conséquences et régler la suite des choses : mais c'est le propre de la raison humaine de repousser tout ce qui l'éloignerait de sa fin, d'embrasser une plus grande étendue, et de voir dans ce qui est, la cause de ce qui sera. Des êtres pensans ne se préparent pas avec gaieté un avenir formidable, ils ne se disent pas : Demain commencera pour nous le désespoir, nous y consentons, nous ne renoncerons pas à nous amuser aujourd'hui.

Pour quiconque réfléchit, les biens durables sont les seuls vrais biens. Dans l'ordre même des choses temporelles, si nous sacrifions l'avenir au présent, nous jouissons mal de ce que nous avons préféré; nous nous reprochons un choix dont les avantages vont disparaître. Ce n'est que dans le sacrifice du présent que nous persévérons avec tranquillité. La certitude de vieillir doit mettre des bornes à cette disposition, quand il ne s'agit que des objets qui vieilliront aussi; mais la sagesse prescrit de tout faire pour mériter une durée immuable, et de ne point balancer entre la vie et l'éternité. Se pourrait-il que l'on regrettât jamais d'avoir immolé des fantaisies d'un instant à des besoins infinis!

Une douce paix fût devenue sur la terre même la récompense des anachorètes échappés à l'incommode activité du monde, s'ils ne s'étaient pas égarés bientôt, s'ils ne s'étaient pas fait de ce mépris des passions, une passion nouvelle. En fuyant le danger des plaisirs, malheureusement ils se sont dit que le Dieu sévère serait désarmé par les souffrances des hommes, pourvu qu'ils se les imposassent de leur propre choix, sans autre but que la souffrance même. Et, au contraire, le Dieu juste exige seulement une prudente retenue, des inclinations droites, des privations morales, et l'amour de la règle; il ne commande pas des douleurs inutiles, mais il veut notre soumission à l'ordre, parce que l'ordre est divin.

Par quelle inadvertance demandez-vous autre chose dans un passage si rapide que de ne point souffrir, et de vous retirer du chaos? « Qu'est-ce que votre vie? une vapeur qui disparaîtra sans retour [1]. » Après quelques momens, chacun de nous quittera pour jamais, ou son

---

[1] Épître de Saint Jacques, 4.

toit de chaume, ou son toit doré. Si je proportionne mes désirs aux besoins des sens, et au nombre de mes jours, je vois que cela est bien. Mais si je veux assujettir les lieux que je n'occupe pas, et le temps où je ne serai plus, quel fruit retirerai-je de ce travail opiniâtre dont je ne trouverai point le terme? On dépouille deux hommes de tout ce qu'ils possédaient, l'un n'avait pris aucune peine, et l'autre avait beaucoup travaillé; ce dernier ne se trouve-t-il pas le plus malheureux. S'il est quelqu'un parmi vous qui croie ne point mourir, qu'il s'occupe de ces grandeurs imaginaires; pour moi, je me dis qu'une étroite cabane convient à celui qui bientôt n'aura besoin que d'un cercueil.

L'heure funèbre a des clartés particulières, elle dissipera les fantômes du luxe ou du pouvoir. Nous ne verrons plus cet appareil qui semblait nous illustrer. Que nous restera-t-il de l'ardeur de la vie? que penserons-nous de ces forces qui nous inspiraient tant de confiance? Notre activité même nous consume, et nos délassemens nous vieillissent; tout ce qui nous fait exister nous conduit à la mort, et chaque instant qui s'écoule nous rapproche de la durée inconnue. Que sont dix ou trente années? quelle permanence y a-t-il dans les siècles mêmes? Tout fuit sans retour : vingt empires sont tombés; l'Abyssinie et les Indes ont oublié leur antique splendeur. Le sable, que le vent pousse et ramène, couvre les débris des peuples. Que suis-je au milieu de ces ruines ; dans ma propre pensée, que reste-t-il de ce premier temps auquel je me livrais sans réserve. Les images moins paisibles de la jeunesse vont aussi s'évanouir. Attendrai-je de plus beaux jours ? mais les jours futurs appartiennent à d'autres générations. Le présent même n'est pas à nous; sans cesse il oppose à nos entreprises une résistance imprévue, et l'on fait, pour vivre, un effort bien vain. Les temps, les lieux, les personnes, tout nous échappe; si ce que nous pourrions aimer se trouvait devant nous, ce ne serait plus qu'une figure impalpable. Je ne sais quelle émanation de notre secrète misère éloigne insensiblement le charme de toutes choses; lorsque enfin les avantages extérieurs paraissent nous protéger, elle se montre, et nous sommes remplis d'une froide amertume : ah! laissons d'inutiles espérances ; se soumettre et mourir, voilà ce qui est de l'homme.

Passagers sur la terre, attachons-nous aux biens invariables; cette rapidité des choses visibles n'aura plus rien qui nous afflige. Le moment est proche où nos travaux cesseront ; les heures du combat sont assez courtes, puisqu'elles doivent finir. A ces heures ténébreuses succédera, selon vous-mêmes, le jour perpétuel. Attendez l'accomplissement des choses, et ne murmurez pas durant une minute que l'éternité doit suivre. Le dédommagement vous semble-t-il insuffisant? Vous qui avez une patrie immortelle, à quoi aspirez-vous sur cette terre frappée de malédiction? Les dangers s'y multiplient; toutes choses y sont confondues dans une même incertitude : abandonnez ces flots à la pente qui les entraîne, la vaste mer doit les engloutir. Si même vous obtenez de grandes louanges et des succès inouïs, si votre œuvre surpasse en éclat celle des autres mortels, de quoi jouirez-vous enfin? Un voile plus soigneusement orné couvrira votre tombe : *Ibit homo in domum æternitatis suæ* [1].

Le monde que vous voyez existait avant vous, et il vous enveloppe de toutes parts ; c'est pour cela qu'il vous paraît assis sur des bases inébranlables. En effet, la puissance les posa, mais elles seront arrachées par cette même

---

[1] Ecclésiaste, 12.

puissance; et l'inépuisable mouvement qui annonce pour le tout une durée sans terme, annonce pour les parties des mutations sans repos. Il est possible que la terre ne vieillisse point; mais alors elle tombera tout à coup. *Præterit figura hujus mundi* [1].

Si l'on ne savait point que les êtres vivans mourront, qu'il n'est pas d'exception, et qu'après un temps marqué, la plus longue vie touche à sa fin, ne se persuaderait-on pas dans la force de l'âge qu'on peut jouir encore de plusieurs siècles ? En voyant, au milieu d'une nation, seulement deux ou trois hommes exempts de la mort, chacun se figurerait que sa destinée particulière ne sera pas moins favorable. Mais tous meurent, je mourrai certainement, je mourrai dans peu d'années; chaque jour qui s'accomplit est retranché du nombre de mes jours, le présent passe sans cesse, et traîne à sa suite l'instant redouté. Le mouvement qui forme toutes choses, les décompose toutes. *Cœlum et terra transibunt* [2].

Je ne sais pas s'il me reste encore une heure, mais je suis certain qu'il ne m'en reste qu'un

---

[1] Saint Paul aux Corinth., I, ch. 7.
[2] Saint Luc, 21.

petit nombre ; de minutes en minutes, le signe de la mort s'élève, et bientôt je le verrai au-dessus de ma tête.

Mais l'esprit des mortels est essentiellement frivole; nous sommes prompts à oublier ce qui nous affligerait, et nous écartons la lumière, afin de conserver notre dangereuse sécurité. La fréquence même des avertissemens de la mort sert de prétexte pour en éloigner le souvenir. Au mépris de toute sagesse, on ferme l'oreille à cette leçon importante si souvent répétée; c'est l'évidence qui produit l'aveuglement, et parce qu'il faudrait y penser toujours, on ose prendre le parti de n'y penser jamais. Je ne veux point nier que cela ne paraisse conforme aux intérêts actuels, et qu'on ne se trouvât dans une sorte d'impossibilité de jouir des heures dont sans cesse on observerait la fuite. Si donc la pensée de la mort est sans utilité, si l'oubli de la mort est sans péril, restez dans le monde vous qui pouvez l'aimer ; usez de la terre comme si elle vous appartenait, comme si la vie présente se trouvait essentiellement attachée à votre nature. Mais, malheur aux hommes, s'ils s'égarent dans ces suppositions hasardeuses !

Cette force qui m'entraîne a déjà changé

mes facultés, ou mes habitudes. On trouve rarement des hommes qui diffèrent si peu d'eux-mêmes aux diverses époques, et toutefois j'ai vu s'altérer des dispositions que j'aurais crues invariables. De degrés en degrés, des parties de notre être moral s'épuisent et meurent. Si même des acquisitions nouvelles compensent nos pertes, nous n'en sentons pas moins que, ne pouvant nous maintenir toujours semblables, nous devons enfin dépérir entièrement.

Vous que le monde a subjugués, vous ne faites point de semblables aveux, et vous vous livrez à une impulsion qui vous pousse vers des abîmes. Cependant que vous reste-t-il de la douceur du premier âge ? A peine êtes-vous hommes, que la joie vous est refusée. Vos jouissances moins faciles, vos sentimens moins expansifs, vos pensées plus mûres, annoncent que vos forces ne vous rendront pas heureux ; bientôt surviendront les regrets et les dégoûts, l'incertitude des desseins, et l'ennui dans le plaisir. Vous connaîtrez alors au-dedans de vous la rapidité du temps, et parmi vos soupirs, vous croirez entendre un souffle du trépas. Mais on se flatte, mais on éloigne les réflexions, lors même que le visage se flétrit, que les membres s'affaiblissent, et qu'une sorte de mécontentement insurmontable fait pressentir les infirmités. Les dernières heures qui pourront vous rester encore, vous les perdrez avec la même indifférence, et oubliant le but de votre apparition sur le globe, vous les consacrerez à de faux plaisirs, vous les prodiguerez dans des soins profanes.

Si la mort attendait toujours la décrépitude, et si notre santé devait se soutenir durant mille années, cette faiblesse d'esprit qui laisse beaucoup de pouvoir aux tentations, paraîtrait moins surprenante. La vue de l'homme est courte, et les plus grands objets lui échappent dans l'éloignement. Toute sa raison suffirait à peine pour le faire renoncer à des distractions multipliées dont les diverses séries se succéderaient de siècle en siècle. Il en est autrement; encore quelques étés, et, après l'hiver qui surviendra, vous ne verrez aucun printemps. Espérez-vous que la gloire perpétuera en quelque sorte l'amusement de vos jours? Mais qu'y a-t-il de sérieux dans cette fumée que de temps à autre exhalent les sources de nos affections vicieuses? Croyez-vous prolonger le songe actuel en le faisant suivre d'un prestige dont vous ne devez rien sentir, dont vous ne devez rien apprendre? Et d'ailleurs, que d'hommes ont fait des choses dignes, selon vous, d'une longue renommée ! Ils tombent cependant, et on les oublie : *Nullus deinceps recordatus est* [1]. Les siècles futurs convaincront de vanité la vie la moins courte et la moins obscure. *Si annis multis vixerit homo... meminisse debet tenebrosi temporis, et dierum multorum, qui cum venerint, vanitatis arguentur præterita.* [2].

Il me reste, dites-vous, vingt années à vivre : mais vous regardez comme probable une durée qui seulement est possible ; et, dans la supposition même où ces années ne pourraient vous manquer, il faudrait juger mieux de ce qu'elles doivent produire. Ne les considérez point dans le vague où s'embellit tout ce qui n'est pas encore. La chaîne de nos jours est comme la nue observée dans le désert par les Israélites ; majestueuse et brillante de lumière pour les tribus dont elle faisait l'espérance, elle n'offrait sous un autre aspect qu'un sombre amas de froids brouillards. Interrogez vos propres souvenirs ; ou bien écoutez vos pères, écoutez ceux d'entre vous dont la tête déjà blanchie par les an-

---

[1] Ecclésiaste, 9.
[2] Ecclésiaste, 11.

nées trompeuses, en sait mieux la mesure. Qu'ont-ils possédé? Ils n'ont rien pu faire. Quelques jeux, et la jeunesse n'est plus. Quelques projets, et voici les rides qui annoncent des pertes irréparables. *Ibit homo in domum æternitatis suæ* [1].

Vous savez avec certitude que dans un siècle vous ne serez pas vivans. Que les plus jeunes d'entre vous regardent en arrière, un quart de siècle est déjà passé pour eux; et, de ces instans qui se précipitent, aucun ne vous est assuré. *Vigilate... nescitis enim quando tempus sit* [2]. Est-il donc si difficile de se tenir prêt, ou cette précaution paraît-elle sans importance. Si l'on observait la mort planant sur toutes les têtes, et sans cesse abattant les plus fortes, les plus jeunes, les plus audacieuses, alors la folie du monde cesserait pour toujours, et d'une voix unanime, on dirait : Maintenons l'ordre et l'union, en réprimant les faux besoins; n'écoutons sans réserve que le désir des choses éternelles.

Cependant on ferme les yeux, on suit la coutume, on cède à l'autorité des hommes;

---

[1] Ecclésiaste, 12.
[2] Saint Marc, 13 *et* 33.

bientôt l'on s'oublie dans ces ténèbres, et on trouve au milieu du péril, les sinistres voluptés de l'insouciance. Tout passe, tout s'épuise; mais c'est en vain que l'univers dit à l'homme terrestre: Ta frêle existence n'est qu'une mort déguisée!

Et vous, fidèles, vous qui avez entendu la parole de vie, quel fruit retirez-vous de ces lumières plus sûres, de cette doctrine plus expresse, de ces avertissemens multipliés? Pour vous aussi la mort apparaît inopinément: placés tout à coup entre les temps perdus et l'éternité menaçante, troublés par les regrets, agités par les remords, pénétrés de terreur, vous n'osez invoquer le juge irrécusable.

Si l'heure est encore différée, sortez enfin d'un si funeste repos; n'attendez pas que votre esprit s'affaiblisse, et que vos pensées inquiètes ne puissent enfanter de sages résolutions. Dans l'affaiblissement ou les angoisses de l'agonie, au milieu des pleurs de vos proches, et des importunités de ceux qui partageront vos dépouilles, aurez-vous des vues plus justes, une volonté plus ferme, un repentir plus efficace? Changez, pendant que vous pouvez en avoir le mérite, quittez volontairement ce qui doit vous être ôté pour jamais; travaillez à ce grand ouvrage, tandis qu'il vous reste des forces : *Memento creatoris tui in diebus juventutis tuæ, antequam veniat tempus afflictionis et appropinquent anni de quibus dicas, non mihi placent*[1].

---

[1] Ecclésiaste, 12.

SOIRÉE IV.

De l'amour de l'ordre au milieu même de notre ignorance.

Cuncta *subjacent vanitati*, l'homme ne peut trouver aucune raison de ce qui est sous le soleil [1]. Existions-nous autrefois; quelque signe après nous montrera-t-il que nous ayons existé ? * C'est en vain que l'homme vient au monde ; il rentrera dans les ténèbres, et il n'aura pas vu la différence du bien et du mal [2]. Ce qui se passe sur la terre n'est pas assez près de nos yeux ; qui pourra discerner les choses célestes ? La démarche de l'homme est toujours ou craintive ou téméraire; ses idées n'ont rien de fixe, le jour n'est point arrivé. L'homme parjure semble être aussi heureux que l'homme intègre ; et celui qui n'a pas de prévoyance gouverne tout un peuple.

---

[1] Ecclésiaste, 3 *et* 8.

* Cette ligne et quelques-unes des lignes suivantes, sont visiblement imitées du livre de *la Sagesse*, attribué à Salomon.   *Note de l'Éditeur.*

[2] Ecclésiaste, 6.

Le sage sait à peine s'il existe pour nous une sagesse réelle; est-il plus instruit que l'insensé, demandait Salomon?

Un seul point reste indubitable, c'est le terme prochain de tout ce que vous voyez; nul ne restera toujours ici, nul n'y restera long-temps. Jouissez de ce qui ne se renouvellera pas. Mais comment jouir de ces heures qui aussitôt nous échappent? En les employant sagement. Prenez garde de sacrifier un long avenir à ce temps fugitif; au milieu de l'obscurité même, efforcez-vous de vous préparer pour les temps inconnus. Faites aujourd'hui ce que vous croyez devoir faire; vous ignorez si vous êtes loin du moment qui vous ôtera tout pouvoir : sera-ce donc en vain que vous aurez reçu des talens et des forces? Vous regretterez amèrement les jours que vous rendez inutiles; si vous placez votre but sur la terre, votre espoir sera détruit: « Le travail des insensés les accablera....; les vivans savent qu'ils doivent mourir, et celui qui pèche..... perdra de grands biens [1]. »

L'impénétrabilité des choses n'arrête pas l'homme qui pense; elle l'afflige sans le déconcerter, et même sans trop l'étonner. Elle ne

---

[1] Ecclésiaste, 9 et 10.

fait de la morale un problème qu'aux yeux de l'homme superficiel. Non-seulement le doute n'ébranle pas les fondemens de nos devoirs, mais sans ce doute il n'y aurait point de liberté. Le bien étant évident, l'exactitude ne serait pas méritoire, elle serait nécessaire.

Il suffit que, dans les seules suppositions raisonnables, la vertu soit notre meilleur soutien. Vous murmurez en la voyant inexplicable; mais a-t-on expliqué les lois physiques? Espérez-vous concevoir votre propre existence, ou bien affirmerez-vous que vous n'existez pas? Avant d'exiger que nous comprenions tout le système moral, comprenez le développement d'un germe. Si les convenances intellectuelles sont indiquées par nos sentimens les plus intimes, si seulement nous ne pouvons les déclarer impossibles, c'est assez; le devoir a des bases, et le suivre fidèlement, c'est veiller à nos véritables intérêts.

Le seul moyen de commencer à interpréter le mystère de notre être dans le mystère du monde, c'est de regarder cette frêle existence que nous obtenons aujourd'hui, comme une heure de lutte devant celui qui veut qu'on soit bon par choix, et soumis avec liberté. Il veut que notre vigilance surmonte les forces opposées à la justice. Bien que je ne puisse connaître l'origine de ces forces, et que je ne puisse comprendre ce qui résiste à la justice, cette croyance me paraît généralement confirmée par nos faibles notions de l'enchaînement universel, et par des sentimens inséparables de l'exercice de nos facultés.

Soit dans le monde entier, soit dans l'homme qui est ordonné selon le tout, l'intelligence dispose des substances visibles, et accomplit un dessein dont la matière devient l'instrument. Les premières lois du mouvement, les vraies lois de la nature ne sont pas inhérentes à la matière ; si elles sont constantes, c'est parce que la volonté de Dieu est infaillible. Les choses que nous pouvons régler sont d'un ordre très-inférieur ; mais, puisqu'enfin nous les dirigeons, nous sommes les libres ministres de celui qui gouverne souverainement. Si je m'abuse en cela, si notre fin n'est pas conforme à cet ordre général, du moins j'ose croire que je ne serai point condamné pour m'être arrêté à l'idée qui me paraissait la plus religieuse, et la plus capable de me faire discerner mes devoirs. Quelle que soit ma faiblesse à d'autres égards, n'ai-je pas assez de force si ma volonté reste indépendante ? Je ne contribuerai pas toujours au bien, je serai presque inutile ; mais je parviendrai dans mon ignorance même à éviter le mal, je m'éloignerai de tout désordre.

Si j'envisage ainsi la vie présente, je dois l'aimer : je ne m'attacherai pas sans réserve aux objets terrestres ; cependant je me félicite de participer à cette destination du monde. Je bénis la sagesse qui m'accorde à tous les instans l'occasion de remplir très-imparfaitement, mais avec zèle, des fonctions dont peut-être un jour j'entreverrai mieux les résultats. Un sermonaire anglais a dit : « L'homme qui a de l'ordre, est uni à ce qu'il y a de plus sublime et de plus excellent dans l'univers. »

J'ai toujours à opter entre le penchant irréfléchi, et la conduite raisonnée. Il faut que je dompte mes passions, et que ma raison gouverne absolument et sans relâche, si je ne veux tomber, comme la brute, dans la dépendance de l'instinct. « La chair a des désirs contraires à ceux de l'esprit, et l'esprit en a de contraires à ceux de la chair, de sorte que vous ne faites pas les choses que vous voudriez. Que, si vous êtes poussés par l'esprit, vous n'êtes pas dans la servitude [1]. » Jamais ces deux forces ne s'ac-

---

[1] Saint Paul aux Galates, 5.

corderont sous tous les rapports, et d'une manière durable. L'alliance de la passion et de la raison serait monstrueuse, si elle n'était pas chimérique ; le funeste projet de les concilier produit les inconséquences de notre conduite, et perpétue les désastres de la terre. Il faut prendre sans retour l'un des deux partis; il faut obéir à la passion, ou la détruire.

« Souviens-toi, dit Marc-Aurèle, qu'il est donné à l'animal raisonnable de suivre volontairement sa destination, et que la suivre seulement, c'est une nécessité imposée à tous les animaux. » Quelquefois nous pouvons satisfaire les sens ; il est des désirs que la raison approuve, mais nous les suivons parce quelle les approuve, et non parce qu'ils nous flattaient d'abord. « Il
» y a dans l'homme deux volontés : celle que
» nous appelons communément la raison ; et
» celle à laquelle nous donnons le nom d'appé-
» tit, de chair, de sens, de passion. Cependant,
» comme à proprement parler on n'est homme
» que par la raison, ce n'est pas vouloir quel-
» que chose que de s'y porter par un mouve-
» ment de l'appétit sensitif, à moins que la
» volonté supérieure ne s'y porte ensuite, et ne
» s'y attache [1]. »

---

[1] Combat spirituel, 12.

N'écoutez pas les sophistes ; ils vous diraient que l'égoïsme, que l'injustice et la cruauté sont dans la nature. Mais quelles conséquences pourriez-vous tirer de ce désordre apparent ? Si même il était vrai que le hasard seul entraînât les êtres inanimés, ou s'il était constant que la passion fût le guide légitime de tout mortel chez qui la pensée est encore informe, cela ne changerait pas les lois imposées à l'homme instruit. On est soumis à celles que l'on peut comprendre. La loi aveugle n'est bonne qu'en l'absence de la pensée ; on marche à tâtons, mais seulement quand on est privé de la vue. Il est naturel que des êtres doués d'un instinct, sans doute étranger à la morale, s'abandonnent à des impulsions subites : mais nous ne pouvons les imiter ; l'intelligence nous est donnée, nous mettrons donc nos intérêts en commun ; et, si l'un de nous, au milieu de ces conventions, abjurait la raison, et prétendait suivre une autre loi, il deviendrait criminel.

Ceux qui font le mal ne sont point parfaitement hommes ; ils paraissent encore incapables d'apercevoir l'erreur, incapables de résister à la tentation. Lors même qu'ils réfléchissent, ils ne savent point agir sans passion ; ce n'est point le raisonnement qui les égare, mais l'imperfection du raisonnement. La raison n'est pas moins sûre que l'instinct; si elle occasione plus de mal, c'est parce qu'elle peut enfanter plus de bien, c'est parce qu'elle est plus étendue, et que d'ailleurs elle n'est pas seule écoutée. Elle produit la loi sociale; et bien comprendre la loi sociale, c'est commencer à comprendre la loi divine. Nos devoirs s'étendent avec nos lumières; mais si nous ne veillons attentivement, de fausses lumières nous imposeront de prétendus devoirs, et tous nos efforts tourneront contre nous-mêmes. D'un côté, des lois imprudentes replongeront la société dans le désordre; et de l'autre l'imposture, ou des traditions méprisables obscurciront tellement la vérité même, que la plupart des hommes instruits négligeront le plus noble travail de la raison, l'étude des vérités célestes.

L'instinct passionné suffit aux êtres qui ne peuvent apercevoir que les premières conséquences des sensations actuelles, c'est-à-dire, aux êtres qui ne songent à rien quand leurs besoins absolus se trouvent satisfaits. Nous au contraire, nous qui devinons les objets éloignés, et qui pouvons suivre jusqu'aux bornes du monde visible les traces d'une haute sagesse, nous à qui il est réservé de pressentir et d'admirer, nous serons sans cesse opposés à nous-mêmes, si notre cœur, en suivant des impulsions dénuées de toute moralité, choisit ce que notre jugement rejettera tôt ou tard. Les lâches condescendances de la volonté sont punies durant cette vie même. Dans le silence de la passion refroidie, vous entendrez une voix intérieure; elle vous dira que vous avez consenti au désordre, que vous vous êtes arrêté à ce qu'il avait de séduisant, que vous avez choisi de vivre sous l'empire du mal. Quand nous n'avons pas fait ce que demandait la nature des choses, en ne considérant qu'une face des objets, nous avons abandonné nos intérêts les plus précieux, et, en sortant des voies d'amélioration, nous avons renoncé aux promesses d'une vie heureuse. Le remords est un regret humiliant; je regrette des biens perdus par ma propre faute; je suis humilié d'avoir troublé l'ordre que je devais comprendre. Si j'avais eu à tracer deux angles d'ouverture égale, et qu'il se trouvât une différence dans le nombre de degrés des arcs, serais-je content de mon opération? C'est ainsi que je suis choqué d'une discordance volontaire entre les inclinations auxquelles je me livrais, et ce que je ne pouvais ignorer entièrement des lois générales.

Quel fruit retirerais-je de mon œuvre personnelle; produirais-je un monde nouveau? vivrais-je hors de l'univers? Et si je ne puis me séparer de l'universalité des choses, si je fais à jamais partie du monde que Dieu gouverne, puis-je espérer un bien qui s'éloigne du bien de tous? Me posséderai-je moi-même, si je néglige des soins confiés à l'homme pour son propre avantage? *Omnia autem secundum ordinem fiant* [1].

L'équité que ma raison invoque ne règne pas encore dans mon cœur, si, quand on me fait une injustice, je suis plus affecté du mal particulier dont j'éprouve les atteintes, que de la transgression des lois; ou si une légère offense que je reçois, me choque plus que des offenses graves faites sous mes yeux à d'autres hommes [*]. J'aurai peu d'élévation dans l'âme, si je ne cherche pas la justice par amour de la justice

---

[1] Saint Paul aux Corinthiens, I, 14.

[*] « Si c'est le bien du prochain que je regarde et qui
» me touche dans les louanges qu'on me donne, d'où
» vient que la peine que j'ai de voir blâmer quelqu'un
» injustement est moindre que celle que j'aurais si
» c'était moi qu'on blâmât? D'où vient que je suis plus
» touché d'une injure que l'on me fait, que je ne le se-

même et pour suivre la volonté divine, si je me propose seulement d'éviter la réprobation que ma désobéissance mériterait. « Ces mots » me sont horribles et abominables, *si je ne* » *craignais.... d'être damné, je ferais, ou ne* » *ferais cela.* O chétif et misérable, quel gré te » faut-il savoir? Tu fais l'homme de bien afin » que l'on te paie...... Je veux que tu sois » homme de bien, pour ce que la nature et la » raison (c'est Dieu) le veut.... pour ce que tu » ne peux consentir d'être autre que tu n'ailles » contre toi-même, ton être, ton bien, ta fin : » et puis en advienne ce qu'il pourra [1]. »

Tout mérite est dans la soumission à l'ordre : la munificence même n'est pas une vertu chez celui dont les penchans sont généreux naturellement et sans réflexion; il faut être libéral à propos, il faut l'être parce qu'on le doit. Tel fut sans doute le vrai sens de ces mots : Tes bonnes

---

» rais d'une toute pareille, que l'on ferait à quelqu'autre
» en ma présence, et avec autant de malice et d'injustice. »
Confessions de Saint Augustin, Liv. X, ch. 37 ; trad. de Dubois.

Note qui s'est trouvée jointe au manuscrit, et qui ne peut appartenir qu'à cet endroit.

[1] De la Sagesse ; Charron.

actions n'auront point de valeur si tu ne les rapportes à Dieu. Cette maxime était pleine de justesse dans l'origine ; mais le temps affaiblit quelquefois les meilleures sentences. On les répète par habitude, et l'on ne sent plus ce qu'elles renferment ; alors le préjugé doit en faire des applications erronées ou funestes.

C'est encore d'après ce principe de la soumission aux lois universelles qu'il faut entendre une pensée profonde de Pascal. « Je n'admire point, dit-il, un homme qui possède une vertu dans toute sa perfection, s'il ne possède dans un pareil degré la vertu opposée. » Si je parais libéral, et que je ne sache pas être économe dans l'occasion, je deviens ou prodigue ou fastueux, mais je ne suis pas vraiment libéral. Il faut l'être dans la vue de céder, lorsque la prudence ne s'y oppose pas, au besoin de rendre d'autres hommes contens ; il faut l'être pour donner d'utiles exemples, et pour imiter la bonté suprême, autant que le peut un mortel qui n'est rien, qui n'a d'autorité sur rien. *Ordo ducit ad Deum*, disait Saint Augustin avec autant de grandeur que de vérité.

« La félicité ne se trouve que dans la confor-
» mité à l'ordre..... Tout le bonheur est dans
» le cœur, et c'est dans le cœur que la confor-

» mité à la justice éternelle place la paix, l'har-
» monie, la félicité..... Le dégoût et l'ennui
» sont à la suite des transports les plus vifs.
» Celui-là seul est heureux qui est dans l'ordre...
» Que la vertu est belle, lorsqu'elle naît d'un
» attachement constant à l'ordre, et de la con-
» formité à la volonté divine [1] ! » Si nos
idées s'étendaient, nous entreverrions l'ordre
général; l'intérêt même du genre humain ne
serait plus pour nous qu'une sorte d'intérêt in-
dividuel, justement subordonné à des combinaisons plus vastes. Rapportons ce qui nous arrive et ce que nous faisons, et ce que nous
sommes à l'ordre illimité, à cette loi de tous
les mondes que Dieu embrasse d'un seul regard.

Quelle erreur d'alléguer contre l'ordre général, contre la sagesse de Dieu, ce désordre que
nous croyons voir sur la terre ! Supposez au
loin une harmonie plus grande et des choses
plus réelles. Quand vous ne découvrez qu'un
rouage d'une machine compliquée, la pouvez-
vous comprendre? Vous vous plaignez de ce
qu'ici le mal se mêle au bien; mais dans le silence de tout désir personnel, l'apparence du
désordre vous choque, et l'image de l'ordre vous

---

[1] Élisée, sur l'excellence de la morale chrétienne.

remplit de joie et d'admiration. Que voulez-vous de plus ? N'est-ce pas sentir que le désordre est trompeur, et que l'ordre est divin ? Pourquoi l'insensé cherche-t-il dans ce mélange le signe d'une loi fatale, d'une loi qui autorise son infidélité même ? Quelle preuve pourra lui fournir cette partie mal connue des desseins de Dieu ?

Suivez les sentimens que vous conservez quand vous redevenez libre de tout intérêt présent; il n'y a pas d'autre certitude pour vous dans l'œuvre sans bornes. Que du reste la terre soit à vos yeux comme si elle n'était pas; ce sont ici des traits légers, c'est une faible peinture des choses promises, ce n'est rien de plus. Les êtres visibles se réduisent peut-être à des ressemblances qui réveillent vos souvenirs, comme des couleurs étendues sur une toile font croire à un jeune enfant qu'il aperçoit sa mère. Des figures passent devant vous, et elles vous offrent, par de certaines analogies, l'occasion d'un exercice moral; mais tout vous abuse si vous voulez savoir ce qui n'est pas essentiellement, si vous cherchez de la science au milieu d'un songe. Étudiez les lois révélées à l'âme droite, hors de là vous ne trouverez que de l'ignorance. Quand nous sommes assis, quand nous nous croyons en repos, une étonnante rapidité nous roule parmi les globes. Quand nous ne sentons rien dans notre poitrine, notre sang circule : il circule perpétuellement, c'est cela qui fait la vie, et des millions d'hommes ne le savent pas. Lorsqu'un dernier mouvement inconnu creusera votre sépulcre, ce sera l'instant du réveil. Ainsi, dans nos rêves, nous croyons faire des chutes périlleuses, et tout à coup ces rêves se terminent. Mais, dites-vous, on ne voit plus rien de l'homme sur lequel on a refermé le tombeau. Voyez-vous les pensées, les craintes, les prétendues actions de celui que vous regardez dormir, avez-vous connaissance de ce qui l'agite? A son égard, vous êtes l'homme qui veille : ceux que vous croyez morts, sont entrés dans la vie réelle, où ils attendent aussi que votre songe finisse.

SOIRÉE V.

Des passions, etc.

La passion est étrangère à l'homme juste ; elle interromprait cette marche tranquille et ferme, ces habitudes naturelles, mais réglées, qui peuvent seules nous conduire au terme de nos espérances. Elle attache fortement à de certains objets ; or il n'est rien dans la vie présente qui doive nous subjuguer ainsi, rien qui mérite cet attachement servile et téméraire. Le domaine de l'homme impérissable ne saurait être formé de ce que le temps consume.

Ce n'est point que les penchans donnés par l'auteur de la nature soient mauvais dans le principe ; mais ils s'altèrent, ils se corrompent au milieu du désordre, et d'ailleurs ils cesseraient d'être bons par cela seul qu'ils seraient extrêmes. Ne prendre pour loi que ses propres sentimens, et céder sans retenue aux mouvemens du cœur, c'est renoncer à la destination des êtres doués d'intelligence.

Si les passions n'étaient autre chose qu'une suite directe du désir d'éviter la douleur, et d'obtenir le bien-être, elles seraient légitimes et raisonnables. Mais la passion a plus de violence ; le mot même de passion veut dire que l'âme n'est pas libre, qu'elle fléchit sous un pouvoir ennemi de son repos, et qu'elle va consentir à ce qu'elle n'approuve point. Non-seulement le travail moral de la pensée est suspendu par de telles erreurs ; mais toute victoire ainsi remportée sur elle doit l'affaiblir, et ces changemens se concilient mal avec la dignité de la vie.

Les désirs passionnés ne produisent aucune véritable amélioration pour la société, ou pour nous-mêmes ; ils supposent des vues circonscrites, et ils consument en peu de jours le charme de nos années. Ils occasionent nos coupables misères, en suscitant des rivalités perpétuelles. Tant que ces emportemens seront admis ou seulement tolérés, on n'obtiendra jamais d'autre ordre que l'ordre trompeur dont la plupart des états policés fournissent de siècle en siècle l'uniforme exemple ; je ne sais quelle hiérarchie de mille passions subalternes contenues par un seul frein, la passion du maître. Supposez au contraire le silence de ces voix séditieuses ; alors les hommes commenceront à s'entendre ; ils songeront alors à se rendre heureux en jouissant avec simplicité des choses qui doivent être communes, et en renonçant par une loi formelle à ce qui ne peut appartenir aux uns sans que les autres en soient privés.

Pour être homme de bien, il n'est pas nécessaire de combattre en général ses propres inclinations, mais de les apprécier, de s'accoutumer à les surmonter s'il le faut, et enfin de ne les suivre que selon la justice, et après un sincère examen. Ceux qui regarderaient l'insensibilité comme une perfection, tomberaient dans un autre excès : jetés au milieu du mouvement, nous sommes destinés à recevoir diverses impressions, à former en conséquence des desseins particuliers, à nous soumettre plus ou moins librement aux lois de l'Univers. Il n'y aurait plus de choix, plus de combat, plus de vertu, si l'on parvenait à ne pas éprouver ces émotions. Elles nous font connaître les divers modes de nos besoins temporels, et nous donnent des avertissemens précieux dans les occasions où il importe de vouloir et d'agir avec courage, avec droiture. Crainte, joie, regret, désir, tout peut nous être utile dans un degré convenable. La modération rend indifférentes, ou même véritablement bonnes, les affections qui, dans l'oubli du devoir, se trouveraient le plus promptement vicieuses et tyranniques.

La passion n'a pas toujours un but condamnable; cependant elle peut toujours nous égarer, parce qu'elle exige trop, parce qu'elle veut être seule écoutée, parce que l'objet qu'elle propose s'agrandit devant l'œil ainsi prévenu. La réflexion, en réduisant à une juste mesure les dimensions apparentes, nous trompera moins sur la valeur générale d'une vie qui embrasse toutes ces choses, et qui pourtant a si peu de consistance, de cette vie dont les gens passionnés méconnaissent la faiblesse, et qui, malgré les périls ou les maladies, à l'entrée même du tombeau, leur paraît encore remplir tout l'espace. Un esprit tranquille ou désabusé juge autrement de cette existence terrestre. Au milieu de l'infini, elle ne peut être qu'une épreuve, elle ne peut avoir qu'une importance relative au monde éternel. Et si nous la considérons dans le temps, nous n'y verrons qu'un rôle dont nous sommes chargés sur une scène à peu près inconnue; ce que nous devons désirer, c'est de l'achever sans honte et sans tourment.

La passion a de grands moyens pour nous séduire; elle les tire de la misère même de notre condition, de cette misère qui devrait nous empêcher de poursuivre avidement de si futiles avantages. Cette impuissance humaine, qui prouve le délire des passions, leur donne une grande autorité sur de jeunes esprits. Si notre vie était moins chétive, nous trouverions moins flatteur ce qui l'embellit à nos yeux; dans une carrière moins triste, nous mépriserions plus sûrement les piéges de la volupté. Il faut mettre au nombre de ces piéges les sophismes même du dépit : on trouve dans la brièveté des jours un prétexte pour en jouir immodérément; on se hâte de saisir des parfums qu'un soufle dissipera ; et, comme on le voit mieux encore dans ces temps de calamités qui déciment une génération, la présence du péril semble augmenter la fureur des amusemens. Mais l'avidité de ces indiscrètes prétentions embarrasse nos pas, et ce travail oiseux demande des efforts plus opiniâtres que n'en exigeaient les prétendues difficultés de la loi sainte; *Quid tibi prodest, si eges facultate, et ardes cupiditate* [1] ?

En vain un raisonneur superficiel dit-il quelque part : Sans l'enthousiasme on ne fait rien de grand ; si vous ne marchez contre l'ennemi que pour obéir aux lois, vous ne serez pas un

---

[1] Saint Augustin.

héros ; si vous n'*idolâtrez* pas la femme que vous avez choisie, vous ne serez qu'un amant vulgaire. Mais, est-ce une nécessité de n'être point vulgaire aux yeux de la foule ? Si chacun se distingue visiblement, ce ne peut être que par des écarts ; les hommes seraient à peu près semblables, s'ils faisaient tous ce que tous devraient faire. Sans doute cet enthousiasme élève quelques individus; mais il excite de secrètes inimitiés, il sépare les membres d'une même famille, et il produit une mésintelligence générale. Ces choix passionnés substituent l'envie à la concorde, et font oublier les proportions des choses: comment en résulterait-il un heureux ensemble, un peuple satisfait ?

Néanmoins, ajoutera-t-on, il est certain que les hommes livrés aux passions ordinaires formeront des états, et seront contenus par une bonne police. Effectivement, cette manière d'administrer peut empêcher les révoltes, ou même l'excès des crimes; mais il faudrait qu'elle prévînt les vices, et qu'elle rendît les hommes bons. Tel serait l'ordre social ; cependant cette perfection paraît encore imaginaire. Où sont-ils les vrais peuples ? Si je demande dans quel pays les maximes religieuses, ou les maximes de la sagesse conservent leur force, lequel osera-t-on citer ?

« Les mêmes motifs qui mettent en mouve-
» ment les passions, peuvent les enflammer jus-
» jusqu'au mépris des lois. Vous prodiguez des
» éloges à ces talens funestes, qui sont la source
» de vos malheurs.... Il ne résulte de l'arran-
» gement formé par les passions, qu'une har-
» monie apparente, une utilité superficielle...;
» et cette économie laisse subsister les noirceurs,
» les fourberies, la mauvaise foi, tous les vices;
» en un mot, sous les apparences des vertus[1]. »
Vous prétendez proscrire les vices, et vous admettez les sentimens extrêmes, les désirs exclusifs; mais le principe même de tous les vices ne se trouve-t-il pas dans ces affections irrégulières ? Puisqu'elles sont inconsidérées, la direction qu'elles feront prendre sera presque toujours fausse. Puisqu'elles sont immodérées, bientôt elles seront importunes, et nous passerons malgré nous le point où les meilleures choses doivent changer de nature en devenant inconciliables.

De tout temps on a disputé sur les passions.

---
[1] Élisée, Sur les devoirs de la société, sur la fausseté de la probité, etc.

Comme un homme parfaitement sain, disait-on, n'a pas d'humeurs surabondantes, ainsi l'homme sage ne connaît point l'agitation superflue, cette maladie de l'âme. Mais d'autres prétendaient qu'une prudence consommée ferait un bon usage de tous les moyens de la nature, qu'on ne doit rien blâmer de ce qu'elle établit, et que la passion est naturelle puisqu'elle paraît involontaire. Des deux côtés on était entraîné par l'esprit de secte. Mais la question ne semble pas très-difficile, même indépendamment de toute idée religieuse. Les passions, étant naturelles, ne peuvent être mauvaises dans le principe ; néanmoins, il est également naturel que nous cessions de les écouter, quand nous sommes instruits avec moins d'inexactitude de ce qu'elles commençaient à nous apprendre. Ce changement devient surtout indispensable chez les hommes qui s'habituent à réfléchir, et très-utile chez ceux qui vivent réunis. Une activité impétueuse sera momentanément le partage de l'homme isolé ; mais quand la société, quand la loi politique admet des forces individuelles, il faut qu'elles soient calculées rigoureusement : ce sont les seules dont puissent résulter la force et le repos de tous.

On regarde la passion comme un guide ; c'est

un guide trop suspect, il faut cesser de le suivre lorsqu'on en possède un plus clairvoyant. Cet instinct doit nous animer, et non pas nous entraîner; il est bon qu'il s'affaiblisse dès que la raison se forme. Ce que le désir indique n'est en effet qu'une proposition qu'il faudra examiner attentivement, et qu'il convient de recevoir de sang-froid, comme si elle nous était étrangère en quelque sorte. Nos appétits ne sont point faits pour contrebalancer notre raison, mais pour la précéder, pour lui ouvrir la carrière : c'est ainsi que l'ardeur des jeux, au commencement de la vie, facilite tous les mouvemens que des besoins plus sérieux exigeront ensuite.

Si le cœur obtient de l'ascendant, le jugement se trouble; ainsi la conduite devient irrégulière, et l'on est près de s'abandonner à la folie des sens imprudemment excités. « Ce qui nous em-
» pêche de juger sainement...., c'est qu'aussi-
» tôt que les choses se présentent à notre esprit,
» nous concevons pour elles ou de l'amour ou
» de la haine, et que la passion aveugle qui
» prévient la raison, nous les déguise. Quicon-
» que veut se garantir d'une illusion si com-
» mune et si dangereuse, doit veiller avec tant
» de soin sur son cœur, qu'il n'y souffre nulle
» affection déréglée. Que si quelque objet vient

» s'offrir à lui, il faut que l'entendement l'exa-
» mine à loisir avant que la volonté se déter-
» mine. Heureux ceux qui n'ont nulle attache à
» aucune créature, et qui, avant de rien aimer
» en ce monde, tâchent de connaître mieux ce
» qui leur paraît aimable [1]. »

Non-seulement nos vœux trop ardens nous introduisent dans des voies de perdition, mais ils nous rendent la bonne voie plus difficile et plus âpre. Une vie réglée paraît froide après de fortes émotions; après tant de changemens, elle paraît trop uniforme. On a beaucoup de peine à retrouver les jouissances que le repos multipliait; le sens intime est blasé, comme le sont les organes du goût chez ceux qui, ayant usé de boissons fortes, ne trouvent plus aux fruits des champs cette saveur dont un palais plus sobre peut jouir à tout âge.

On ne songe pas assez au pouvoir de l'habitude, à l'importance des premières résolutions. Si nous n'avons pas eu dès long-temps pour objet principal l'accomplissement de la loi, nous ne l'accomplirons pas sans inégalité, sans effort, sans des sacrifices quelquefois très-pénibles, et presque toujours imparfaits. Il ne suffit

---

[1] Combat spirituel, 8.

pas de se soumettre à la loi, il faut parvenir à la suivre avec une inclination désormais naturelle. « Si vous êtes libre de toutes les affections
» déréglées, est-il dit dans l'*Imitation*[1],
» nulle action bonne en elle-même ne vous
» embarrasse l'esprit. Si vous cherchez uniquement à plaire à Dieu et à servir vos frères,
» vous jouirez d'une liberté intérieure et spirituelle. »

Il est impossible d'agir selon l'ordre, si on agit passionnément; quelquefois peut-être l'on ferait bien, mais on le devrait au hasard, l'on n'aurait point de sécurité. L'ordre suppose des vues générales, et la passion n'a que des fins particulières. L'Évangile prescrit de renoncer à cette partie de soi-même; les rapports de la société bien conçus, ne l'exigeraient pas moins impérieusement. L'homme ne devient social qu'en domptant ses passions. La vraie force des cités, leur force durable demanderait d'autres mobiles : toute réunion formée par des conventions, est maintenue par des lois; or, le caprice et la loi sont incompatibles. La loi est nécessairement souveraine : on ne pourrait conserver un corps, en tolérant les écarts de chacun des mem-

---

[1] Liv. II, chap. 4.

bres ; il faut ou une règle religieuse, ou une règle civile. Et d'ailleurs, que voyez-vous de si redoutable dans cet acquiescement à de sages déterminations, dans cette noble dépendance ? Considérez avec Abbadie « l'homme qui sou-
» met les affections de la chair à l'esprit.....
» C'est un mortel, il est vrai, mais qui place
» toutes ses espérances au-delà de la mort. C'est
» un être fini, mais qui n'a aucune borne dans
» ses vues et dans ses désirs..... Il n'est point
» de ces hommes qui s'enorgueillissent en
» s'agrandissant, ou qui ne sauraient s'hu-
» milier sans s'abattre. Il est grand sans orgueil,
» parce qu'il connaît sa faiblesse naturelle ; et,
» humble sans bassesse, parce qu'il connaît sa
» véritable grandeur..... Que le siècle l'élève
» par des honneurs redoublés, il ne s'en esti-
» mera pas plus grand. Que le monde l'afflige
» en toutes manières, il ne se croira pas plus
» petit [1]. »

N'alléguez point de nobles passions, des passions utiles ; il n'en est aucune qui mérite cette estime. Quand on se livre constamment et sans réserve à la pratique du devoir, à

---

[1] Vérité de la religion chrétienne, deuxième partie, section 4.

l'espérance d'une vie meilleure, à la recherche des vérités divines, cette disposition générale n'est point une passion, puisqu'elle n'est pas aveugle; jamais ce que la raison commande ne peut être regardé comme une servitude. Si, dans le dessein de ne point renoncer aux passions, vous distinguez du moins celles qui seraient évidemment odieuses, de celles que vous prétendez excusables, cette distinction sera vaine encore. Sans doute, il ne faut pas les détester également; tandis que les unes sont des marques de dépravation, des hommes estimables d'ailleurs peuvent ressentir les autres. Mais toutes deviennent mauvaises dès qu'elles nous asservissent en se rendant indépendantes, dès qu'elles sont réellement des passions. Le désir nous a été donné pour que nous songions à agir; mais c'est le raisonnement qui doit décider si nous agirons. Ainsi, toute inclination a ses justes bornes, et chaque vertu a les siennes. Si vous vous portez au bien avec précipitation, vous serez séduit par votre zèle même, et le bien ne se fera pas.

Quand les passions nous semblent bonnes, c'est que nous n'avons pas su nous occuper de quelque chose de meilleur. Il est des puérilités de divers genres : dans un âge fait, on méprise ce qui intéresse les enfans ; c'est ainsi que ceux dont la raison s'étend davantage, ne s'occupent plus de ce qui entraîne les esprits trompés. Vous ne croiriez pas convenable aujourd'hui cette vivacité extérieure qui seule animait vos premiers ans ; considérez qu'il en est de même de tant d'impulsions plus secrètes, elles deviennent inutiles quand l'objet qu'on doit se proposer a cessé d'être inconnu. Dès que vous discernez les choses désirables et celles qu'il faut éviter ; dès que vous savez à peu près de quoi se compose la destinée humaine, ou que vous suivez une loi qui supplée à cette connaissance ; dès que vous êtes responsables de votre conduite, vous ne devez plus vous passionner. Cessez de vous agiter comme dans des jours d'ignorance ; soyez hommes, pensez à votre perfectionnement. Le juste ne trouve pas dans des actes presque involontaires, assez d'exactitude, assez de maturité ; il demande des motifs plus mâles, il voudrait que tous les passe-temps fussent subordonnés au vrai travail.

Nos passions proviennent de notre faiblesse, et elles la perpétuent ; elles l'augmentent, elles la consacrent, pour ainsi dire, et elles n'agrandissent que nos erreurs. Elles rendent inutile ce qui serait auguste, et suspect ce qui était vénérable; par de vains travaux, elles éloignent les vrais biens, et, par de folles promesses, elles détruisent nos plus douces espérances. Examinez la primitive église; étrangère aux passions terrestres, elle fortifia ceux qui étaient découragés, elle consola ceux qui étaient dans l'esclavage. Une foi libre, une opinion désintéressée rapprochait les hommes, et tranquillisait surtout les plus infortunés. Au centre d'un continent déjà vieux par ses désastres, s'élevait enfin cette maxime tutélaire et grande, cet heureux précepte qu'on devait sitôt méconnaître : *Pax vobis*. Mais, après un peu de temps, l'illusion du siècle prévalut; des succès trompeurs, un dangereux appui suscitèrent, chez les humbles, l'inquiétude des passions profanes : le sacerdoce voulut de la puissance. La plupart des fidèles n'étant plus que des disciples du monde, il y eut de l'ostentation dans les choses sacrées; les simples devinrent superstitieux; les grands montrèrent de la piété dans des vues coupables, et de nouvelles ténèbres couvrirent la terre choisie.

SOIRÉE VI.

De la soumission aux lois suprêmes, etc.

Diligite justitiam : Tout est dans ce mot, la loi religieuse, ainsi que la loi humaine; la vraie félicité que nous attendons, et même les biens incertains que le temps nous montre. La morale n'est qu'un développement de la justice ; la justice nous est nécessaire, parce qu'elle est divine comme la vérité. Nos entreprises seront abandonnées, nos monumens seront en poudre, mille générations auront connu les diverses formes de la douleur; le sentiment de la justice sera le même, et il nous consolera de tout, en nous faisant tout espérer.

La justice n'a point eu de commencement; elle fut donnée aux hommes avant le texte de la loi nouvelle. De tout temps il y eut une loi sainte; les patriarches pouvaient la suivre, les justes la véneraient, et on a tort de dire : « Le » monde était enseveli dans les ténèbres de » l'ignorance........ Tous les sages consacraient » leurs veilles à des études stériles pour la vertu,

» les règles des mœurs étaient ignorées....; l'au-
» teur même de la nature n'était pas aperçu
» dans les ouvrages de sa toute-puissance[1]. » Quel
était donc le lien de la société ? Si les règles des
mœurs étaient ignorées partout, comment se
fait-il que d'anciens peuples aient eu plus de
mœurs que tant de peuples modernes ? Et si
aucun sage de ces vieux temps ne fut inspiré par
l'idée de Dieu, d'où purent descendre sur la
terre les pensées religieuses et sublimes que
d'autres sages ont transmises jusqu'à nous ?

La justice est absolue; la vraie loi est sacrée
dans ses moindres dispositions, et nulle infidélité, nulle contravention volontaire ne peut
rester indifférente. On s'avilit toujours, quand
on néglige de s'élever au bien ; c'est rétrograder
dans le chemin de la perfection, que de n'y
point faire des pas nouveaux. Les fautes les
plus légères en apparence, deviennent considérables dans leurs suites : elles peuvent rendre
quelque force à de mauvaises inclinations, elles
peuvent interrompre nos meilleures habitudes;
elles nous réconcilient avec le monde par de
prétendues convenances, et nous font oublier

---

[1] Sur l'excellence de la Morale chrétienne.

celles qui se dévoileront quand le monde ne sera plus.

Non-seulement vous vous attacherez aux seuls biens réels, mais vous saisirez l'occasion de faire votre devoir devant les hommes. Que ce ne soit pas pour qu'ils vous approuvent; mais pour ne pas les scandaliser, pour ne point grossir dans leur pensée le nombre des fauteurs du vice, ou même celui des tièdes amis de la vertu; pour qu'ils reconnaissent enfin que, sans partager leurs plaisirs, sans se livrer aux passions, un homme peut remplir le cours entier de ses jours. Évitons toutefois de braver l'opinion, lorsqu'elle n'est pas essentiellement mauvaise, lorsqu'elle est plus frivole que dangereuse; ce faste de vertu ne serait qu'un nouvel écart. Mais malheur à ceux qui redoutent l'œil de l'insensé dans les momens où il s'agit d'accomplir la loi! ces momens devraient être au contraire les plus beaux de leur vie. En condamnant alors sans ménagement la perversité du siècle, en résistant à l'autorité des préjugés, on évite pour soi-même la corruption générale, et on donne aux faibles un de ces exemples qui germent en quelque sorte dans la mémoire des hommes.

Aimez ces occasions qui doivent affermir vos

pas; on ne s'avance point vers le but nécessaire en marchant avec lenteur, et par le seul effet de l'habitude. Mais, comme tout devient périlleux pour celui que la sagesse ne soutient pas, si je perds de vue mes infirmités terrestres; si, après quelque résistance, je me dis que je n'ai plus à combattre; si, n'étant pas encore tombé dans l'opprobre, je crois avoir mérité par cela seul toute la gloire du juste, ces prétentions orgueilleuses me livreront à l'égoïsme auquel j'avais voulu me soustraire, et, dans mes vues personnelles, je ne serai plus un instrument de l'ordre général, un membre de la cité heureuse.

Quelque parti que l'on veuille prendre sur notre globe imparfait, la lutte ne cesse point; le vrai repos est impossible. Des difficultés nombreuses embarrassent ou précipitent notre marche; nos plus chers désirs nous abandonnent, et l'activité du cœur enfante de secrets dégoûts. On souffre dans le monde comme dans la retraite; la passion a ses ennuis, et l'homme sensuel connaît aussi l'amertume. Nos heures les plus favorables sont encore assujetties, nos heures les plus douces sont encore incertaines; notre partage est de travailler et de vieillir; il ne s'agit pas même de renoncer volontairement au bonheur de la terre, le bonheur de la terre n'existe pas.

Je pouvais seulement choisir entre les douleurs ; j'ai choisi des peines mêlées de consolations, j'ai désiré la seule tristesse qui pût me conduire à la joie. J'ai craint des privations plus cachées, celles qui suivent les plaisirs ; je n'aurais eu en perspective qu'un travail sans fruit, que des pertes irréparables. J'aime la vie régulière ; elle s'embellit chaque jour, et elle est féconde en espérances ; mais les cœurs déréglés s'affaiblissent, ils s'épuisent, ils ne trouvent plus que des terreurs. « Ce que l'on estime
» sous le règne de l'Évangile, ce n'est.... ni la
» gloire de ce siècle, ni la pompe et la magni-
» ficence du monde, ni les délices de la chair ;
» ce n'est ni la noblesse du sang, ni l'éclat des
» couronnes, ni les victoires et les triomphes
» des conquérans, enfin, ce n'est rien de tout
» ce que les mondains adorent, et dont ils font
» leurs idoles ; mais c'est la justice.... et la sain-
» teté qui nous font participer à la nature di-
» vine [1]. » Heureux celui qui ferait sentir aux esprits les plus légers quelle consolation ce doit être, quand les années s'accumulent, d'oser ré-

---

[1] Sermon sur le renouvellement du monde.

péter le mot de l'Évangile, *opus consummavi quod dedisti mihi*[1]. Ce bon témoignage de nous-mêmes, seul moyen de conserver la paix jusque dans l'affaiblissement des derniers jours, je l'obtiendrai sans doute, si, malgré les ténèbres qui m'enveloppent, j'évite le piége de mes propres désirs, et je marche sans cesse du côté où j'entrevois la lumière.

C'est assez de l'entrevoir; nos incertitudes que des hommes superficiels trouvent décisives contre la loi morale, n'en affaiblissent pas même l'autorité sur des esprits justes. Pourquoi chercherait-on à dissimuler les difficultés? Loin de moi toute exagération volontaire; souvent elle peut conduire au doute sur les principes, et toujours elle tient de l'erreur. Je crois les subterfuges illégitimes, même lorsqu'on soutient la cause la plus respectable. Sous le prétexte de propager plus facilement la vérité, jamais il ne sera permis d'altérer la vérité même. Je l'avouerai donc; il se pourrait que, laissant à part les importantes probabilités de la vie future, le partage de l'homme passionné valût celui de l'homme raisonnable, si tout ce que l'un et l'autre se promettent ici devait également s'y

---

[1] Saint Jean, 17.

réaliser. Mais, telle est la principale différence entre les esclaves de leurs propres passions, et les hommes qui sont libres par la justice; ceux-ci obtiennent ce qu'ils espéraient, tandis que les autres ne saisiront en aucun temps ce qu'ils s'étaient proposé.

Dans la vie présente, notre bonheur restera incomplet, quelque sages que nous puissions être. La raison et la vertu ne nous mettent pas à l'abri des maux; le juste lui-même éprouve ce qui lui fut promis, un mélange de douleurs et de repos, de privations, de combats et de consolations. Mais ce sont des combats tous les jours plus faciles, et un repos tous les jours plus assuré; ce sont des privations que bientôt on cesse de sentir, et de paisibles espérances dont nul ne se lassera.

L'homme du siècle envisage différemment le cours de ses années : il compte sur de la gloire achetée par quelques périls, sur des efforts et du calme, des travaux passagers et de grands succès, des instans pénibles et des journées agréables. Il prévoit des obstacles, mais il se persuade qu'il les surmontera presque toujours. Une saison tranquille suivra les momens orageux; et, malgré les entraves, cette carrière qu'il s'ouvre avec confiance sera longue, variée, imposante. Son imagination forme ainsi une chaîne d'événemens qui tous seraient possibles, mais dont l'ensemble est contraire à notre destinée.

Interrogez les vieillards, je ne dis pas ceux qui ont vécu selon la sagesse, mais ceux qui se sont laissé entraîner à la recherche des biens apparens. Que voient-ils eux-mêmes dans la vie ordinaire? Travaux réels, et succès qui nous imposent un travail plus assidu; périls de tout genre, et gloire disputée par l'envie, ou négligée dès qu'elle est obtenue, parce que la gloire du monde consistant à s'avancer extérieurement, le terme où l'on arrive devient aussitôt l'occasion d'une entreprise nouvelle; longues années d'impatience, et plaisirs que, dans les premiers temps, on peut rencontrer, mais qui s'évanouissent ensuite par l'effet d'une sorte de stérilité des organes, ou d'une lassitude dont le cœur ne saurait se délivrer : en un mot, vérité dans les obstacles et dans les dégoûts, mensonge perpétuel dans les plaisirs comme dans le repos, dans les succès comme dans la gloire ; labeur sans produit, sans contentement, orgueil et impuissance, agitation au milieu du vide.

Pour que l'oubli du monde soit préférable, sur la terre même, à la vie du monde, il n'est pas besoin que l'on trouve dans la retraite une entière félicité ; le point essentiel, c'est l'accord de nos vœux avec le cours des choses. Cet accord nous préserve de la plupart des maux ; voilà le genre de bonheur que la raison procure. Quelque peu que nous ayons, si nous n'avons voulu que cela, nous avons assez ; l'impatience de nos désirs rend seule nos privations intolérables.

Sans doute la liberté dont jouit une âme religieuse n'est pas d'abord séduisante comme celle qui fait partie des promesses du siècle ; cependant, malgré la modération qui peut la restreindre, cette liberté des justes est plus vraie, plus pleine, plus heureuse. La nécessité de nous réprimer nous-mêmes doit mêler, il est vrai, quelque chose de grave, de triste peut-être, à la douceur des plus beaux momens. La raison ne permet qu'un bonheur sévère ; mais, quand on a courbé volontairement la tête sous le joug du monde, quelle servitude, quel fardeau d'humiliations ! Le cœur du fidèle est encore partagé entre les faiblesses de sa condition présente, et les inspirations d'un ordre plus élevé ; mais que d'angoisses et de déchiremens dans un cœur profane, soumis à tant d'intérêts et divisé par tant de passions ! Auquel des deux a-t-il été dit : *Nolite solliciti esse ?*

Cette loi, qui semble d'abord nous interdire les plaisirs et les biens, a du moins pour effet constant de nous garantir de beaucoup de peines, et de nous dispenser d'une amère expérience. Évitez le malheur; vous verrez ensuite s'il vous reste des forces, et vous songerez aux prospérités. Nous avons moins besoin de jouir, que de ne pas souffrir. On en juge autrement dans l'âge où la passion seule est écoutée; mais cet âge a-t-il une vraie connaissance des choses, a-t-il sondé la joie, a-t-il supputé le nombre des maux qu'on dissimule ? Si, plus tard, l'aveuglement semble durer encore chez quelques hommes, ce n'est point que désormais ils puissent croire à leurs voluptés; mais un long usage du vice en a remplacé les amorces, et ils suivent par habitude les penchans dont ils maudissent la misère. Ils sentent le poids de ces chaînes, mais ils n'ont plus de force pour les rompre. Ils se reprochent leurs erreurs, mais la clarté, long-temps méconnue, se trouve enfin trop éloignée; si la vérité leur apparaît, elle ne les touche plus, et un long abaissement arrête en eux tout mouvement généreux. Après tant d'opiniâtreté, ces regrets tardifs n'inspirent plus rien, si ce n'est de faire le mal d'une manière moins commune, de varier les tourmens, et de chercher dans le désespoir même d'affreuses distractions.

Combien différent de ces infortunés les fidèles qui, en suivant des sentiers difficiles, marchent avec joie, parce qu'ils s'élèvent tous les jours, et parce que l'air nouveau qu'ils respirent leur donne l'idée anticipée de la vie céleste ! Qu'importe la fatigue, si cette fatigue même peut susciter d'inépuisables forces ! A la noblesse de leurs regards, à l'assurance de leur démarche, reconnaissez la main qui les soutient, la voix qui les encourage. Comment éprouveraient-ils des regrets ? leurs sacrifices sont dans le passé, leur récompense est dans l'avenir. Quelle serait leur anxiété ? ils ne se proposent que de faire le bien ; ils ne connaissent pas vos interminables délibérations, qui proviennent du vain besoin de suivre et de concilier des intérêts divers. Les hommes justes ne craignent point les obstacles, ils ne peuvent craindre ce qui doit augmenter leurs mérites. Et d'ailleurs, quel que soit l'événement, la volonté de l'auteur de toutes choses sera faite ; n'est-ce point cela qu'ils désirent ? Que leur santé se fortifie ou s'altère, que leurs jours soient menacés ou prolongés, ils voient tout d'un œil égal. La vie la plus longue ne serait jamais trop laborieuse pour obtenir des dons irrévocables ; et, fût-elle arrêtée au milieu de son cours, on aura sans doute assez fait si la justice en a rempli tous les momens : *Quærite justitiam, et omnia adjicientur vobis*[1]. Quels biens peuvent-ils perdre ? la terre seule est périssable, et ils se préparent à la quitter sans retour. Que redouteraient-ils ? leur âme est tout leur être, et les catastrophes, les révolutions du monde ne la détruiront point. L'infini leur est ouvert, l'infini est à l'abri des vicissitudes. Ils ne verraient dans l'écroulement du monde que le signal des changemens prévus de toute éternité. Leurs jours, mortifiés en apparence, sont déjà soustraits à cette malédiction presque universelle, qui répand sur la race des hommes des calamités extrêmes, ou des joies erronées.

Heureux celui qui s'attache à un monde meilleur ! Si j'oubliais qu'il nous fut promis, je serais moins tranquille dans la solitude ; sans pouvoir en méconnaître les avantages, et sans vouloir la quitter, je la trouverais trop uniforme, ou trop dénuée d'espérances. Heureux l'homme qui croit à l'immortalité ! la ruine des choses ne

---

[1] Saint Mathieu, 6.

le menace pas, et la suite du temps ne saurait l'affaiblir. Que sont pour lui des peines d'un jour ? il n'imagine d'autre mal réel que le mal irréparable, le mal qui ne peut lui arriver sans son propre consentement. Si les joies présentes, altérées par la corruption de nos siècles, lui paraissent illusoires, sera-ce pour lui un sujet de plainte ? est-il nécessaire qu'il ait maintenant des jouissances ? pourquoi faudrait-il que le bonheur commençât dès cet instant ? Sans doute, malgré sa croyance, il peut être ébranlé par des émotions qu'il n'approuve pas ; quelquefois il chancelle, et il gémit quelquefois. Mais il y a dans ces gémissemens de la sécurité, du repos : c'est, pour ainsi dire, une suave douleur, c'est l'attendrissement d'un homme qui, dans la suite, sera satisfait ; s'il souffre encore, déjà il possède une attente que rien ne limite.

Mais se trouver réduit à des années courtes et froides, n'apercevoir dans la modération, dans la tempérance qu'un léger adoucissement, et n'attendre de sa propre justice que des résultats accidentels ; mais ne considérer qu'avec résignation le mouvement général dont la force nous brise, ou la lumière qui nous consume en commençant à nous éclairer ; c'est avoir en partage un sort plus triste que celui de tant d'animaux dont nous méprisons les facultés grossières, et qui toutefois épuisent la vie sans prévoyance, et meurent sans avoir porté le joug de la réflexion.

Parmi vous l'inquiétude est perpétuelle; les motifs se multiplient toujours, sans qu'on puisse continuer à multiplier les moyens. L'on ne sait ce que veut la bizarre prudence d'un monde régi par tant de lois contraires. Vous échapperiez à cet esclavage sous une règle plus ferme et plus simple; un assujettissement légitime vous exempterait de celui qui afflige les disciples du monde. A travers les nuages amassés au-dessus de nos demeures, il est encore facile à l'homme juste d'entrevoir la perspective brillante de son immortalité.

Plus heureux cet homme de bien, s'il est entièrement convaincu! S'il a reçu le don de la foi, il jouit d'une grande sécurité. Dans le présent même, il ne connaît point de vrais maux; il n'a d'autres sollicitudes que d'augmenter chaque jour ses titres à la protection céleste. Partout il voit la raison, ou le prix de ses efforts. Des penchans grossiers, des appétits irréfléchis ne peuvent l'entraîner; une espérance qui n'a point de borne prévient en lui tout autre désir. Habitué à la contemplation des beautés surnaturelles, il ne peut être déçu par rien de ce qui doit périr, et nos chagrins disparaissent à ses yeux devant la félicité durable qui lui est promise. On ne saurait le détourner de ses devoirs; le Dieu redoutable est toujours présent à sa pensée. Rassuré par la grandeur des miséricordes, il se souvient toutefois qu'un jour suffit pour nous livrer au châtiment; cette craintive confiance n'interrompt point ses travaux, et toutes les situations deviennent bonnes à ses yeux, puisque toutes sont également favorables pour le conduire à la seule fin qu'il puisse envisager. Infirme, ou dans la vigueur de l'âge; libre, ou dans la servitude, il se trouve toujours tel qu'il lui convient d'être. Souffre-t-il, ce n'est pas sans joie; il aime cette occasion d'un mérite nouveau. L'a-t-on fait esclave, ses devoirs n'en sont ni moins évidens, ni plus pénibles. Si ce qu'on lui demande n'est pas défendu par la religion, il obéit docilement. Rien ne lui semble plus naturel que d'obéir; tandis que ses bras servent un maître visible, sa pensée reste occupée du souverain maître. Il médite plus librement, depuis que ses actions exigent moins d'examen; au lieu de gémir dans les fers, il y trouve une sorte d'indépendance, la seule qui doive avoir des charmes pour lui. Tomberat-il dans un péril imminent? Mais il n'est point de péril aux yeux d'un homme pour qui la mort n'a plus d'aiguillon. S'il est jeté dans de vastes déserts, il n'a pas à s'inquiéter long-temps de ce que la prudence humaine pourrait conseiller. Tout autre lieu ne serait-il pas aussi un lieu d'exil ? en restant où le ciel a voulu le placer, il peut rencontrer des alimens sauvages, et s'il n'en voit point, il attend que la Providence le fasse sortir de la vie, ou lui inspire les moyens de la conserver. Est-ce un missionnaire surpris par la tempête au milieu des eaux qu'il traversait pour faire connaître la loi à des peuples reculés ? Si cette mission doit être remplie, Dieu apaisera la tempête; mais, s'il veut rappeler son serviteur, tout travail est terminé heureusement: le passage à une vie meilleure n'est pas plus funeste sous les flots, que parmi les bûchers de ces tribus chez lesquelles il voulait se faire une dangereuse patrie.

Dans la vie ordinaire il y a aussi des efforts, et des larmes, et des craintes; la journée la plus douce aura ses nuages, et le sol le plus riant ses parties stériles. Jusque dans une humble condition il faut quelquefois beaucoup de fermeté; si l'on ne croyait pas, ces obscurs sacrifices en exigeraient d'autant plus qu'alors on n'a pour soutien ni les louanges publiques, ni cet espoir que les hommes d'un rang supérieur conservent facilement. C'est dans de telles circonstances, peu décisives, et souvent dédaignées, que le vice s'introduit chez ceux qui le rejetteraient s'il se montrait d'abord tel qu'ils le verront dans la suite. Mais aucun devoir n'est indifférent lorsqu'on est plein de foi; tout signe de fidélité devient semblable sous les regards de celui qui, observant toutes choses, approuve dans toutes cette intention de lui plaire, sans laquelle nul homme ne serait maintenu au livre de vie.

Tel n'est point le partage de ceux qui n'ont pu se délivrer sans retour de leurs premiers doutes. Ils méprisent les promesses des passions; mais savent-ils s'ils jouiront des béatitudes dont ils ont senti l'importance? Je veux combattre pour la justice, mais je ne suis pas soutenu par une force surnaturelle; je possède une certaine paix du cœur que le monde ne donne pas, cependant elle me laisse encore de frivoles désirs. La loi que je cherche à suivre ne me condamne point, mais me couronnera-t-elle? Les perfections que je révère seront-elles dévoilées à mes yeux? Ces jours rapides sur une terre asservie, ce songe qui ne peut me satisfaire, est-ce donc là tout ce que je dois espérer? Moins malheureux que si j'avais écouté des insinuations perfides, n'obtiendrai-je pas d'autre avantage, n'entendrai-je point la parole qui anime l'univers? Après avoir éloigné de moi les besoins insatiables et les ennuis du monde, me suis-je livré à d'autres erreurs, à un travail moins pénible, mais aussi infructueux, à une attente moins ridicule, mais aussi chimérique? Sans confiance, il est difficile d'être fort, d'être heureux ; il est difficile de voir d'un œil égal cette alternative menaçante dans laquelle il se pourrait que l'existence fût contenue tout entière.

Cependant le calme de la modération, ce calme imparfait sans doute, mais qu'enfin l'on n'aurait pas connu au milieu des plaisirs, rend chaque jour notre persévérance plus naturelle; cette marche lente, mais soutenue, aplanit les voies, et l'on n'a plus guère à se reprocher que des irrégularités. Ce que je crains aujourd'hui, c'est la négligence dans le bien. Le découragement et la faiblesse seront plus long-temps redoutables que l'ardeur des passions. L'expérience éteint les désirs impétueux que de fausses lumières avaient nourris; domptés une fois, la plupart sont affaiblis sans retour; ces voix d'un cœur mondain ne se font plus entendre qu'avec l'accent de la résignation. Peut-être quelques mauvais penchans renaîtront-ils; mais l'habitude de les vaincre diminuera le péril : si la tête veillait toujours, le cœur cesserait enfin ses murmures ; sans perdre cette fécondité qui est l'aliment de la vertu même, il subirait une loi favorable à son repos, il n'aurait plus que des forces réglées, et des mouvemens salutaires. *Quærite justitiam, et omnia adjicientur vobis.*

SOIRÉE VII.

De l'Immortalité, etc.

L'habitation que j'ai choisie, et que sans doute je ne quitterai pas, a été creusée dans le roc il y a environ quatre siècles. Elle était abandonnée depuis long-temps. J'y vis seul, sans être privé de la vue des hommes; le bruit de la ville n'arrive point jusqu'ici; mais des campagnards ont leurs demeures à quelque distance. Sous leurs toits obscurs, on ne gémit que lorsqu'on souffre des douleurs réelles : une grande leçon est renfermée dans ce modeste contentement; parmi les classes ambitieuses, l'étendue des lumières procure moins de satisfaction que des cultivateurs n'en ont rencontré souvent à cause de leur ignorance. Il faut que mes jours s'écoulent auprès d'eux : je trouve beaucoup de paix dans ma liberté, dans mes continuelles occupations, et, en particulier, dans les soins que demande le peu de terrain dont je dispose.

Mes habitudes sont uniformes, et mes résolutions irrévocables; mes bras sont robustes, mon sommeil est tranquille, mon âme est indépendante. Je jouis pleinement de ce pouvoir d'agir et de réfléchir qui est accordé à l'homme, non pour qu'il entreprenne avec enthousiasme des travaux extrêmes, mais pour qu'il pressente les suites qu'aurait son imprudence au milieu de l'agitation générale, pour qu'il s'abstienne de beaucoup de choses, pour qu'il se rende plus digne de la vie réelle qu'il ne l'était en commençant les exercices de la vie passagère.

Lorsque j'écoutais mes premiers penchans, loin de me borner à une seule manière d'être, j'aurais voulu examiner les mœurs diverses; j'aurais voulu connaître ce que pratiquent tous les peuples, afin de discerner plus sûrement ce qu'il convient d'admettre, ou de rejeter. Mais ce désir, qui paraît d'abord si légitime, ne s'accorde point avec la brièveté de la vie.

Tous les lieux ne sont-ils pas à peu près semblables pour celui qui désormais n'aura que des besoins simples? La plus petite partie de la terre contient assez de beautés; et peut-être, dans ma faiblesse, la vue de la terre entière ne m'offrirait-elle rien de meilleur. L'espace le plus étroit n'est-il pas aussi l'ouvrage de la puissance qui n'a rien négligé? Quelle fécondité dans les moyens! Un signe brillant au milieu de la nuit, peut guider à la fois le Bédouin à à travers les sables, le Natchès dans les savannes, et l'Esquimau qui cherche un passage entre les glaces. La sagesse, devant qui l'industrie humaine paraît s'anéantir, cette sagesse que les cieux annoncent, une feuille nous la ferait connaître. Je ne puis comprendre qu'il soit si facile d'oublier la magie de l'univers, et que, dans l'oisiveté d'un salon, dans un cabinet consacré aux fantaisies des beaux-arts, on perde tout souvenir de l'étendue qui nous enveloppe, ou de la force qui pénètre et modifie toutes choses. Singulière inadvertance des hommes ! ils se plaignent de l'ennui de leurs jours ; mais l'Océan soulève ses flots, mais le soleil luit, et les fleurs s'ouvrent, et l'éternelle vie du monde nous est donnée en spectacle ! Inépuisable circulation des eaux, secrète beauté de l'herbe du désert ! vous me dites éloquemment, vous dites sans cesse que la fin de l'homme n'est pas toute entière dans un rôle dont quelques applaudissemens deviennent le plus noble terme, et que l'étincelle divine ne doit pas être étouffée dans les ténèbres de nos tristes coutumes, de nos motifs ignobles, de nos prétentions inutiles.

Quel homme pourrait renoncer volontairement à l'espoir de trouver dans des régions nouvelles une vie plus assurée ? S'il en est un qui ne désire point cette autre vie, c'est qu'il la croit impossible, ou très-peu vraisemblable : mais la reconnaître, et en sacrifier les perspectives à celles de la terre, ce serait une inconséquence, une déraison tout-à-fait incompréhensible. Persuadés que la vie durable sera très-heureuse, ou très-malheureuse, selon les mérites de la vie présente, vous efforcerez-vous encore de consumer agréablement ces heures qui étaient destinées à la patience et au courage? voudrez-vous encore les livrer à la mollesse?

Et vous qui croyez être assez pourvus de justice parce que vous professez le christianisme, n'affirmez-vous pas trop légèrement que nul ne deviendrait incrédule si des passions effrénées, ou des mœurs viles, ne le portaient à chercher l'impunité dans le néant. Vous supposez que cet esclave du vice a osé se dire : Le Dieu vengeur existe, mais, si j'affecte de le nier, aussitôt il cessera d'exister pour moi ; il ne récompense, ou ne punit que ceux qui veulent bien l'adorer à ces conditions mêmes; je puis, à mon choix, ou faire un pacte avec lui, ou me soustraire à son empire. Vous prétendez que les hommes du monde n'oublient pas les châtimens futurs, mais que l'attrait du plaisir est assez fort pour étouffer en eux tout autre sentiment ; vous dites que l'intérêt actuel les porte à sacrifier l'avenir, qu'ils aiment à douter, qu'ils travaillent à s'étourdir eux-mêmes, et que l'évidence qu'ils repoussent frapperait leurs yeux comme les vôtres. C'est aller beaucoup trop loin: Vous les justifieriez, pour ainsi dire : les insensés ne pèchent pas devant le juge qui voit toute leur misère ; nous conviendrait-il de la leur imputer à crime, malgré nos propres désordres ?

Soyons plus sincères ; avouons que la foi n'est point universelle comme le supposent toujours la plupart de ses défenseurs, et qu'il n'est pas moins rare d'être entièrement convaincu des anciens dogmes du pays où l'on vit, que de les abjurer positivement. Observons aussi la confusion morale qui résulte de l'imprudence de nos lois, et de tant de passions qu'elles encouragent ; il faut quelque force d'esprit, au milieu d'une société si imparfaite, pour sentir comment la vertu rendrait meilleure notre condition présente. Si donc il est des hommes qui, sans la foi proprement dite, et presque sans espérance, conservent l'amour des choses divines, nous devons admirer en eux, ou leurs vertus désintéressées, ou l'examen qu'ils ont eu le soin de faire des véritables principes d'une sage conduite.

Mais je ne parle ici que du très-petit nombre de gens de bien qui rejetteraient absolument l'idée d'une vie inconnue. Le bon sens peut suffire à tous les autres hommes; et, malgré la faiblesse de leur espoir, leur persévérance n'a rien qui surprenne. Pour préférer les intérêts d'une longue vie aux intérêts apparens d'une vie précaire, il faut moins de raison que n'en exigent les devoirs de la société. Si l'on démontrait qu'il n'existe rien pour l'homme au-delà de ce globe, peut-être la multitude ne trouverait-elle des motifs de bien faire que dans les rigueurs ou la vigilance des lois civiles; mais le seul doute à cet égard doit avoir presque tout l'effet d'une conviction plus heureuse; et, dès que l'on admet la possibilité d'une autre vie, on craint nécessairement de s'écarter des lois suprêmes.

Lorsqu'il s'agit d'une éternité, dit un père de l'Église [1], on ne saurait prendre trop de précautions. Tous les esprits justes sentiront la force de ce mot de l'Évangile : *Unum est necessa-*

---

[1] *Saint Grégoire.*

rium (1). Que l'existence future soit certaine, ou du moins vraisemblable, qu'elle soit seulement possible; l'unique affaire de la vie, c'est de se préparer à ne rien redouter. Mettrez-vous dans une même balance nos jours sombres, et les jours sans nuages qui ne s'éteindront jamais? Prenons une habitude dont nous ne tarderons pas à sentir la douceur; aimons ce qui est utile, désirons ce qui subsistera. N'imitons pas ceux qui ont le malheur de se dire que la dissolution du corps anéantit la pensée même, et que l'âme ne peut être une substance particulière? Le savent-ils? Les voies de Dieu sont mystérieuses, et sa bonté n'a point de bornes. L'homme juste se voit ici dans un lieu de passage; il doit achever cette course avec une religieuse fermeté, parce qu'il pourra s'élever ensuite jusqu'aux régions impérissables : *Unum est necessarium*. Nous avons besoin d'une continuelle attention pour rester étrangers parmi tant d'objets qui sont propres à nous séduire, et qui embarrassent notre marche. Trop souvent ému, le cœur se livrerait enfin. Les objets actuels nous cachent des objets plus éloignés; l'erreur se propage dans la solitude même, et l'importune

---

¹ Saint Luc, 10.

présence des choses du siècle fait oublier l'étendue de l'avenir.

« Que rien ne vous paraisse ni relevé, ni précieux, ni admirable, ni digne d'être connu ou considéré, ou loué, ou désiré, que ce qui est éternel. C'est l'esprit de vérité qui apprend à fouler aux pieds toutes les choses fugitives, et à ne désirer que le ciel[1]. » *Mandata observa, hoc est enim omnis homo*[2]. Sans l'assistance de l'esprit de vérité, nous nous égarons dans les vapeurs qui s'exhalent de la terre; circonvenus de toutes parts, nous n'apercevons plus la paisible clarté des cieux; nos regards inquiets ne peuvent s'assurer de rien, et nous remettons en question ce que la sagesse a révélé. Nos idées se troubleront, nous tomberons dans le découragement, nous demanderons si les notions trop vagues d'un autre monde ne sont pas chimériques, si c'est une nécessité que l'être qui pense soit indestructible, si nous ne confondons pas deux points de vue très-différens. Notre existence, ajouterons-nous, est importante pour nous-mêmes, et d'après cela seul nous la croyons essentielle dans la nature : mais

---

[1] Imitation, Liv. III, ch. 4.
[2] Ecclésiaste, 12.

la poussière des champs est remplie de graines dont une seule, par ses développemens successifs, eût pu couvrir des contrées entières; elles périssent presque toutes, et la nature n'en est point affaiblie.

Quelquefois, au milieu de la nuit, sous le ciel étoilé, je cherche à entrevoir la règle de toutes choses, et les signes d'une volonté qui n'ait pas eu de commencement. Je me dis que l'heure approche où mon intelligence s'agrandira; je suis alors rempli de confiance, et je regarde comme inséparable de la vie qui me fut donnée cet espoir dont mon cœur se nourrit. Mais aussitôt le doute revient; je ne puis découvrir les causes premières, et je crains que le temps muet ne soit l'éternité. Si la vie temporelle n'était pour chacun de nous qu'une partie limitée d'un travail prescrit à notre espèce, si chaque trépas était la suite d'un décret spécial, pourquoi des milliers d'hommes tomberaient-ils à la fois, renversés par le débordement des eaux, par le feu du canon, par des miasmes pestilentiels? Comment ceux qui, pour des causes morales, n'ont plus à vivre, se trouvent-ils à propos rassemblés? Pourquoi sont-ils nés, les êtres nombreux qui périssent avant l'âge où commence la lutte; pourquoi ont-ils paru sur la terre les insensés dont la vie n'a pu être un exercice de l'âme ? Oserai-je supposer, comme une simple hypothèse, qu'il existe pour chaque mortel plusieurs épreuves successives, mais isolées par l'oubli. Cette invisible partie du monde serait le produit d'un calcul toujours équitable ; c'est ainsi que, dans l'ordre physique, tout ce qu'on appelle hasard doit être l'exact résultat de plusieurs lois qui nous restent inconnues ?

Est-ce à dessein que le maître de toutes choses a rendu le monde inexplicable, et la confusion n'est-elle qu'apparente ? Cependant où sont les droits de ce qu'on appelle vertu ? Si vous avez la foi, vous serez homme de bien ; mais pour votre propre intérêt, pour obtenir la vie future. Ceux qui ne croiront pas, seront également des hommes justes s'ils réfléchissent ; mais ce sera le plus souvent afin de jouir parmi nous du repos intérieur. Celui-là seul aurait vraiment du mérite à être vertueux, qui croirait y perdre sous tous les rapports ; c'est alors que le petit nombre des élus se trouverait expliqué. Si toute action, pour être méritoire, doit être faite dans le dessein de plaire à un Dieu rémunérateur, comment supposer des vertus dignes de récompense dans ceux qui ne croient pas, et comment supposer, dans ceux qui croient, des vertus désintéressées, des vertus réelles ?

Mais peut-être les seules forces de notre raison nous feraient-elles apercevoir aussi les fondemens de nos espérances, et verrions-nous s'éclaircir une partie des difficultés qui jusqu'à la fin des temps exerceront cette raison même. Sans doute le Tout-Puissant, de qui nous tenons l'être, nous a destinés au bonheur. Ainsi tout paraîtrait décidé ; si nous avons pour protecteur celui à qui rien n'échappe, nous devons être à l'abri des véritables maux, des pertes irréparables, et des longues erreurs. Méfions-nous toutefois de la précipitation de nos jugemens; trop souvent nous croyons connaître les choses que des lueurs insuffisantes éclairent d'un seul côté; nous arrêtons nos regards sur ce point, et le reste en devient plus obscur.

La puissance suprême est essentiellement bienfaisante, mais elle est essentiellement juste. Le bonheur est destiné à l'homme ; cependant l'homme ne peut l'obtenir que par un sage emploi de ses forces. Il n'est pas nécessaire d'y acquérir des droits, mais quelques titres; il ne faut pas que nous en soyons dignes, nous ne pourrions l'être, il faut seulement que nous n'en soyons pas expressément indignes. L'existence sans terme et sans trouble appartient à Dieu seul. Bien qu'il n'ait besoin que de sa volonté pour communiquer d'une telle prérogative tout ce que peut en recevoir un être borné, ne convient-il pas que cette volonté même s'accorde avec la nature des choses? Attribuerons-nous à la sagesse des déterminations sans motifs? Ma raison, quelque imparfaite qu'elle soit, ne me dit-elle point qu'en bénissant une libéralité toute gratuite, comme l'effet d'un caprice heureux pour nous, je ne saurais en approuver, en vénérer le principe? Jamais les vertus d'un mortel ne seront assez pures, assez grandes pour que les récompenses célestes ne puissent lui être refusées sans injustice; mais il doit du moins les désirer constamment, et chercher à les mériter autant qu'il est en lui. C'est ainsi que la bonté souveraine a fait, pour nous combler de ses dons, ce qui était conciliable avec la souveraine justice.

Si j'examine sous ce rapport la destination présente de l'homme, je pénétrerai dans le secret de sa position entre les choses qui frappent ses regards mais qui bientôt lui seront étrangères, et ses vrais avantages qui semblent cachés mais qui doivent l'occuper sans cesse. Je ne veux plus entendre les rumeurs des passions; ce qu'il m'importe de considérer, c'est le résultat de notre journée terrestre. Je vois avec étonnement cet ouvrage qui est proposé à l'homme, tandis qu'il passe de l'enfance à la décrépitude, ce grand ouvrage que ses forces précaires doivent accomplir entre l'une et l'autre infirmités. Il convient que tout l'attache à sa demeure présente, et que tout lui fasse imaginer une demeure plus durable; que tout lui montre le bien, et puisse l'inviter au mal; qu'un esprit de lumière le guide, et qu'il soit tenté par un instinct rebelle; que le désordre devienne séduisant, mais que l'ordre lui paraisse toujours beau. Il doit être éclairé avec incertitude : il doit être libre, mais fragile; en proie à ses désirs, mais averti par de sages terreurs; et naturellement docile, mais sujet à oublier l'œil du maître. Il faut que sa marche indépendante, et pourtant réfléchie, rende sa propre volonté irrévocable, et l'introduise, à son choix, dans l'abîme des douleurs, ou dans l'abîme des félicités.

Il est né plein d'ignorance, mais à tout âge il cherche des vérités nouvelles. Son aveuglement diminue, les sentiers du vrai s'aplanissent, et désormais la réflexion pourrait le conduire; mais le trouble de ses sens, mais l'inquiétude de son cœur le subjugueront encore. Plus tard l'expérience le guiderait, mais l'habitude le retiendra; il sentira que la vie n'est point ce qu'elle paraît être, et cependant les embarras s'y multiplieront. Il regarde l'avenir; mais sa prévoyance est infructueuse, parce qu'il veut d'abord se délivrer des sollicitudes vulgaires que l'âge augmenterait. Quand la vieillesse affaiblit en lui tous les liens du monde, elle le prive aussi des élans généreux par lesquels il surmontait ses propres faiblesses. C'est ainsi que, s'approchant de Dieu, et s'en éloignant ensuite, combattant toujours s'il n'a pas eu le courage de vaincre une fois, entraîné par des suggestions dangereuses, et rappelé par une voix sainte, il arrive à l'instant souvent imprévu, mais imprévu par sa faute, où il lui sera fait selon ses mérites.

Les biens terrestres qui lui sont offerts avec tant de mélange, mais avec tant de prodigalité, ces gages des infaillibles promesses doivent exciter son ardeur, afin qu'en cherchant toujours quelque chose de plus grand, il dirige enfin toutes ses pensées vers le bien qui pourra seul répondre à l'étendue de ses vœux. Qu'annonce-t-elle cette tristesse qui nous menace de toute part, qui rend le plaisir inutile, et qui est connue des gens les plus inconsidérés ? Elle dit en cent manières : Ne vous occupez qu'avec réserve de la beauté présente, de cette périssable image de la demeure éternelle; c'est ici le lieu de résistance et d'expiation: fortifiez-vous afin de subsister.

Si nous devons mourir, quel est donc ce charme de l'immensité? Comment la vue d'une étoile ranime-t-elle mon courage? Qu'y a-t-il pour l'homme par-delà les cieux, et que m'importe un monde que séparent de nous de si longs abîmes?

Ainsi les choses visibles rendent témoignage à l'immuable sagesse; mais, pour le maintien de notre liberté, ces avertissemens ne frappent que ceux qui les écoutent avec des dispositions convenables. Séparons-nous du monde, oublions nos propres coutumes pour examiner le cours de nos heures; nous pourrons trouver une leçon dans tout ce qui le compose, nous discernerons dans ces divers incidens, nous croirons du moins apercevoir des soins paternels, une sévérité bienfaisante, des intentions miséricordieuses.

La mobilité de ce qui nous environne, et l'inconstance de nos propres affections nous rappellent que, chaque chose s'écoulant ainsi, toutes sont condamnées à disparaître. L'impénétrabilité des vues de celui qui gouverne, en soumettant nos desseins à mille événemens impossibles à prévoir, nous éloigne des pompes du siècle, et cet éloignement devient la base de toute édification. Mais, pour que cette apparente fatalité ne scandalise que les faibles, et n'entraîne pas toujours à méconnaître une industrie surnaturelle, la sagesse se montre sous le voile même du hasard, et l'ordre se développe continuellement. Tout sert à rectifier l'esprit, ou à l'exercer d'une manière redoutable ; tout est disposé pour le salut de l'homme, mais il peut trouver dans tout sa perte, sa condamnation. Des forces qu'il doit multiplier lui-même le soutiennent, et le prix lui est montré ; s'il se relâche si souvent, ce ne peut être que par l'abus d'une liberté très-difficile à comprendre, mais inséparable de la moralité des actions.

Lorsque vous ne rencontrez pas dans le plaisir ce que vous vous en promettiez, si votre impatience s'irrite et vous rend plus avide, vous achevez de vous corrompre au milieu de ces délices imaginaires. Mais le principe du mal n'est pas dans la possession même ; il ne faut condamner que l'indocilité d'un cœur qui se livre aux biens actuels, comme s'il devait y trouver autre chose qu'une figure des biens indestructibles. Les fidèles ne cherchent pas dans un monde déchu, cette pleine jouissance qu'il promet toujours, et qu'il ne peut connaître. Le plaisir n'appartient pas à la terre ; mais il y descend quelquefois, et il se trouve mêlé aux amertumes, afin que nous ayons, pour soutenir tant de combats, un pressentiment de la durée que nous devons attendre. C'est une voix consolante qui nous dit d'aspirer à d'autres biens ; c'est un avant-goût des choses heureuses, et comme une première odeur de la région des élus.

Je reconnais dans les passions, des sentimens naturels qui ne sont extrêmes et vicieux que parce qu'ils furent détournés de leur fin légitime. Sans l'aveugle condescendance des institutions publiques, les inclinations des particuliers, l'ambition même et l'amour ne conduiraient pas au crime. L'amour, qui aujourd'hui semble indomptable, pourrait ne produire que la bienveillance ou la concorde, et l'ambition qui, parmi nous, est souvent furieuse, et frivole si souvent, se changerait en un juste désir d'être mis au nombre des enfans de Dieu.

L'esprit souffle où il lui plaît; il sait tirer de la malice des méchans une instruction salutaire qui affermira les bons. L'inégale répartition des biens présens, et la cupidité qui les accumule dans un même lieu sont très-propres à tourner nos désirs vers les biens inépuisables. Sans l'incertitude de la paix, sans les machinations perfides, sans la dureté de nos semblables, les âmes les plus droites, naturellement portées à aimer le prochain, le chercheraient exclusivement, et, séduites par la vertu générale, oublieraient l'auteur de toute vertu. Mais la Providence qui orna la terre pour les yeux de l'homme, afin de le porter à la gratitude, à l'admiration, veut aussi que cette même terre devienne malheureuse sous ses pas, afin qu'il se garde d'y mettre son espoir, et d'en faire sa patrie.

Le dépouillement de l'homme y est visible, et tout semble lui dire qu'il est exilé, disgracié. S'il considère tant d'espèces vivantes qui partagent cette demeure, il pensera d'abord que la terre est préparée pour elles, et non pour lui-même. Elles y sont vêtues ou protégées; tous leurs besoins seront satisfaits. L'homme au contraire n'y peut rester qu'en imaginant chaque jour des moyens de suppléer à son incomplète organisation. Comme si notre vie terrestre n'était que la naissance laborieuse d'un être encore informe, cette peau plus belle qui nous distingue est nue, et ne semble qu'ébauchée. Les autres êtres s'établissent ici, leur instinct paraît fixe, et, dès que nul ennemi extérieur ne les menace, ils jouissent du repos. Mais l'homme ne voit auprès de lui rien d'assuré, de suffisamment connu; il travaille, il s'inquiète; quand il croit enfin réussir, le trouble est dans son âme, et il vieillit sans avoir approché de ce qu'il exigeait. Ce malheur de nos prospérités, cette peine étrange me fait croire que ma destination est suspendue; ces désirs qui sembleraient inutiles, m'annoncent des intérêts d'un autre ordre.

Observez la maladie : elle paraît affreuse ; elle est bienfaisante, c'est elle qui a le pouvoir de soumettre le corps à l'âme. Rarement on voit ceux qui jouissent d'une pleine santé approfondir notre condition mortelle. Il semble que l'esprit soit opprimé quand les organes sont vigoureux, ou que de tels instrumens lui fassent négliger ses propres forces. N'y a-t-il pas alors dans les impressions journalières, dans les souhaits et les tentatives, une assurance, une inflexibilité qui nous dissuade de recourir à la raison, de mesurer le temps et de songer à nos pertes prochaines ?

Rien de plus funeste qu'un tel oubli ; rien aussi

de plus surprenant, et de moins excusable. La mort est toujours auprès de nous ; elle nous entoure de ses victimes, elle peut nous frapper aujourd'hui, elle nous frappera certainement. L'universalité de cette loi de mort, nous dit que notre but réel n'est pas celui qu'on se propose dans le monde. L'incertitude de l'heure marquée nous avertit de ne pas chérir sans réserve un séjour qui pourrait nous devenir étranger à la minute même, et que chaque pas du moins nous fait quitter graduellement.

Nous ne saurions être avertis avec plus de force, sans être réellement contraints. C'est notre intérêt même qui s'oppose à ce que notre liberté soit détruite : pour nous rendre vertueux, il fallait nous laisser le pouvoir de malfaire ; il fallait que la force actuelle de la vie suspendît nos alarmes, que de vains bruits fussent propres à nous distraire, et que les couleurs de la santé s'offrissent au gré de nos passions pour nous cacher les profondeurs du sépulcre.

Ainsi les plus spécieux avantages occasioneraient la mort de l'âme, mais il se trouve des écueils salutaires dans ces voies si dangereuses. Nous chancelons durant notre délire ; nos excès mêmes suspendent les appétits sensuels, et nous ne pouvons rétablir nos forces que par le calme de l'humeur, le silence des passions. La retenue qui nous fait éviter notre perte morale, prolonge aussi nos jours; et, en prenant le chemin difficile, nous obtenons le temps d'y marcher. Soit que je songe seulement à la vie qui ne finira point, soit que je m'occupe d'abord de la vie présente, je travaille efficacement pour toutes deux. Si je m'attache aux biens qui ne peuvent périr, je rencontre aussi les seuls vrais biens de la terre. Et si même, ayant la faiblesse d'aspirer au bonheur du monde, je le cherche du moins avec simplicité de cœur, si ma raison conserve quelque liberté, je reconnais dans ces faibles avantages des indices du vrai contentement : j'obtiens alors une paix intérieure qui éveille, qui entretient de nobles désirs ; et ces premiers pas, éclairés bientôt par une nouvelle lumière, m'ouvriront des routes élevées.

Qu'il serait doux de n'être jamais troublé par le besoin des biens incertains, et d'aspirer seulement à la perfection ! Dans la vie mondaine, au contraire, votre cœur sera toujours vide. Que signifie cette cupidité qui le creuse et le consume? a-t-il été formé pour n'être jamais satisfait? Ces vœux, auxquels la terre ne suffit point, ne semblent-ils pas attester d'autres destinées?

Une douleur ténébreuse serait-elle à jamais notre partage? Voyez les contradictions des peuples, et la folle diversité des cultes impies. L'adoration même devient un blasphème. La race que ses fautes entraînent, s'agite dans une vase immonde, et de siècle en siècle tous ses mouvemens épaississent la noire vapeur qui l'égare. Quelle lumière pénétrera jusqu'à nous à travers les ombres de la mort? Quelle force viendra surprendre l'homme au milieu de sa détresse, le faire tressaillir d'une joie sainte, et le lancer dans la gloire? Mystères favorables! quand serez-vous accomplis?

Mais, ô Dieu des infortunés! pourquoi cette vie sans terme, unique objet de nos désirs, ferait-elle le désespoir de plusieurs; comment cette promesse deviendrait-elle menaçante et formidable? Céleste bonté! les coupables n'obtiendront-ils pas d'être anéantis, quand l'heure du repentir sera écoulée sans retour? Il semblerait permis de croire que les peines, moins extrêmes que les récompenses, pourraient se rapporter à un infini d'un autre ordre. Ainsi la miséricorde s'unirait à la justice: l'énormité des châtimens serait plus relative au prévaricateur, et en accablant sa faiblesse elle le délivrerait; mais l'infinité des jouissances serait plus analogue au pouvoir de la Divinité même, et, par une sorte de perfectionnement subit, les élus obtiendraient pour le bonheur des forces inconnues.

Si la parole manque à ceux qui voudraient exprimer l'intensité possible des douleurs, dans une existence que l'imagination se figure très-imparfaitement, quel homme entreprendra d'expliquer, de décrire les joies intuitives? Transformés pour une destinée si nouvelle, nous recevrons des dons que notre âme ne pouvait contenir lorsqu'elle était resserrée dans les liens terrestres; nos organes, plus parfaits, suffiront à cette volupté que des corps débiles n'eussent pu ressentir, et sans cesse l'admiration des beautés inépuisables nous rappellera toute la certitude de notre félicité. *Venite.... possidete paratum vobis regnum a constitutione mundi* [1].

---

[1] Saint Mathieu, 25.

SOIRÉE VIII.

De la Mort, etc.

Ce qui est stérile n'est point l'objet de l'existence, et la pensée n'a pas pour unique destination d'animer, ou même de gouverner des chairs qui vont périr. Celui qui médite sur l'éternité ne sera pas le jouet du temps. Si la raison des choses humaines ne se trouve point sur le globe où nous voyons l'homme commencer et finir, nous la chercherons au-delà; nous croirons appartenir à l'univers; nous tirerons ainsi de la nécessité du trépas le sentiment d'une grandeur relative à l'étendue de nos perceptions ou de nos desseins, et, puisque la vie actuelle ne peut être durable, nous nous attacherons aux probabilités d'une vie moins inconstante. Ce qui nous satisferait ne se trouve pas sur la terre; c'est maintenant l'heure sombre, l'heure de la vigilance, ce n'est point le jour brillant du repos et de la possession glorieuse.

Pour s'avancer au-delà des limites ordinaires de notre esprit, il suffirait de ne pas oublier la mort. Comment l'homme est-il sorti d'une ignorance entière ? En examinant sa propre faiblesse. Certain de mourir, frappé de cette idée, il s'agite, ses facultés changent, et son espoir ne connaît plus de bornes. Il juge qu'il n'obtiendra rien sur la terre, si ce n'est d'y faire un essai de lui-même; et, comme l'intelligence veut toujours un but, il attend le moment où les lueurs passagères cesseront, le moment qui doit lui donner enfin la connaissance dont ses doutes excitent le désir.

Si je veux savoir tout ce qu'il y a de moral dans la pensée de la mort, je supposerai, au milieu de nous, un seul homme persuadé dès l'enfance qu'il ne mourra pas. Que de distractions il lui faudrait pour supporter les longs siècles ! Combien peut-être il lui paraîtrait naturel de sacrifier une partie de l'espèce humaine ! Il mépriserait des êtres sujets à la mort comme de vils animaux. Il ferait plus que tant de gens du monde, qui, en prétendant connaître les hommes, les accusent d'une perversité incurable; trop supérieur, selon lui-même, au reste de son espèce, il n'observerait pas les individus, il ne s'occuperait que des grandes réunions, et cela même augmenterait son dédain. Quelque empressement que chacun mette à se montrer sous des dehors favorables, c'est dans le secret de l'intimité que nous découvrons le vrai mérite de la plupart des hommes; mais ils semblent n'avoir rien d'estimable quand ils sont rassemblés en grand nombre, parce qu'alors la passion de quelques-uns fait taire la raison de tous. On verra l'honnête homme, qui ne croira pas à l'importance de ce qu'on appelle les honneurs, éviter, s'il le peut, de devenir membre d'une corporation. Presque toujours l'intrigue remue ces masses informes, et ce qui trop souvent s'y fait remarquer en est l'écume. Si quelque personnage y conserve une noble attitude, il la doit à des circonstances particulières ; placé hors de cette foule, sans doute il eût paru plus grand. Beaucoup d'hommes d'état se forment ainsi du cœur humain une idée trop défavorable. Rarement ils étudient l'homme ; mais sans cesse ils observent les hommes, c'est-à-dire, des hommes turbulens, des hommes passionnés, des hommes corrompus par les affaires : ils ne savent point, ils se soucient peu de savoir combien l'homme peut différer des hommes. Quelquefois un individu isolé, une famille, un très-petit peuple aimeront l'ordre et le suivront ; ils auront de la modération, de la raison, de la bonté. Mais les passions fermentent parmi les hommes réunis en masse ; ils vivent exclusivement dans une atmosphère humaine, ils ne respirent plus au milieu de l'infini. Un simple rapprochement peut fortifier les mortels; au contraire, ils se rapetissent dès qu'ils se pressent sur un même sol. En devenant frères, ils deviennent plus paisibles, plus vertueux; ils deviennent misérables en formant une multitude.

Doué d'une funeste immortalité, cet homme n'aura que des idées communes, ses vues seront toutes relatives à la terre; mais ses projets même et ses travaux cesseront d'autant plus promptement de lui être agréables, que la mobilité des objets ne s'accordera pas avec la vie perpétuelle dont le fardeau lui sera imposé. N'obtenant point le bonheur présent, et n'apercevant dans l'avenir rien qu'il puisse craindre, ou qu'il puisse vraiment souhaiter, il réunira l'abus de la force aux vices de l'incapacité. Si au contraire, l'attente de la mort ne lui avait pas été tout-à-fait étrangère, il aurait pu, durant ses longs jours, trouver d'intarissables jouissances; il aurait pu s'attacher à préparer ou à maintenir des institutions qui forçassent les hommes à se faire moins de mal, et à jouir sans obstacle de tant de biens qui les environnent. Avec du génie, un homme qui ne vieillirait pas accomplirait des choses utiles; mais, pour qu'il eût du génie, ne faudrait-il point qu'il connût la crainte, la douleur, les travaux? C'est de l'étendue et de l'harmonie des idées que dépendent les talens ainsi que les vertus de l'homme supérieur.

Soumis à la mort, je m'éloignerai de la sphère où nos besoins se multiplient. Je veux rendre conformes aux relations de tous les êtres intelligens, mes relations avec les habitans des lieux où je suis. Je n'envisagerai les incidens qui troubleront mes jours, que d'après la valeur de ces jours précaires dans la durée possible de mon être. Se séparer de la terre par la pensée, ce serait un effort de raison chez celui qui devrait y vivre toujours; mais ce renoncement n'a rien de très-difficile pour nous, c'est une conséquence de la certitude où nous sommes que bientôt cette vie terrestre finira. « A la vue » du tombeau, la vie la plus longue n'a que la » durée d'un instant, la carrière la plus remplie » d'événemens paraît digne d'un éternel oubli... » Quand même la jeunesse et la santé seraient » moins fragiles, la vie présente ne serait pas plus » digne de notre attachement; la carrière la » plus longue n'est rien quand on est parvenu » au terme. Les siècles passés nous paraissent

» des instans fugitifs; il en sera de même des
» siècles à venir : jamais ce qui doit finir ne peut
» être long; ce qui est mesuré par les années
» ne peut nous soustraire au néant [1]. »

De tant de choses qu'on s'attache à prévoir, une seule est indubitable aux yeux de tous les hommes; c'est la mort, la mort prochaine qui doit tout changer pour eux, qui doit détruire tout ce qu'ils connaissent, et réaliser ce qu'ils attendent. Les prestiges s'éloignent, quand cette forte pensée se présente. On disputera sur d'autres points; la mauvaise foi, la faiblesse d'esprit pourront faire rejeter des maximes salutaires, ou contester des principes importans; mais on n'imaginera rien contre l'évidence de la mort. Comment donc, parmi vous, trouve-t-on si peu naturel et si importun de soulever le voile qui déguise les choses de la terre?

Ceux qui vivent comme s'ils n'étaient pas persuadés que l'on dût mourir, peuvent-ils en effet ignorer, peuvent-ils oublier qu'ils s'avancent vers la mort? Demain, les biens que vous poursuivez disparaîtront; un seul peut vous rester à jamais, celui que procure une sage conduite. Hésiterez-vous à reconnaître que dès au-

---

[1] Élisée, Sur la mort.

jourd'hui, et dans les diverses suppositions, un tel bien est préférable à tout autre ? « Souvenez-vous de votre dernière fin, et vous ne pécherez jamais[1]. »

Ne point craindre la mort, c'est vivre sans terreur ; c'est presque vivre sans trouble. La plupart des autres maux tirent leur force de notre négligence, ou n'existent même que dans notre imagination ; il suffit de vouloir, et aussitôt il en reste peu de chose. La mort seule est positive et certaine ; mais la mort ne pouvant rien contre le juste, que trouve-t-il qui doive l'inquiéter ? Mortels, ennemis de vos semblables, comment prévaudrez-vous contre un homme qui doit revivre ? Il a goûté le breuvage de l'immortalité ; comment lui ferez-vous boire le calice amer ?

Une attention qui peut nous coûter d'abord, mais qui, en devenant habituelle, devient plus simple chaque jour, empêchera que nous ne soyons éblouis par les jouissances que le monde se propose. Leur rapidité nous jette dans une sorte de vertige, le nuage qui couvre notre œil éloigne la vie future ; mais nous resterions toujours maîtres de nous, si, dès le commen-

---

[1] Ecclésiastique, 7.

cement, une raison plus froide et plus mâle nous avait prémunis contre les surprises. Les hommes qui ont franchi dans leur enfance des pas difficiles, marchent ensuite sans péril au bord des précipices.

Détachez-vous du monde, vous n'aurez plus de pénibles souvenirs, et vous échapperez à l'erreur; accomplissez la loi, vous n'aurez plus de craintes. Saint Jérôme mourant disait à ses disciples : Voulez-vous mourir paisiblement? évitez, comme moi, ce qu'il faut perdre au dernier jour. Et, en effet, quel plus mauvais partage que ces biens qu'il est tout à la fois, et inutile de posséder, et difficile de quitter?

On jouit d'une paix assez douce quand on peut dire avec réflexion, avec vérité, que l'on ne craint point la mort : on vit misérablement, quand on la redoute, quand, pour en fuir la pensée, il faut s'abandonner aux écarts, et chercher dans la multitude des objets une diversion qui produira de nouveaux dégoûts. Savez-vous quelque moyen de ne point craindre un mal certain, un mal qui s'approche continuellement? N'y point songer, ce serait un vain effort : nul ne parvient à l'oublier toujours, et celui que l'agitation du monde éloigne durant une heure de ces traces lugubres, y retombe ensuite plus profondément. Que faire donc? Ou se livrer à un tel ennemi, pour cesser du moins de le combattre, ou en triompher par un réveil généreux; aujourd'hui même forcer le glaive de la mort à nous précipiter dans le néant, ou retenir sous nos pieds le bras qui, dans les jours de faiblesse, courbait notre tête.

Puisque la mort reste inévitable, qu'elle nous devienne indifférente; ne pouvant la retrancher de notre destinée, faisons qu'elle n'ait rien de fatal, et qu'en nous atteignant elle ne puisse nous accabler. C'est la première loi de la prudence de régler ses mœurs de manière à ne voir dans la mort qu'un incident de notre durée perpétuelle. Aimons la vie présente, puisqu'elle fait partie du grand bienfait de l'existence, mais ne l'aimons point pour ce qu'elle renferme d'actuel et de fugitif. Ne formons pas des liens que nous ne puissions rompre sans nous briser nous-mêmes. Nous attacherons-nous à des apparences, nous habituerons-nous à ce qui, dans un moment, ne sera plus? Un souffle nous emportera-t-il çà et là, comme l'insecte errant sur une feuille que le vent détache des arbres, qu'il élève d'abord, qu'il pousse en divers sens, et qu'il ne pourra soutenir?

Elles sont fréquentes ces erreurs qui substituent le monde présent au monde impérissable; mais la raison doit-elle leur être soumise? Celui qui ne pense point se livrera sans doute à l'empire du présent; mais cette disposition n'est pas conforme à la nature des choses dans celui qui pense : si la réflexion lui fut accordée, c'est pour qu'il voie au-delà de ce qui frappe directement les yeux. Désirez-vous que dans vos actions et vos sentimens il n'y ait rien de suivi, rien de moral? voudriez-vous renoncer à toute liberté? Vous pouvez faire un tel choix si vous êtes sûrs d'être anéantis quand la mort vous saisira. Mais s'il vous reste des doutes à cet égard, et si vous conservez quelque habitude de réfléchir, vous trouverez odieux le cours d'une vie déréglée, vous sentirez tôt ou tard combien les suites en sont redoutables. Dénuée de raison, la bête ne connaît que le présent. Elle est, dit-on, plus heureuse que l'homme. Cela doit être si elle n'a que le présent à connaître; si elle remplit ici-bas sa destination toute entière, elle y peut trouver d'entières jouissances. Mais nous qui entrevoyons toujours, et malgré nous, les conséquences des choses, nous ne saurions l'imiter parfaitement; nous ne serions pas heureux dans les mêmes voies, il ne tient pas à nous de les suivre comme elle.

Ceux même qui ne verraient dans l'idée de la vie future qu'une supposition tout-à-fait imaginaire, ne trouveraient pas un grand avantage à se soumettre chaque jour aux besoins du moment. Nous songeons trop au lendemain, nous avons trop l'avenir en perspective; cette prévoyance terrestre que nous ne pouvons perdre, nous donnerait seule des besoins particuliers. La certitude même d'être anéanti ne rendrait point les passions convenables; ce ne serait plus une extravagance de s'y livrer, mais ce serait encore une erreur.

Dira-t-on que, si elles altèrent l'ordre de la société, elles peuvent être bonnes aux individus; et qu'il vous importe assez peu que les choses n'aient point de consistance réelle, puisque vous les prenez comme elles sont, puisque vous les aimez comme elles paraissent être? On se tromperait; vous ne pouvez pas, ou vous ne pouvez que très-imparfaitement vous séparer ainsi de tout ce qui n'est pas actuel et personnel. Dans notre pensée, ce qui sera, nuit toujours à ce qui est. La force d'un sentiment nouveau peut nous déguiser cette inconstance des choses; mais au moindre changement nous la retrouvons, et nous en pressentons les suites universelles. Nous voyons se flétrir la beauté de ce qui nous enthousiasmait, nous voyons s'éteindre les affections d'une âme qui paraît s'épuiser elle-même. Sans cesse il faut renouveler et varier l'illusion; c'est-à-dire, qu'il faut sans cesse renoncer à ce qu'on possédait ; et s'occuper avidement d'une espérance douteuse. Votre bonheur est étrange, il consiste dans le mépris successif de tous les objets de vos désirs.

Les êtres vivans sont partagés en deux classes ; deux règles déterminent leurs volontés, l'instinct ou le raisonnement. Vouloir suivre et concilier ces deux lois, ce serait prétendre se consacrer en même temps comme citoyen à deux pays que la guerre diviserait.

Que l'homme soit détruit tout entier au moment de sa mort visible, qu'il n'ait ni industrie, ni projets ; qu'il ne délibère pas, et que le lendemain lui soit inconnu ; l'aigle et le chamois paraissent vivre ainsi loin du domaine de l'homme, et ils paraissent heureux. Mais prévoir la vieillesse, songer à d'autres générations, ou mesurer les siècles; mais planter des arbres, construire des vaisseaux, creuser des mines, et néanmoins vouloir à chaque heure suivre ses penchans ; c'est la plus manifeste contradiction.

Celui qui a médité une seule fois sur ces

questions importantes, sur les secrets de notre nature, doit se trouver à l'abri de l'intempérance des désirs. L'amour même ne saurait être immodéré quand l'esprit a beaucoup d'étendue. Ce corps si agréable ne sera-t-il pas livré à la corruption ? quel art entreprendra de soutenir ce que la nature altère constamment ? Les ambitieux lauriers ne sembleront pas moins trompeurs : il y a plus d'humiliation dans la chute que l'on fait du haut d'un char triomphal jusqu'au silence du tombeau, que dans les obscurs regrets d'un homme qui expire sous le toit de ses pères.

Le présent pourrait suffire à des êtres qui n'imagineraient rien de plus; on trouve le présent assez magnifique lorsqu'on ignore en général la stérilité des années. Mais, quand un homme sent qu'il mourra, la terre se montre à lui telle qu'il la verra le jour même où il faudra la quitter : il doit aimer uniquement ce qui ne peut lui être ravi, ce que la destruction ne menace point.

N'y aurait-il pas dans l'instant redouté quelque chose de favorable ? Il faut que tous les êtres tendent vers leur fin. Pourquoi la mort nous paraîtrait-elle contraire à la nature, si ce qu'on y voit d'abord n'était pas très-différent des effets réels. Mourir, c'est fermer un œil que fatiguait l'incertaine clarté des flambeaux, et le rouvrir à la lumière des cieux.

Si je regarde le terme de notre carrière comme un lieu de paix, je craindrai peu la vieillesse; si j'entrevois après les orages une durée inaltérable, cette attente répandra de la douceur sur mes derniers jours. Au milieu même de nos succès, nous éprouvons et de nouveaux besoins, et de nouvelles inquiétudes; nous ne sommes donc pas auprès du but. Nous l'avons manqué jadis, ou bien il se trouve au-delà. Dans cette alternative, je me dirai que peut-être notre vraie destination ne nous est pas connue entièrement. Tout porterait à croire que nos ennuis proviennent de ce que nul ne la remplit encore, et qu'ainsi nous pourrons trouver le bonheur après cette vie qui est pénible, mais accidentelle en quelque sorte, et préparatoire.

Enchaînée par la crainte, la raison se trouve sans vigueur, et ses mouvemens n'ont point de dignité; ce qu'elle voudrait produire s'évanouit aussitôt. Si au contraire nous nous délivrons de la crainte, nous serons libres; or, toutes nos terreurs se confondent en dernier résultat dans celle de la mort. Le juste n'évitera pas la mort, mais elle sera pour lui sans amertume. Il n'estime point ce qu'il va perdre, et le changement subit qu'il doit éprouver dans tout son être lui paraît chaque jour moins formidable : il sait d'avance se séparer du monde ; il s'en écarte pour le juger mieux, pour en saisir l'ensemble, pour n'être plus abusé, pour discerner les moyens qui produisent un vain éclat.

En usant des choses avec beaucoup de retenue, et comme si déjà elles nous échappaient, en appréciant avec plus de justesse, et les objets extérieurs, et nos propres affections, nous nous préparons à être satisfaits de nous-mêmes au moment funèbre ou il sera impossible d'éprouver, de chercher même une autre satisfaction. « Le » mépris des biens passagers domine toute l'il- » lusion de la grandeur, et met l'âme au-dessus » de sa propre élévation [1]. »

Une âme forte se soutient au milieu des alarmes : si elle peut être navrée, c'est à l'occasion de ses propres maux, c'est par le sentiment de ses fautes; mais elle n'est pas affectée sans mesure, elle n'est pas consternée des accidens étrangers à nos devoirs comme à notre prudence; elle ne l'est pas même de celui qui ter-

---
[1] Élisée, Oraison funèbre de Stanislas I.

mine la vie. La sagesse consiste à bien remplir la tâche qui nous semble imposée. Quel autre avantage réel obtiendrez-vous? S'il arrive que vous gouverniez un empire, resterez-vous plus long-temps sur la terre? votre bras aura-t-il plus de force dans l'âge des infirmités, ou pénétrerez-vous plus avant dans les secrets du monde?

On a vu des hommes plus grands que ceux qui cherchent les grandeurs ; ils restaient calmes au milieu de l'oubli et de l'indigence ; rien ne leur manquait pour attendre ce qui suivra la mort, et ils ne voulaient fortement aucune autre chose.

Non, l'anéantissement n'est pas ; la mort nous change, et ne nous détruit point. La pensée est suspendue sans périr. Le Dieu qui m'a montré la justice, et qui m'a promis l'avenir, le Dieu qui fait entendre une voix solennelle dans la solitude, et une voix généreuse dans le cœur des hommes, n'a pas trompé mes vœux. Pour nous conduire selon ses desseins, aurait-il eu besoin de nous abuser? Sa promesse est en nous, et la majesté de son nom protége notre faiblesse : il n'a pas résolu d'accabler ma misère, il ne nous a pas multipliés pour combattre en vain ; est-il sous la tombe un pouvoir qui résiste à sa munificence? Qui pourrait s'élever contre celui que j'adore ? Et, s'il avait retiré sa main de dessus notre demeure, d'où viendraient jusqu'ici la lumière, et les parfums, et le dévouement de l'homme intègre, et l'espérance du sage? C'est l'idée du mal qui nous trompe, l'apparence actuelle n'est rien. Des fantômes nous enveloppent; ils passeront, mais Dieu est magnanime : Dieu est Dieu, et nous sommes à lui.

SOIRÉE IX.

Harmonie des choses célestes, etc.

Tous les jours nous sentons le peu de valeur de ce qui va disparaître ; cependant la présence des choses nous subjugue, et le continuel enchaînement des intérêts les plus futiles parvient à nous distraire. Que serait-ce donc si nous restions étrangers aux conceptions générales qui semblent encore interdites à la plupart des hommes ? C'est dans l'ignorance que naissent et s'accumulent tous nos maux : les mauvais penchans, et par conséquent les divisions et les crimes se réduisent à des erreurs de calcul, ainsi que le pensait l'un des anciens dont le génie fut le plus vanté. De nos jours, Young observe également que le vice est un défaut de capacité, un défaut de justesse ou d'étendue.

Plus on médite, plus on doit s'en convaincre; ce qui fait surtout notre malheur, c'est l'oubli des vérités. Mais si, par un excès contraire, on se livre opiniâtrément à des recherches minutieuses, on ajoutera la faiblesse de l'âme aux erreurs de l'esprit. L'étendue des connaissances modernes a produit un nouveau besoin, celui de travailler le jour, et de travailler la nuit, pour obtenir après un demi-siècle une place vulgaire dans la liste des érudits qui propagent les doctrines humaines. Cette avidité est une grande affliction; elle remplace la libre et douce possession de la vie. Ces hommes, dont la persévérance étonne, doivent avoir des regrets au dernier instant ; sans doute ils disent à leurs petits-fils : Semez avec soin, mais afin de recueillir ensuite; n'imitez pas nos travaux sans terme, ne préparez pas la terre jusqu'à ce que les frimas surviennent; si vous labourez dans toutes les saisons, vous ne moissonnerez jamais.

Sans la lumière venue d'en haut, il n'est point de science digne de ce nom ; votre assiduité ne produira que d'infructueuses merveilles, si elle n'a pas pour objet la vérité même. Nous n'aurons de forces que durant peu d'heures; abandonnons cette curieuse investigation des choses qui passent, fatiguons-nous moins, et choisissons mieux. Que nous servirait de savoir comment s'écoule un monde périssable ? Établissons-nous dans le monde à jamais vivant. Ne nous bornons pas même à ce qui serait encore admirable sur la terre; affaiblies par nos désordres, ces dernières combinaisons d'un art surnaturel sont trop faciles à méconnaître, et les mouvemens des choses visibles se multiplient avec trop de rapidité. Ces notions confuses occasionent tous nos égaremens : *Desolatione desolata est omnis terra, quia nullus est qui recogitet corde* [1].

Les esprits subtils ont observé tous les effets des passions de l'homme ; mais les sages ont fait plus, ils se sont attachés à découvrir ce que des mortels peuvent comprendre de la cause unique, de la cause sans laquelle les hommes ne seraient point. Cessons de ne voir dans nos frères que des instrumens de nos desseins personnels ; nous sommes tous soumis à d'autres lois. Il serait plus grand, il nous sera plus utile de contempler ce qui est au-dessus de nous, afin de travailler à notre perfectionnement, et, s'il se peut, à celui de nos semblables. Dieu par qui tout existe ! ne mériterons-nous pas de vous mieux connaître au jour de la rémunération, si nous cherchons sincèrement tout ce qui paraît être selon votre esprit ? Élevez nos regards, soutenez une volonté chancelante ; animez des vœux dont l'ardeur même participe de notre insuffisance, et qu'il soit donné à l'homme d'aper-

---

[1] Jérémie, 12.

cevoir enfin la justice première, la science indubitable !

Au milieu même de l'ignorance et des difficultés actuelles, on peut remonter au principe de toute dignité, de toute force ; on est encore ébranlé par le continuel passage des choses du monde, mais la tête et le cœur sont dans les cieux. La vue des beautés toujours nouvelles serait une jouissance si parfaite dans sa plénitude, que plusieurs grands personnages en ont regardé la perte comme plus terrible encore que les plus vives douleurs des sens. Les tourmens que le corps peut souffrir, fussent-ils cent fois plus grands, dit saint Chrysostôme, n'approcheraient point de cette affreuse peine, de se sentir privé pour jamais de la connaissance des perfections divines. Le plaisir que procurerait aujourd'hui le spectacle le plus séduisant, le plus pompeux, ne saurait donner une idée juste de l'heureux besoin de voir ce qui est beau essentiellement. Ce n'est pas une jouissance particulière, ou l'objet d'un désir, c'est une nécessité. Si nous pouvions y comparer l'une de nos affections bornées à la terre, ce serait l'attachement de certains peuples des montagnes pour leur patrie simple et sévère. Lorsqu'en d'autres lieux ces hommes-là viennent à songer fortement au seul pays où il leur semble naturel de vivre, on ne peut pas dire qu'ils voudraient le revoir, mais qu'ils vont mourir s'ils désespèrent d'y rentrer bientôt.

Le Dieu nécessaire est le Dieu inaccessible. Nous pouvons, il est vrai, le connaître dans ses ouvrages, et en particulier dans ses desseins sur l'homme, parce que nous ne voyons alors de lui-même que des émanations plus ou moins proportionnées à notre faiblesse; mais pénétrer les profondeurs de l'Être, qui le pourra, qui l'entreprendra? Une si étonnante grandeur entrera-t-elle dans nos idées; nous élèverons-nous jusqu'à l'universelle intelligence, jusqu'à l'esprit qui existe par lui-même, et qui seul a pu dire : *Ego sum qui sum*, je suis celui qui subsiste, c'est en moi que se trouve la vie ?

Le Très-Haut ne dit pas : Je suis le plus puissant, je suis le premier; mais : C'est moi qui suis l'Être; ce qui paraît différent de moi n'a point de vie qui lui soit propre; l'invisible, c'est moi-même; et toute chose visible ou circonscrite n'est qu'une suite de ma volonté, un effet de ma puissance ; rien ne serait, s'il était possible que je ne fusse pas : *Ego sum qui sum*.

Quand je m'attache à la terre, je me sépare de l'existence réelle, et je travaille à me détruire

moi-même. Ne sais-je pas que Dieu est, et qu'il est seul ? Dans tout le reste on ne peut trouver qu'une apparence, image précaire de l'être, image mobile de la perpétuité. Ferons-nous de cette apparence le but de nos études, l'objet de toutes nos réflexions ? Nous livrerons-nous à ce qui passe tandis qu'on l'observe ? espérerons-nous retenir ce qui change toujours ? Voulons-nous que notre esprit se consume dans l'examen de ce qui n'a point de consistance, et que notre âme se nourrisse du simulacre des choses ? Au contraire, aspirons à connaître celui qui ne peut changer, celui en qui et pour qui nous sommes, celui dont il est vrai de dire qu'un seul de ses attributs nourrirait l'admiration durant la plus longue vie, et resterait encore impénétrable. « Il y a deux voies bien différen-
» tes pour se former cette sublimité de concep-
» tion qui a tant d'influence sur la conduite de
» la vie. On voit la grandeur de Dieu dans ce qui
» se peut connaître de lui selon l'expression de
» l'apôtre, dans le brillant de ce soleil qui nous
» éclaire..... Mais il y a une autre voie pour
» connaître la grandeur de Dieu, voie moins
» accessible, mais plus noble.... C'est de juger
» Dieu, non par les choses que l'on voit, mais
» par celles que l'on ne voit point, non par les

» choses que l'on connaît, mais par celles même
» que l'on ignore[1]. »

Tout ce qui est bon, tout ce qui est beau reporte la pensée vers l'unique sagesse. Les formes, les sons, toutes les propriétés, toutes les modifications des substances découlent du principe de vie. Ce sont les dernières clartés du feu inépuisable, les dernières ondulations de l'éternel mouvement; c'est un souvenir en quelque sorte de ce qui fut avant tout ce que nous voyons, et un pressentiment de ce qui sera lorsque les temps du monde ne seront plus.

Ce qui est illimité est divin : l'infini ne saurait être défectueux, ou mauvais; l'infini, sous tous les rapports, ce serait Dieu. Une pensée profonde suscitée par quelque bruit dans l'épaisseur des bois, l'union de plusieurs familles oubliées sur un sol favorable, l'expressive tranquillité des regards du sage, la communication des idées d'un hémisphère à l'autre, d'un âge à un autre âge, tout ce qui est heureux, vaste, incompréhensible, ce qui est sublime enfin, est l'ouvrage du Dieu que je reconnais, du Dieu qui est et qui sera.

Devez-vous nier tout ce que vous ne com-

---

[1] Sermon sur les Profondeurs divines.

prendrez pas ? Qui d'entre vous a jamais pu rendre raison du phénomène du monde, ou expliquer dans son propre cœur le sentiment de la vie ? L'organisation d'une herbe a passé l'intelligence des peuples. Ce qui serait surprenant, ce qu'on ne saurait même supposer, c'est que notre raison conçût la nature et l'essence de ce qu'elle examine le plus attentivement. Un reptile ne connaît pas les dimensions du globe; mais il voit quelques objets; c'est voir un monde, le monde n'est rien de plus pour nous-mêmes. Cependant puisque les choses sont, Dieu était, puisque je me sens exister, l'existence de Dieu est évidente.

La nature divine ne peut nous être révélée. Nous ne saurions en parler sans une sorte de profanation; à cet égard notre inaptitude devient une totale impuissance. L'on n'enseigne point ce que Dieu est; on se borne à dire ce que Dieu n'est pas. Et en effet, ce qui importe, c'est que l'on ne puisse se faire une fausse image de celui qu'on adore; le culte ne doit pas avoir pour objet une divinité chimérique. Telle fut apparemment la cause de l'impiété des nations : elles quittèrent ces voies simples où le juste s'arrête; une vaine explication des inexplicables mystères dégénéra en systèmes ridicules, en idées toutes charnelles, et enfanta des dieux abjects. Tandis que des sages opposaient, avec trop de ménagemens peut-être, à cette doctrine erronée une doctrine secrète transmise d'âge en âge, l'abomination fut à son comble chez le commun des hommes; et ce délire précipita des esprits moins rampans, mais inconsidérés, dans l'oubli de toute notion religieuse*.

Nous sommes des êtres bornés; nous ne pouvons naturellement concevoir l'immensité, l'absence des bornes. Mais je vois que les objets n'ont que de certaines dimensions, ou un certain nombre de parties, et que sans doute les cieux même finissent quelque part; je me dis alors : Celui-là est grand par-dessus toutes choses, celui-là est seul grand, qui n'est contenu dans aucun espace, et qui, ne pouvant être divisé, ne peut avoir de limites.

Je considère les années de l'homme, et la durée de chaque chose accidentelle ; j'observe le temps, l'écoulement des êtres qui se détruisent. Le temps est pour la nature; les choses parais-

* Ce qui contribue le plus à faire négliger l'idée si naturelle de la Divinité, ce qui affaiblit les sentimens religieux, c'est une religion superstitieuse et populaire, une religion fausse. *Note de l'Éditeur.*

sent, et voici qu'elles passent. Je me prosterne devant l'Éternel pour obtenir d'exister; certainement Dieu est éternel.

L'imperfection doit prendre différentes formes, et ces formes successives s'étendront au-delà de tout ce qu'on imagine; mais la perfection sera toujours une, elle ne pourrait varier sans cesser d'être. Ce qui changera n'a point d'existence absolue : tout ce qui change est semblable à nous; l'Immuable est celui que j'adorerai.

Nos études nous laissent dans l'erreur, et substituent seulement à une paisible ignorance une ignorance agitée. Chaque être doué comme nous d'une vie particulière est presque étranger aux autres êtres, il n'en peut voir que l'extérieur, il ne les aperçoit qu'en partie. Mais Dieu embrasse toutes choses, et il sait tout : la science, la connaissance réelle ne peut se trouver hors de lui.

Non-seulement sa justice surpasse la vénérable droiture des sages, mais elle diffère de ce qui nous paraîtrait ici l'équité même : celle de Dieu n'est pas une vertu, puisque nul intérêt ne le sollicite, puisque nulle incertitude ne le fatigue. La justice ne coûte point d'efforts au vrai juste.

Il suffit que Dieu soit Dieu, pour que toute iniquité soit impossible en lui.

La satiété, l'ennui, la tristesse, ces dignes fruits du premier égarement qui introduisit dans notre âme toutes les discordances, ce désordre, ce vide, ces besoins ne se trouvent pas dans celui qui ne peut rien acquérir, qui est tout harmonie, et qui se nourrit de lui-même. Nous ne savons pas comment Dieu se possède, et comment une jouissance peut durer sans interruption; nous ne savons pas ce que doit être la plénitude même du bonheur : cependant le plaisir d'exister, ce contentement que la santé procure en pourrait fournir quelque indice; et je pense que la vue intuitive de ses propres perfections suffit à la perfection suprême.

Je sens aussi que les maux, et même les biens ne peuvent approcher de Dieu. Le mal est le partage de la faiblesse, et un avant-coureur de la destruction. Les mouvemens de joie, les émotions voluptueuses n'appartiennent également qu'aux êtres bornés. Dieu ne peut jouir à la manière des hommes, puisqu'il ne peut y avoir en lui des perceptions nouvelles, des espérances, des surprises, rien de moindre ou de meilleur. Une parfaite quiétude fait partie de sa nature parfaite. Sans concevoir une telle félicité, nous jugeons que la félicité divine a ce caractère. Nous-mêmes, quand nous aspirons au bonheur des régions célestes, nous n'attendons pas des plaisirs : mais nous espérons que le plaisir nous sera ôté comme la peine ; nous voulons être exempts de la gaîté qui suppose une tristesse antérieure, et qui annonce trop d'inconstance ; nous demandons à Dieu de nous rapprocher de lui, c'est-à-dire, de nous changer, de nous fortifier, et d'agrandir jusqu'à nos sentimens. Dans notre condition présente nos recherches, ainsi que nos désirs, nous apprendraient peu de chose sur la béatitude des immortels. Sans doute le Dieu magnifique en ses promesses réserve à ceux qu'il a choisis un bonheur très-différent de ce que nous pourrions concevoir ; mais une distance plus grande éloigne à jamais tout être subordonné, toute créature, de ces délices inconnues, de cette vie majestueuse, inaltérable partage de l'Être qui ne désire point.

Heureux, sans plaisir ; parfait, sans vertu ; prévoyant tout, sans avoir rien à éviter, et entraînant toutes choses sans employer aucune force extérieure ; produisant toujours, mais sans besoins, comme sans organes ; contenant l'espace, et terminant les temps : principe immuable des changemens, principe inépuisable de tout amour, de toute beauté, de toute justice; impassible auteur des êtres qui souffrent afin d'espérer et de jouir; permanent et impénétrable, invisible, et pourtant connu ; adorable par la puissance, mille fois adorable par les bienfaits, tel je me représente celui qui a dit : La vie est en moi, *ego sum qui sum*. Mais porterai-je mes regards vers le sanctuaire? Quelle voix pour de telles louanges! Une bouche terrestre doit-elle prononcer le nom du Saint des Saints? O perfection! O Dieu! Celui qui voudrait élever son âme jusqu'à vous, craint de s'égarer en cela même; cependant il voit parmi les prodiges de votre nom, l'indulgence, la miséricorde; et jusque dans les solitudes de cette vallée de larmes, vous répandrez sur nous d'abondantes consolations!

SOIRÉE X.

Beauté des objets visibles, etc.

J'avais une sorte de penchant assez vif pour ce qu'on appelle les beaux-arts ; mais il ne m'a pas été difficile de le réprimer, il n'était point entretenu chez moi par cette concurrence qui ordinairement le fortifie, par des projets envieux, par des idées de succès et de célébrité.

En revenant de B......, je parcourus les environs de G..... Je voulais en rapporter quelques dessins, et surtout je désirais voir une mer plus belle que celle d'Anc... ou de Mém... De nouvelles impressions succédèrent au simple plaisir que je m'étais promis. Sur le rivage, à l'extrémité des terres, des seules parties du globe où nous puissions subsister naturellement pour ainsi dire, il me sembla que les intérêts momentanés ne pesaient plus sur moi ; j'échappais au joug de mes habitudes ; je sentis que mon existence morale était susceptible d'une étendue mal comprise jusqu'alors, et que mes rapports avec les objets visibles n'étaient pas les seules relations de mon être.

Il existe, il est devant nous, le monde inconcevable : cependant on l'oublie ; les mouvemens des hommes élèvent une poussière qui paraît obscurcir l'espace, et qui nous sépare des cieux. Mais lorsqu'une loi de la nature, une de ces lois que tous les jours on méconnaît, se développe subitement à nos regards, cette preuve d'un plan général, ce signe de puissance devient pour nous une figure de la vie féconde. *Speciei generator hæc omnia constituit.* [1]

Je vis mieux alors le peu d'importance de ce qui avait occupé mon esprit ; et nos jours actuels furent pour moi comme un passage, un songe dont les divers instans devraient être considérés d'un œil égal. En effet si une telle manière d'être, si cette faible idée de la vie nous est seule destinée, ce que nous pouvons attendre n'a point de force, point de valeur ; il vaudrait autant rentrer avec indifférence dans le néant qui, pour ainsi dire, n'aurait pas cessé d'être notre partage. Et si notre vie actuelle, cette suite d'alarmes et de regrets, d'entreprises et de dangers n'est que le temps des épreuves, qu'importe que ce temps soit plus ou moins pénible, pourvu que les conséquences en dé-

---

[1] La Sagesse, 13.

viennent favorables? Le travail d'une minute semble-t-il trop difficile, quand il procure un siècle de tranquillité ?

Depuis ce jour, j'ai vu s'affaiblir en moi des illusions qu'il faut se garder de confondre avec le plaisir d'être vivant. Je formai dès-lors le dessein de renoncer à ce qui n'avait jamais pu me satisfaire ; mais c'est seulement après quelques années que d'autres circonstances ont fortifié cette disposition d'esprit. Une telle résolution laisse prévoir d'abord de grands obstacles; cependant on peut vaincre à la fois toutes ces difficultés plus nombreuses que réelles.

Que ferais-je parmi les hommes? Je cherche à entendre ce qu'ils n'examinent point, je suis étranger à ce qui les subjugue, et l'ennui me consumerait au milieu de leurs amusemens. Ils disent que les lieux solitaires sont pleins de tristesse. Cependant le bruit des vents, le retour de la lumière, la rapidité des eaux rappellent l'ordre général du monde ; et partout dans les campagnes on reçoit une imparfaite, mais continuelle révélation des lois qui restent incompréhensibles. Tous les hommes écoutent les choses déterminées, c'est l'objet ordinaire de leurs discours, volontiers même ils entendent la musique, cet autre langage qui est plus vague, plus mystérieux ; mais là ils s'arrêtent : l'activité des êtres qui ne vivent point, et le balancement de tout ce qui est dans l'espace, l'inexprimable harmonie de la nature demandent une attention si profonde, que peu d'entre nous s'attachent à pénétrer le secret d'une telle éloquence.

Dans les pays très-industrieux, et dans les climats naturellement peu fertiles, la tâche dont chacun se trouve chargé remplit les heures, et absorbe les réflexions de la plupart des hommes; mais dans les contrées où le travail des bras se réduit à peu de chose, on ne connaît guère que deux situations morales; l'âme y est contemplative, ou le cœur y est passionné. Tout homme qui, sous un beau ciel, n'est pas au nombre des esclaves, et n'est pas assez dénué de force pour ne point dompter quelquefois en lui-même d'aveugles inclinations, doit avoir le sentiment de la majesté des choses divines. Dans le repos, nous sommes plus près de comprendre cette durée qui est derrière le voile mobile des temps. Les sollicitudes s'éloignent, le découragement cesse à la vue d'une grandeur qui rappelle et qui autorise la hardiesse de nos prétentions. « Quand le désespoir s'empare d'un homme et l'accable, comment ne suffit-il pas pour le ranimer, de lui dire : As-tu vu les cieux[1]? » En songeant à la sagesse qui soutient le monde, on conçoit une espérance, combattue par le doute, mais pourtant forte et heureuse; on croit n'être pas abandonné à ses propres moyens, n'être pas livré pour jamais à l'empire du mal.

Il est vrai, le mal est dans l'univers. Mais, si nous considérons que les seules traces d'injustice dont nous puissions avoir connaissance ne s'étendent pas au-delà de nos demeures; tandis que l'ordre embrasse le monde entier, notre espoir se ranime, et nos propres lumières suffisent pour nous faire admettre cette hypothèse, que l'influence des êtres imparfaits aura peu d'étendue.

Pourquoi d'ailleurs suis-je surpris de ne point comprendre les lois du monde? Il serait au contraire bien surprenant que de vastes notions pussent entrer dans une tête dont les idées sont si bornées, et qui doit être brisée si tôt. Nous-mêmes ne sommes-nous pas inexplicables pour nous? Je ne connais que l'ouvrage de l'homme; dans tout le reste, je ne vois que des rapports extérieurs: le fond des choses m'est caché. Ce qui est grand,

---

[1] Young, 22.ᵉ. Nuit.

ce que ma main n'a pas fait, tout ce qui est beau, doit me paraître impénétrable.

Il n'est pas besoin de recourir à une assertion téméraire, et de s'exposer au reproche d'absurdité, ou du moins d'enthousiasme, il n'est pas besoin de dire que le mal n'existe pas. J'ose espérer encore en un Dieu puissant et bon, malgré le désordre qui pervertit les facultés humaines, et malgré tant de misères qui semblent étroitement liées au sentiment de la vie. L'ordre général qui frappe mes yeux, suppose une grande sagesse; la seule existence du monde, quel qu'il soit, me prouve que cette sagesse existe : comment concevrais-je la durée, l'universalité du mal ?

On a dit que les maux nous faisaient mieux sentir la valeur des biens. Cette sorte de justification ne paraît qu'une froide plaisanterie, quand on suppose perpétuelle la proportion que nous voyons établie sur la terre. Mais, si la vie terrestre n'est qu'une journée de l'existence, le mal peut avoir des limites prochaines, et la vie entière sera peut-être aussi heureuse que puisse le demander raisonnablement notre imagination même. Les parties du monde ne sont susceptibles que d'une perfection relative. Ne serait-il pas contraire à la nature des choses qu'un être faible possédât une joie parfaite, et que dans la vie, dans une série de sensations différentes, on n'éprouvât que des sensations désirables? Si l'univers n'était pas varié, il ne serait plus. Il n'y a donc de félicité absolue, que pour l'intelligence qui est une. Notre durée présente contient d'affreux momens, il est vrai; cependant l'existence doit être un grand bien pour chacun de nous, si les maux finissent aux bornes de la terre.

Ils ont peu étudié le monde, ceux qui n'y ont jamais observé que l'homme! Par un préjugé qu'on retrouve ordinairement dans les arts libéraux, ils se persuadent que tout ce qui n'est pas nous, ne peut avoir d'importance, du moins pour nous. Mais il est une manière de considérer les choses inanimées; elles appartiennent ainsi à l'étude la plus indispensable, celle du principe de nos devoirs. Ces diverses parties du monde présentent un aspect métaphysique, et des analogies avec les vérités morales. La vue de ces objets moins éloignés de l'ordre primitif, en nous détachant de notre être mortel, en nous séparant des hommes préoccupés, en nous permettant d'oublier la terre, nous introduit dans les régions où l'intelligence développe de plus grands desseins.

On revient ensuite à la contemplation de ces mêmes lois dans soi-même ou dans ses semblables ; et il n'est plus à craindre que l'on rapporte toutes choses à l'homme, au lieu de voir l'homme à sa place dans le tout.

Lorsque j'aperçois, à quelque distance, une foule qui s'agite pour faire parler de ses fêtes, lorsque tant d'hommes veulent ignorer qu'ils n'éprouvent aucune joie, je sens que les beautés impérissables se refusent à leurs yeux constamment distraits. Dans la plus belle soirée, auprès des bois dont ils font taire les voix simples et douces, leur rire empressé, leurs dispendieuses réjouissances attestent que tout ce qui n'a pas été inventé par l'homme, est inintelligible pour eux. Si nous n'étions pas livrés à cette même inquiétude qui chassa nos ancêtres de leur paisible séjour, si nous ne partagions point, par un consentement nouveau, cette première transgression, cette erreur, nous saurions entendre quelques parties de la secrète disposition des choses, et nous pourrions entrevoir la main qui les entraîne. Mais, ainsi frappés d'aveuglement, nous aimons la folie des arts humains, et nous ignorons la science éternelle.

Cependant une bonté que rien n'épuise paraît avoir réservé pour l'homme des dons inappréciables, et l'âme religieuse peut valoir plus que tout un monde matériel, que tout ce qui est incapable d'amour et de libre obéissance. Si nous nous attachons à ne pas affaiblir en nous ce rayon d'une vraie lumière, il retournera vers son auteur, vers celui qui nous a donné la raison, l'équité, la générosité. Par ses bienfaits, nous sommes justes contre nous-mêmes, et nous nous immolons pour nos semblables. Ces vertus semblent étrangères ici-bas; elles annoncent une noble origine, et, après les avoir suscitées, Dieu les couronnera.

Que ceux qui restent encore dignes du nom d'homme, de ce nom qui pourrait être si beau sur la terre, que ceux-là s'attachent à reconnaître dans le monde visible des marques d'une haute prudence; qu'ils les aperçoivent du moins en ces momens d'élévation, où les idées ne sont pas toutes absorbées par tant de soins qui, malgré nous, embarrassent le cours de nos heures. Dans un écrit que je destinais surtout à prolonger pour moi-même le souvenir de quelques impressions trop fugitives, que n'ai-je obtenu l'éloquence simple, mais convaincante, que la vérité n'accorde pas toujours à ceux qui la cherchent durant leur vie entière! alors j'entretiendrais les hommes sur ces grands objets qu'ils négligent quelle qu'en soit l'importance, et qu'ils semblent être convenus d'oublier, précisément parce qu'il n'y a de grandeur dans aucune autre chose. Mais, qui suis-je, et que pourrais-je ? Ma vue est trop confuse; mon imagination même, encore troublée par mes propres faiblesses, n'entrera point dans les profondeurs où Dieu lança la matière quand il lui donna des propriétés inexplicables, et des formes toujours naissantes, toujours reproduites, quand il distribua les groupes des mondes gigantesques.

Le plus borné des êtres actifs peut élever son œuvre selon ses désirs, et il la trouvera bonne; mais ces désirs, ce travail, cet ouvrier, tout est périssable. N'attendons pas qu'une force étrangère vienne ébranler de tels ouvrages; leur ruine est dans eux-mêmes, et en peu de temps nous les verrons vieillir. Mais celui de Dieu subsiste : un pouvoir réel l'a fait; et pour que ce pouvoir le maintienne, c'est assez qu'il ne le détruise pas. La permanence du mouvement conservateur, la beauté constante, mais toujours modifiée, tels en sont les caractères. Sagesse, puissance! Ces deux mots que l'univers semble redire perpétuellement, je les vois sur le fruit desséché dont les insectes se disputent les débris, comme sur les astres qui répandent des clartés inépuissables.

La matière ne pourrait être parfaite, puisqu'elle est subordonnée : mais l'esprit la pénètre ; et, en admettant ce qui s'accorde avec ses fins, sans cesse il forme de ces différentes qualités un ensemble admirable. Ainsi les combinaisons de la matière n'étant limitées que par l'exclusion du mal général, tout ce qu'il y a de bon excepté Dieu même, tout ce qu'il y a de convenable se réalise en son temps ; et il est vrai de dire que la Divinité engendre et contient ce qui est, ce qui peut être.

Tout est prévu, tout est combiné : une opposition régulière concilie toutes choses ; elles ont chacune un but particulier, mais elles sont dirigées vers le but invariable. Tout devient moyen et tout devient empêchement ; l'effort renaît ainsi que la difficulté, la tendance est continuelle, et l'obéissance ne peut être interrompue. Les propriétés et l'aptitude des êtres seront variées, c'est-à-dire, imparfaites ; elles seront immenses et ne pourront être infinies. Mais l'altération des formes accidentelles sera soumise aux lois suprêmes. Malgré la faiblesse de toutes les générations passagères, le principe de la régénération est indestructible. Les ombres du désordre reparaissent, mais l'éclatante vérité les dissipe alternativement; la force inerte, toujours surmontée, n'est point détruite, et cependant la force vivante conserve à jamais l'empire.

Cette Providence que je reconnais et dans le tout, et dans les parties, dans le vol d'une mouche, comme dans la distribution de la lumière, cette sagesse me paraît plus étonnante encore dans les qualités intellectuelles; et, si j'ose de si loin entrevoir des proportions, je trouverai la pensée plus étendue que l'ordonnance des choses passives. Un être fragile, un homme contient dans sa tête inconnue de lui-même, des notions d'équité, quelque certitude des dimensions des corps, et l'idée de mille soleils étincelans ou refroidis !

Mais le désir, l'inconcevable désir ! le pressentiment de quelque chose de perpétuel, ce besoin dans moi qui vais disparaître ! Il y a là une communication souverainement mystérieuse. La science me montre un abîme entre Dieu et les mortels ; mais je me crois rapproché de Dieu par les relations indéfinissables que le désir établit. Ainsi les affections comme les idées, le visible et l'invisible, les hommes et la matière, tout n'existe que pour celui qui est : les divers objets sont des degrés qui mènent à lui ; l'image divine est réfléchie de toutes parts, et les choses fugitives apparaissent comme un indice de l'Éternel.

La réalité ne se trouve que dans la Divinité seule; mais le dessein du monde, imparfaite copie de ce modèle ineffable, le reproduit par des apparences, et l'annonce à l'homme qui ne pourrait le contempler immédiatement. La constante reproduction des corps suppose une fécondité sans terme; l'éternité de puissance se manifeste par la durée d'un ouvrage dont il est impossible de discerner l'origine, ou de montrer l'affaiblissement; et l'ordre partiel est une invocation à l'ordre imperturbable : *Cœli enarrant*.

L'espace où notre œil se promène n'est qu'un point dans l'étendue; mais ce point devient un centre pour la pensée, qui, d'un côté, s'introduisant dans les détails, et de l'autre hasardant ses calculs, découvre un horizon plus ou moins vaste dans la sphère illimitée. Cette différence entre les parties du monde est encore multipliée par l'extrême différence des perceptions. Il est naturel qu'une feuille d'arbre ne nous semble d'abord qu'une sorte d'excroissance végetale ; mais ensuite nous apprenons que cette feuille a des habitans, et qu'elle est le théâtre d'une industrie plus sûre que la nôtre. Ainsi, de riches campagnes, vues sans réflexion, paraissaient muettes et froides. C'est encore ainsi que pour le commun des hommes, et même des hommes spirituels, le reste du monde ne vaut pas la surface de notre planète : l'univers qui est divin en quelque sorte, et dont la suprême volonté soutient les moindres particules, se réduit pour eux à des globes épars dans une nuit profonde, dans un effrayant silence.

Ne verra-t-on jamais combien les travaux de l'homme sont misérables? Ce qu'il fait avec orgueil, c'est cela qui devient ridicule. La simplicité des ressorts et la grandeur des résultats lui sont également refusées. Dans les hommes, tout est petit et laborieusement frivole, excepté de pourvoir aux vrais besoins des sens, de s'aider mutuellement, de se consoler, et de méditer sur les lois qui ne seront pas abolies.

Construisez une maison simple ; qu'elle soit propre et bien située : voilà un talent véritable. J'aimerai cette cabane utile et commode; mais si vous me montrez vos chapiteaux corinthiens, ou vos escaliers d'acajou, je ne puis plus applaudir, et votre admiration m'attriste.

Vous cherchez le beau ; plantez un cèdre : non, semez de l'herbe. Il y a plus de beauté dans l'heureuse confusion des couleurs de la prairie, que dans la régularité d'un amas de pierres que vous appelez un grand palais. Vous feriez des choses bonnes ; mais pourquoi vouloir qu'elles soient imposantes ? Votre faiblesse paraît surtout dans vos glorieuses entreprises : ces magnifiques demeures sont tout ce que vous avez pu terminer, et sont peu de chose ; un roc tombant des montagnes, les réduirait en poudre.

Vos arts n'ont rien enfanté d'aussi beau que le muguet des bois, et la mousse du désert. L'inimitable développement d'un germe est plus attachant, plus curieux que les tristes merveilles, le fracas et les surprises de vos opéras. Une plante s'élève dans la vallée; aussitôt des peuplades invisibles à notre œil animent ce monde nouveau. La lune, retardée dans son cours jusqu'à l'heure des ténèbres, apparaît enfin sur notre hémisphère ; elle n'est qu'un point au milieu de l'espace, mais la clarté qu'elle ramène s'introduit dans les moindres asiles de cent provinces. Le mouvement des vagues, le mouvement des trembles et des hauts sapins, le mouvement des cieux, voilà ce qu'on peut observer tous les jours sans aucune lassitude. Mais vos danses importantes sont d'ennuyeuses puérilités; vos chants étudiés vous fatiguent et m'inquiètent; vos instrumens n'ont point de naturel, point de charme. Tant de travail pour des plaisirs, décèle trop d'impuissance : je veux entendre des bruits sauvages, ces voix de tous les siècles.

Ce qui vient de l'homme n'est rien; la nature seule est belle, la beauté première la remplit et la gouverne : j'admire dans les corps la perfection invariable à laquelle l'esprit divin les fait participer; il les asservit à l'ordre; et de l'ordre résulte l'harmonie qui n'était point dans la matière, mais dont la matière est l'occasion ou l'instrument. C'est une noble et douce ignorance d'abandonner le cours des rivalités humaines, et de trouver dans la fleur que l'Éternel a produite, un assez grand sujet de méditations.

SOIRÉE XI.

Unité divine, etc.

Les sentimens religieux sont une suite du sentiment de notre existence. Vivre, c'est savoir quelque chose de Dieu. Sans lui, tout ce que j'imagine ne saurait être, et ce que je vois, il l'a produit; de toutes parts l'empreinte est la même. Je trouverai de continuels rapports entre les lois générales et mes propres facultés, soit que le spectacle du monde ait seul formé ma pensée, soit que mon âme elle-même ait été faite conformément au plan de l'Ordonnateur du monde. Unis par divers liens à nos semblables et à tous les êtres vivans, nous entrevoyons ce qu'ils peuvent pour nous, ou contre nous; assujettis à l'universalité des choses, nous jugeons qu'une si grande force nous détruirait si elle cessait de nous être favorable.

C'est naturellement qu'on adopte l'idée d'un artisan suprême, et du concours de tout ce qui existe vers des fins inconnues. En effet, comment voir une intention dans les ouvrages de l'homme, et n'en point supposer dans le grand ouvrage dont l'homme fait partie? Il est vrai que les diverses conséquences de cette analogie ne sauraient être démontrées, qu'elles restent toujours problématiques pour celui qui n'est point prévenu par ses désirs même, et qu'enfin ces notions générales sortent des bornes de l'évidence. L'évidence sur la terre! l'exigeons-nous dans les choses les plus communes? L'évidence est un fruit de la véritable vie; l'organe qui la saisirait, n'appartient pas à notre poussière mortelle : ici nous la désirons; ailleurs nous pourrons l'obtenir, et ce sera le sujet d'une grande joie.

Ils n'ont pas vécu dans la solitude, ils n'ont pas médité sous le ciel, ceux qui négligent de telles espérances, et qui trouvent dans les arrangemens de la société des objets plus désirables, des affaires plus pressantes. Il faut que l'importunité d'une profession servile, l'ascendant de la coutume, les clameurs et tout le bourdonnement d'une foule trop légère aient singulièrement affaibli leurs organes. Si on transporte de tels hommes sur la terre de Ghizé, devant le Sphinx, ils en détourneront la vue; mais ils examineront quelque chose de nouveau, une figure de cire qu'un enfant aura pétrie entre ses doigts. Ils font ainsi tous les jours.

Lors même que la nuit est belle, ne les voit-on pas allumer à l'envi des fils de coton imprégnés de matières grasses, pour répandre dans leurs parcs une lumière que l'on doive à l'industrie humaine? C'est alors qu'ils s'assemblent, qu'ils se félicitent mutuellement, et qu'ils renoncent au sommeil pour contempler le prodige de leurs mains.

On peut être de bonne foi, et ne pas affirmer qu'il y ait une Providence; on doutera de tout, excepté du sentiment présent, du sentiment de la vie. Mais ne pas souhaiter que Dieu existe, n'être pas occupé journellement d'une si forte probabilité, ne pas chercher Dieu dans les signes visibles de sa pensée impénétrable, c'est le plus grand témoignage de la misère des hommes. Il faut l'avouer cependant, cette misère même, qu'on ne saurait bien comprendre, semblerait propre à justifier les craintes, à ramener des idées sinistres, à faire dire que le beau est pour nous une illusion, et que nous sommes seulement destinés à mourir.

Mais nous savons qu'un art sublime dispose de la matière, nous voyons qu'une haute sagesse maintient le monde. Ou la raison humaine n'est que délire, ou la Divinité règne. Elle règne, ou je suis moi-même une ombre qui raisonne au milieu du vide, dans je ne sais quel accès d'une folie déplorable.

Si les formes du culte ont varié chez les peuples, s'ils ont adopté des opinions diverses, du moins ils s'accordèrent sur un point, ils crurent au pouvoir unique sans lequel l'ordre serait impossible. On les accusait avec trop de précipitation d'avoir divisé l'unité indivisible ; l'abus des termes, ou d'autres apparences faisaient trouver le polythéisme dans des dogmes fondés au contraire sur l'adoration d'un seul maître des dieux et des hommes.

Les anciens n'avaient pas décidé que Dieu fût précisément immatériel ; les Brames aussi regardent comme chimérique une substance distincte des corps : mais cette question est étrangère à celle de l'unité de Dieu ; au milieu même du christianisme de célèbres docteurs ont ignoré ou rejeté l'hypothèse de l'esprit pur. Souvent dans l'antiquité, cette partie du peuple qui abuse de tout, a pu confondre le pouvoir des intelligences subalternes avec la seule vraie puissance ; aujourd'hui les recherches des savans éclaircissent à cet égard, et justifient des doctrines aveuglément condamnées. On voit que plusieurs divinités allégoriques n'avaient été que les forces de la nature personnifiées, que des puissances du second ordre entraînées elles-mêmes par la loi générale. Les disciples de Zoroastre subordonnaient également au premier principe les deux génies dont on a trouvé mal à propos l'existence contradictoire. Les Grecs, les Romains, contre lesquels le mot d'idolâtrie nous prévenait durant notre enfance, ne tombèrent pas dans cette absurdité de faire Apollon, Mercure, ou Neptune, aussi puissans que le Destin, la loi irrésistible. Les principales sectes philosophiques plaçaient les immortels sous sa dépendance. On croit que les Égyptiens initiés au troisième degré, reconnaissaient un seul Dieu. Leur mot *Kenthor* désignait apparemment l'âme universelle, comme les mots *Cnef* et autres signifiaient, en divers lieux, *Tout Dieu*, ou *Dieu qui est tout*. Sérapis avait dit : Je suis l'unique Dieu. L'Edda, qui était le livre sacré dans le nord de l'Europe avant qu'on y eût reçu la loi chrétienne, établit, dit-on, une seule divinité réglant toutes choses. Si donc il était vrai qu'Anaxagore eût le premier distingué formellement de toute matière, cette cause des facultés et de la régénération des êtres, du moins cette même cause, cette cause unique aurait été admise par les peuples les plus reculés dont nous connaissions la croyance.

Dès que l'on peut s'élever jusqu'à une idée si belle, si douce, si conforme aux besoins du cœur, si consolante au milieu de nos peines et de nos craintes, comment se fait-il qu'on ne s'y attache pas sans cesse ; comment se fait-il qu'on ne sacrifie pas toutes les perspectives de la terre aux espérances qu'autorise cette première vue des choses de Dieu ? L'on a observé que Newton, Clarke, Pascal et plusieurs autres ne nommaient Dieu qu'avec les signes d'une vénération profonde. Malheur à nous ! l'usage de ces hommes célèbres a été remarquable ; les grandeurs de celui qui est, semblent nous étonner peu, il nous arrive de prononcer son nom de sang-froid, comme on désigne les êtres vulgaires. Saurin a très-bien dit, dans son discours *sur les profondeurs divines* : « Une des principales sources de la corruption » des hommes, c'est qu'ils ne se forment point » d'assez nobles idées de la Divinité. »

SOIRÉE XII.

Vanité des travaux, etc.

Il est des hommes qui regardent leurs études comme très-utiles et très-graves, parce qu'elles ont pour objet, disent-ils, une science antique. L'on voudrait ainsi ennoblir des essais, ou consacrer ce qu'on réformera vingt fois encore. Vous vous occupez exclusivement du genre humain, non pas à cause de ses véritables prérogatives, la dignité de l'âme, et la connaissance des lois divines, mais pour des avantages bien différens, ceux que nous donne un esprit inégal, très-propre à déconcerter l'instinct des autres espèces. Vous admirez ainsi la diversité des arts, et le progrès des mœurs, et la maturité des peuples instruits ; après tant de changemens, après tant d'erreurs, les nations vous semblent parvenues à l'âge de la force. Vous pourriez voir au contraire, dans l'incertitude de leurs lois, et dans la mobilité de leurs vœux, combien leur expérience est jeune encore. Tout reste informe, l'on n'a perfectionné que des prétentions : c'est une troupe mal instruite qui se livre aux caprices d'un âge indiscipliné.

Selon vous-mêmes d'ailleurs nous venons de naître ; vos propres calculs renferment dans cinquante et quelques siècles nos annales tristes ou fabuleuses, qui vous paraîtraient moins poétiques si elles étaient moins romanesques. Imaginez soixante ou quatre-vingts individus, dont chacun dans son enfance ait vu la vieillesse de son prédécesseur, et vous arriverez à ce premier homme que vous osiez à peine entrevoir dans l'éloignement. Faible portion de la durée du monde ! Court moment dans la série générale ! Les révolutions de plusieurs corps célestes se sont accomplies cent fois, mais ce n'est qu'un pas dans la marche de la nature; une seule de nos heures n'est-elle point assez longue pour de nombreux mouvemens de nos organes? Dans nos laborieuses entreprises, nous nous croyons anciens dès que nous pouvons compter des aïeux, et nous nous supposons près du terme, parce que notre fatigue nous trompe sur l'importance du passé. Qui pourra dire combien de fois le Dispensateur Suprême, pour qui tous les jours sont semblables, renouvellera ces millions d'hommes qu'il placera, chacun selon ses besoins, au milieu des suggestions et des traits de lumière, au milieu des obstacles et des secours, jusqu'à ce que la loi de mort soit enfin révoquée ?

Cependant examinez d'une part combien l'on est facilement ébloui par de grands mots, quand il s'agit de l'ancienneté de nos pères; et, de l'autre, quel signe d'un pouvoir sans bornes et d'une volonté féconde l'on retrouve jusque dans la rapidité qui nous entraîne. Deux cents générations suffirent pour que l'inquiétude qui s'introduisit dans les cœurs mît à la place de notre tranquillité primitive le long enchaînement de tant d'arts difficiles, et le perfectionnement d'un nouveau langage; pour que les états imaginés, formés, soutenus, agrandis et enfin renversés les uns par les autres, abandonnassent successivement les derniers débris de leurs villes populeuses aux reptiles des marais, et au vent du désert; pour qu'enfin, sur ces traces des premiers peuples, il s'élevât un monde plus moderne, qui a déjà de longs souvenirs, et qui distingue des époques dans son antiquité prétendue.

Apprendre uniquement pour savoir, c'est un travail bien aveugle. On voit tous les jeunes animaux s'habituer aux mouvemens qu'ils auront besoin de faire quand leurs propres forces seront leur seul soutien ; mais pour quel temps recueille-t-il des matériaux, ce vieillard qui s'exerce comme s'il se préparait à vivre ? L'on ne peut raisonnablement amasser des connaissances que pour les employer à une œuvre durable ; pourquoi donc s'instruire avec opiniâtreté de ce qui appartient seulement à la terre, de ce qui demain sera perdu pour jamais ? Une tradition, connue en Égypte et chez les Grecs, supposait qu'une divinité ennemie des hommes inventa les sciences.

Il existe des tentations pour tous les caractères ; celle du savoir entraîne les hommes d'esprit*. Cependant une réflexion assez simple les délivrerait de ce tourment qu'ils choisissent ; ils pourraient voir qu'il est impossible à un

---

* ..... Ceux qui ont vécu avant nous, nous ont frayé ce chemin fâcheux..... qui est comme une multiplication des peines et des maux auxquels les enfans d'Adam ont été condamnés. *Confes. de saint August.*, *I*, 9.

Ut omnium rerum, sic litterarum quoque intemperantiá laboramus.
Sénèque

Quitte les livres ; ne travaille plus tant, tu n'en as pas le loisir..... défais-toi de cette soif insatiable, afin de ne pas sortir de la vie en murmurant. *Marc-Aurèle*, liv. *II.*

Note de l'Auteur.

homme de devenir savant sur la terre, c'est-à-dire, de réunir toutes les connaissances humaines, et que d'ailleurs cette réunion même ne le rendrait pas heureux. Une seule partie exigerait des siècles d'étude ; et celui qui obtient, dans un genre particulier, le faible honneur d'être mis au nombre des érudits, a déjà travaillé beaucoup plus que ne le devraient, pour une semblable fantaisie, des êtres qui vieillisent promptement. « Il n'y a point de fin à multiplier les livres, et la continuelle méditation de l'esprit afflige le corps [1]. »

Entrez dans une de ces salles où l'on rassemble les innombrables vanités de l'esprit, dans une bibliothèque. Quand un homme patient a consumé toutes ses forces sur un seul rayon, d'autres viennent après lui qui trouvent son commentaire superficiel. J'ai vu ces fastueux monumens de votre persévérance, non pas avec un injuste dédain, mais sans aucun désir de les mieux connaître.

Si quelqu'un s'impose une tâche si difficile dans l'intention de contribuer au bien public, je le trouve respectable, malgré son erreur. Le travail ne doit pas effrayer l'homme, pourvu

---

[1] Ecclésiaste, 12.

que le but paraisse approuvé par la raison ; c'est pour qu'il agisse que des moyens lui furent donnés. Mais, marcher toujours sans autre effet que de reculer le terme, ou se fatiguer avec le seul espoir d'éprouver une nouvelle impatience, un insatiable besoin de se fatiguer encore ; n'est-ce pas l'affliction d'une multitude qui est détournée de ses voies, et qui dans son impétuosité s'égare de plus en plus, comme si le retour lui était à jamais interdit par une puissance surnaturelle ? *Grave jugum super filios Adæ.*

« La plus solide philosophie n'est que la
» science de l'ignorance des hommes ; elle est
» bien plus propre à détromper ceux qui se
» flattent de leur science, qu'à instruire ceux
» qui désirent apprendre quelque chose de cer-
» tain [1]. » Il est bon d'exercer son esprit dans la première jeunesse, ou même de cultiver sa mémoire, de se former une idée générale des facultés humaines, et de ce qu'on peut connaître des lois imposées à la matière. Mais cet apprentissage doit finir quand l'adolescent devient homme, quand toutes ses journées sont comptées ; alors il ne s'agit plus d'apprendre,

---

[1] Essais de morale, *Nicolle.*

mais de bien apprécier ce qu'on sait, et de régler enfin toute sa conduite.

Il peut y avoir de l'utilité dans la science, lorsqu'elle est portée assez loin, et qu'elle ne sert plus seulement à nos desseins journaliers, lorsqu'on est frappé de l'invariable manifestation d'une cause universelle. Quand nous cessons de méconnaître absolument toutes choses, et que nous pressentons dans chaque disposition du monde un secret et une merveille; quand nous entrons dans ce perpétuel étonnement, alors nous sommes droits par une sorte de nécessité, nous devenons religieux sans adopter des erreurs, et tranquilles malgré notre ignorance profonde. C'est ainsi que les effets de la science peuvent être salutaires. En apprenant que les fils produits par de certains animaux se trouvent d'une si grande ténuité qu'il faudrait en réunir plusieurs millions pour leur donner l'épaisseur de l'un de nos cheveux, vous ne vous arrêtez pas à la considération de l'impuissance de nos arts, vous admirez l'art suprême, et vous espérez dans les grandeurs de l'Intelligence, parce que c'est à elle que vous appartenez.

Des aperçus douteux, quelques analogies, et d'inexactes proportions suffisent à toutes nos sciences. Les bases manquent, si on va au-delà ; si on creuse avec force, tout l'édifice humain s'écroule : derrière nos vérités relatives il y a des abîmes. Cependant la vérité est, et elle est partout ; mais les sens de l'homme ne lui apportent que des notions confuses, et le séparent, pour ainsi dire, de la loi impérissable : même, en cherchant les régions promises, on ne connaît l'Éternel qu'à travers les nuages du Sinaï.

On conçoit que la science acquise ne prouve point Dieu, que nos sciences, étant toutes particulières, ne puissent point démontrer le principe général ; mais ce que je ne comprendrai jamais, c'est qu'en avançant dans l'étude de la nature, on se persuade que Dieu n'est pas*. Le

---

* La manière de vivre de l'auteur, et ce qu'on peut conjecturer de son caractère, écartent assez généralement l'idée des applications personnelles. Si toutefois quelqu'un songeait ici au reproche fait à un astronome de *jouer l'athéisme*, j'observerais que l'incrédulité feinte serait le caprice le plus inconcevable de l'esprit humain. Celui qui intérieurement rejette tous les cultes, et qui s'éloigne même des idées religieuses, peut être un homme sensé d'ailleurs, il peut être droit et vrai ; cependant il peut aussi, par une erreur assez fréquente, et dans des vues intéressées, affecter la dévotion, ou même une piété plus grave. Mais, outre que le mensonge contraire

silence de l'univers nous effraie d'abord; mais il s'agit moins de se dire avec découragement que nous ne saurions entendre la nature, que de juger si elle-même elle n'entend pas une voix irrésistible, sans laquelle ce qui est ne serait point.

Étrangères au grand art de vivre, les sciences compliquées sont un fruit de l'amour-propre. Heureux celui qui peut user paisiblement des biens naturels! Ces biens suffisent à son esprit comme à son cœur, et ne lui laissent rien ignorer de ce qu'il importe de bien concevoir. Tout lui parle, tout l'instruit : la voix d'un oiseau, le travail d'un moucheron lui disent à la fois, et ce que tant de professeurs lui enseigneraient parmi nous, et ce qu'ils lui feraient oublier. «La science est servile, basse et mécani-
» que au prix de la sagesse... Les conditions sont
» plus belles et plus nobles de l'une que de l'autre.
» La science est fière, opiniâtre, querelleuse;
» la sagesse douce et paisible...... La science

---

ne sera point récompensé par la pourpre, comment croire qu'on est entendu de Dieu, et nier que Dieu existe? ce ne serait plus une hypocrisie, ce serait le dernier délire d'un malade incapable désormais du travail le plus vulgaire.

Note de l'Éditeur.

» donc et la sagesse sont choses bien différentes,
» et la sagesse est bien plus excellente[1]. »

Si nos recherches opiniâtres étaient pour nous une chose nouvelle, nul homme peut-être ne serait assez sage pour ne point croire à tout ce qu'elles promettent; si ce grand travail n'avait pas été fait, on se hâterait de le commencer. Ce n'est pas un mal, en ce sens, que nous sachions ce qu'il en coûte pour la construction de l'édifice; cela peut conduire à l'utile résolution d'y ajouter peu de chose. Je ne désirerais point que désormais les sciences fussent bannies de la terre. Je suppose même qu'elles seront perpétuées; mais il suffirait pour cela d'un petit nombre d'hommes. Alors l'illusion ne renaîtrait pas: les anciens du peuple verraient que l'instruction poussée très-loin n'est bonne que par des résultats généraux; ou pour faire connaître qu'il convient à presque tous les hommes de préférer quelque chose de moins hasardeux, et de se borner à soutenir les pas chancelans de leurs frères, à éteindre les ressentimens, à rendre les conditions plus égales, à diminuer les désordres, à faire désirer le règne de la justice.

Mais dans les pays où il n'existe pas une cen-

---

[1] Charron, *De la Sagesse*, liv. III, ch. 14.

sure qui, pour conserver le dépôt des doctes méthodes et des arts ingénieux, destine à cette instruction quelques individus sacrifiés ainsi d'après leur choix même, dans tous ces pays, hommes prudens, soyez vos propres censeurs; faites ce qui est certainement bon, espérez ce qui est à jamais désirable, et abandonnez l'érudition à ceux qui ne sentent pas l'étendue de ce mot : les hommes n'ont qu'une seule affaire, *unum est necessarium*[1].

Cette contention d'esprit, qui est relative aux intérêts, aux vues terrestres, à la manie de la célébrité, nous coûte plus que ne coûterait le soin de devenir meilleur, et de n'avoir rien à craindre en mourant. Le présent nous trompe; ce grand spectre s'évanouit toujours ; mais il se relève aussitôt, et il nous cache l'avenir. Nous perdons à remuer nos jouets les momens qui nous étaient accordés pour le grand ouvrage. « Ne recherchez pas ce qui est au-dessus de vous, et ne tâchez point de pénétrer ce qui surpasse vos forces... ; car vous n'avez que faire de voir de vos yeux ce qui est caché... Ne vous appliquez point avec empressement à la recherche des choses non nécessaires[2]. « L'homme s'est em-

---

[1] Saint Luc, 10.
[2] Ecclesiastique, 3.

barrassé lui-même. Que retirera-t-il de cette affliction d'esprit[1]. » « Que revient-il au savant d'avoir épuisé son âme, de la forcer sans cesse à produire des pensées, de se fatiguer encore à enchaîner ces pensées, à les ordonner dans un plan habilement tissu ? rien autre chose qu'une réputation momentanée ; et ce son qui passe comme lui, il l'appelle immortalité[2] ! »

Ces études ne paraîtraient d'aucun prix si elles n'étaient pas difficiles ; nous sentirions alors qu'elles nous font oublier le véritable emploi du temps, ou des forces de l'esprit. Toute longue sollicitude qui n'est pas fondée sur nos devoirs, est immorale par cela même. C'est dans ce motif que le chef des stoïciens condamnait une instruction trop répandue ; et cependant alors on connaissait des limites ; le sacrifice d'une partie de la vie suffisait pour être un savant distingué. « C'est une vanité de songer avec empressement aux choses présentes qui ne servent que peu, ou point du tout à l'âme. Celui qui écoute la parole éternelle ne se livre pas à des questions inutiles[3]. » La persévérance

---

[1] Ecclésiaste.
[2] Young, 14ᵉ. Nuit.
[3] Imitation, liv. I, ch. 1, 2, 3.

des savans est presque toujours l'effet de l'orgueil ; on ne voit que l'honneur du succès ; on se passionne ainsi, on se laisse subjuguer par l'étude ; elle n'est plus un aliment pour la raison, mais une entrave et une cause d'affaiblissement *.

Si nous conservions de l'empire sur nous-mêmes, nous ne songerions qu'aux moyens de rectifier notre jugement, et de rendre nos résolutions plus sûres ; dans tout ce qui passe, nous chercherions à discerner les convenances de l'ordre immuable. « Quand vous vous sentez épris de la beauté des créatures...., considérez que tout ce qui paraît de beau à vos yeux vient d'un principe invisible qui est la beauté incréée [1]. » Le souvenir de l'instabilité des choses terrestres, cette pensée, qui paraît triste parce qu'elle change ou recule les perspectives du bonheur, devrait-elle nous affliger, nous qui savons avec quelle promptitude vont se dissiper nos instans, nous qui ne bâtissons

---

* Sans doute cette manière générale de considérer la plupart de nos sciences, ne diminuait en rien l'estime particulière de l'auteur pour les savans qu'il pouvait avoir connus avant sa retraite.

Note de l'Éditeur.

[1] Combat spirituel, 21.

point sur les îles flottantes, et qui attendons un sol plus ferme, un plan moins imparfait, une possession durable? « Celui qui trouve tout dans l'unité souveraine, qui rapporte tout à cette unité, qui voit tout dans cette unité..... demeurera constamment en paix dans le sein de Dieu [1]. »

Vingt générations s'écoulent avant qu'une science soit formée, avant qu'on puisse en confirmer les expériences, ou en déterminer les principes. Que sera-t-elle enfin? une suite d'hypothèses ingénieusement présentées, mais peut-être imaginaires, et funestes peut-être. Que d'esprits subtils ont disputé, jusqu'au dernier jour, sur la vérité de ce qu'ils croyaient enseigner au genre humain!

Toutes les langues sont comparées, et les nations ne s'entendent point; les nations communiquent entre elles, et les guerres ne cessent point. Les arts sont perfectionnés, cependant la misère du peuple n'est pas adoucie; les diverses substances végétales, ou métalliques, sont analisées, cependant le nombre des maladies est aussi grand. Les cieux sont mesurés, les corps planétaires sont pesés par des hommes

---

[1] *Imitation*, liv. I, ch. 3.

qui ne sauraient comprendre leur intelligence même. La terre nous est soumise, et cette puissance n'a pas rendu notre vie plus longue, nos infirmités plus rares, notre courage plus constant, notre âme plus calme, notre tête moins malheureuse.

Quand toutes les mers seront sondées; quand les animalcules seront classés; quand on aura mesuré les antennes et compté les étamines; quand on aura observé le thermomètre sur les mers australes, près du pôle, au solstice de juin; quand on aura bâti des temples au milieu du Sahara, que serons-nous alors? Ce que nous sommes, ce que nous étions. Les savans mortels naîtront dans les pleurs, ils vivront dans l'anxiété, ils mourront dans l'amertume. Et que sauront-ils? Découvriront-ils ou la cause, ou le commencement et le terme de tout ce que renferme le monde? Vaine lumière, qui ne pénètrera jamais jusqu'à l'essence des êtres, qui jamais n'en montrera les rapports intérieurs, et dont la prétendue sagesse n'a d'autre effet certain, chez la plupart des hommes, que de leur faire oublier leur destination!

Des personnages célèbres ont avoué qu'on ne prendrait pas la peine d'apprendre ce qu'on serait sûr de ne pouvoir ensuite montrer aux autres, et que, séparé pour toujours de la société, l'on n'étudierait point ce qui passe les besoins du corps. Ainsi l'ardeur d'un esprit fécond, ainsi les inspirations du génie se réduisent pour l'ordinaire à des calculs intéressés. Toute passion étant contraire à la dignité de l'âme et à son indépendance, l'objet des passions les plus vantées nous humilie dès que nous le voyons sans déguisement.

Un jour viendra peut-être où notre espèce sera fatiguée d'agir, et incapable d'espérer. Malgré le renouvellement des individus, la masse commune des idées et des sensations vieillira; le monde semblera uniforme; tout sera indifférent, et l'on saura trop les secrets de cet appareil qui amuse encore les nations turbulentes : la race ingénieuse s'ennuiera des choses de la terre.

Et quel est au milieu des ténèbres de l'exil, quel sera le travail de l'homme? Livré à lui-même, il n'est que faiblesse; mais pourquoi se prive-t-il de la paix du faible? pourquoi est-il avide dans son égarement, et curieux dans son ignorance? Des mouvemens inexplicables le poussent en sens contraire; au besoin du bonheur il paraît joindre des besoins d'une autre origine, qui maintenant lui rendraient le bonheur impossible. Observez-le cet homme qui s'attache aux trompeuses clartés du siècle. Il s'inquiète, il s'avance; mais que veut-il, où va-t-il, quel sera le lieu de son repos? Que sait-il, que doit-il espérer, que doit-il attendre? Encore un peu de temps, et il ne restera rien de cette contrée nébuleuse dont il a fait sa patrie.

Que pourrait-il sans les dons de la sagesse? Sans l'idée d'un protecteur, sans l'idée d'un Dieu, comment supporter et ce qu'on craint et ce qu'on éprouve? Comment souffrir, comment vivre? Comment concilier tout ce qu'on attend, et le peu qu'on obtient, et l'importance de ce que l'on ne connaît pas! Que faire sans suite et sans but; de quel œil considérer ce temps sans éternité, ce passé détruit, cet avenir sans maître?

De nombreux solitaires méditaient sur la folie du monde. Dans leur sincérité, ils ne voulaient point que le monde les remarquât; ils ne cherchaient pas la science, ils savaient qu'elle n'est pas sur la terre. Ce que nous trouverions ici, n'est rien, disaient-ils; ce que nous croirions y posséder, n'est rien. Ils avaient brisé le joug de l'esprit: oubliés et comme perdus dans la brûlante Thébaïde, ou sur les roches de l'Arabie, ils ne voyaient que Dieu qui subsiste, la nature que rien n'affaiblit, et l'homme qui, après des jours mauvais, se connaîtra lui-même.

SOIRÉE XIII.

Vanité des succès, etc.

Un homme d'une humeur altière se fit remarquer au sortir de l'enfance. Bientôt il connut les langues et les mœurs des nations; il obtint des postes élevés, il fut redoutable dans les combats, il amassa de grandes richesses. Il divisa les grands, et il plaisait au peuple; il étonna par sa science, comme par son audace. Les vieillards disaient: Quel est ce guerrier, ses travaux sont inouïs? Alors, se voyant au moment de règner sur un puissant empire, il conçut les plus vastes desseins; et ensuite il mourut.

L'amour de la gloire est, dit-on, la passion des belles âmes; mais il serait plus encore d'une belle âme de ne point céder aux passions, à ces mouvemens serviles et licencieux qui ne connaissent ni règles, ni limites. Vous recherchez l'estime, les applaudissemens de la postérité : Que ferez-vous de ce simulacre de jouissance lorsque la faculté de jouir sera perdue ? Est-ce de votre vivant que vous vous promettez l'illustration? Alors ce n'est plus un bien durable ; si aujourd'hui même vous n'êtes pas désabusé d'un si faible avantage, vous le perdrez demain. La gloire obtenue passe en quelque sorte derrière nous; elle n'a plus d'éclat, elle n'était belle qu'en perspective : c'est pour cela que, dans notre égarement, nous aimons surtout les hommages de la postérité, c'est-à-dire, ceux dont nous n'aurons pas même connaissance.

On a du moins des prétextes pour aimer la gloire présente; on couvre d'un mot honorable une ardeur dont on avoue rarement le véritable objet. Cette éclatante renommée est un moyen indirect de faire servir un grand nombre d'hommes à nous préparer des jouissances mondaines. Ces jouissances ne peuvent être d'un grand prix ; toutes vont cesser, et le rêve d'un homme environné des pompes de la terre, finira aussitôt que le rêve du plus humble de ceux qui le servent.

Vous à qui les facultés de l'esprit n'ont pas été refusées, vous dont le jugement est sain quand vous devenez sincère, soyez hommes avant la vieillesse, ouvrez les yeux sur les fastueuses vanités de ce colosse pour lequel on va dès demain construire le dernier monument. Lorsque le bruit de sa marche ébranlera les murs simples de votre demeure, quand les acclamations redoubleront à la vue de ses chevaux thessaliens ou numides, et des fiers satrapes à qui est échu en partage l'heureux droit de s'agenouiller entre lui et ses sujets, alors vous plaindrez tant de misère. Pourquoi ce bruit, direz-vous, et cette triviale imitation? Est-il convenable qu'un homme fort s'assujettisse à de tels usages? Il ne peut y avoir de grandeur réelle que dans ce qui nous conduirait aux grandeurs d'une autre existence plus étendue et plus heureuse.

Ces honneurs que l'on cherche au milieu des futilités présentes, n'ennobliront pas une vie que l'inquiétude précipite, qu'un insecte peut troubler, et que le temps va détruire; jamais ils ne la rendront vraiment précieuse, vraiment auguste. Quand la somptueuse faiblesse des hommes élève un obélisque avec de grands frais et de grands soins, dès le moment où il est construit, une vraie puissance, celle qui vieillit toute chose, travaille à le renverser; elle le ruine secrètement, et ces vents qui soufflaient sans l'ébranler, le trouvant affaibli, l'abattront tout à coup.

Dira-t-on que la rapidité des biens en diminue peu la valeur parce qu'ils se succèderont et se multiplieront, parce que des plaisirs nouveaux remplaçant les anciens, il suffit chaque jour d'obtenir des succès d'un jour. Mais pour qu'il y eût quelque chose de plausible dans un tel raisonnement, il faudrait que cette série fût à peu près constante, et qu'on n'en sût pas le terme; au contraire, cent dégoûts l'interrompent, et une prompte mort la termine irrévocablement. Si donc des biens exclusivement bornés à la terre pouvaient être de quelque importance, ce ne serait que pour un homme convaincu de n'avoir rien de plus à espérer. Cependant cet homme même devrait encore faire un choix ; la raison voudrait qu'il préférât toujours le repos de l'âme, et que, parmi les biens apparens, il en cherchât d'analogues à l'idée qu'on peut se faire des solides biens, et des joies profondes. Avant de retomber dans le néant, du moins il ne verrait pas ses espérances trompées; cette paix à laquelle il bornerait ses vœux, du moins il l'obtiendrait, et jusqu'à la fin de ses jours il jouirait des douceurs que la vie temporelle peut offrir. Mais l'homme passionné consume ses forces dans la dépendance; il s'est livré sans retour, et il appréciera trop tard cette pénible tâche qu'il s'est imposée.

Lorsque des années favorables ont cimenté l'édifice qui a la terre pour unique fondement, l'ouvrier s'assied sur le faîte, disant : Qui le renversera? Mais une force imprévue s'élève, et aussitôt les pierres en sont dispersées. Que de familles souveraines ont été précipitées dans l'oubli ! On avait osé leur prédire une domination sans terme, et voici que leurs descendans, confondus dans la foule, ne portent qu'avec crainte les noms que soutenait la vénération des peuples. Cependant ces mêmes hommes qui rendent aujourd'hui témoignage de l'instabilité des choses, ces hommes tombés s'agrandiront, s'ils le peuvent. Dans leurs espérances, ils s'occupent de ce même ouvrage dont ils ne sont eux-mêmes que des débris; s'ils parviennent à se faire écouter, si une seule ville les reconnaît, aussitôt ils entreront dans les songes de la gloire immortelle, et chacun d'eux prétendra que désormais il doit être à l'abri des coups de la fortune. *Non est priorum memoria; sed nec eorum quidem quæ postea futura sunt, erit recordatio, apud eos qui futuri sunt in novissimo* [1].

---

[1] Ecclésiaste, 1.

Où sont ces granits accumulés, ces marbres, ces statues qui devaient transmettre à jamais d'orgueilleux souvenirs? Quelquefois on en découvre des restes; mais la destination en est méconnue, et les inscriptions en sont effacées. La pierre est encore là, mais ce qu'on y avait mis qui fût de l'homme, s'est évanoui. Sur ces traces silencieuses, nous ne lisons qu'un seul mot : *Vanitas*.

Elles ne sont plus ces villes célèbres, que tant de mains élevèrent, et que tant de guerriers défendirent. Ouvrage de l'homme, fragile tombeau des générations qu'elles fatiguèrent, ces villes populeuses n'ont laissé sur l'amas des ossemens humains que la poussière d'une plus vaste ruine. Au-dessus de Memphis, de Ninive, de Persépolis, semble planer un génie formidable; il dit et répète : Tout est vanité sur le globe livré aux mortels. *Omnia vanitas.*

Votre valeur, vos talens vous annoncent, des postes difficiles vous sont confiés; le hasard vous conserve, la victoire écarte vos rivaux, elle fait taire vos ennemis; vingt ans de service et de persévérance vous donnent une renommée que peu d'hommes pourront obtenir; voilà ce qui d'abord frappe tous les yeux : mais l'on poignarda, l'on proscrivit, on humilia peut-être les plus illustres capitaines, et des potentats vécurent dans la terreur. Le chagrin courba des fronts brillans de génie ; à l'entrée du Capitole on invoqua la mort ; et quelquefois des guerriers, qu'on avait crus invincibles, n'osèrent pas même avouer qu'ils la désiraient. Il est écrit dans le cœur de l'homme que les dons du siècle n'ont point de consistance. Vos noms superbes, vos titres, vos diadèmes, vos lauriers pâlissent sous le voile funèbre. Si vous êtes grands, écartez ces ombres tous les jours plus épaisses ; si vous êtes puissans, dissipez le nuage que la fumée des parfums ne percera pas, secouez la pourpre même dont vous êtes vêtus, j'y vois des grains de la cendre du tombeau.

Quel bien-être espère-t-on au sommet de la pyramide que composent les enfans des hommes ? Après quelques momens de surprise, cet isolement déplaît, et le continuel murmure des rangs inférieurs doit importuner ceux-mêmes qu'il pouvait flatter d'abord. Exempt des maux d'une vie abjecte, l'homme puissant tombera dans une autre servitude ; il souffrira mêmes plusieurs privations, l'opulence sait en trouver que la pénurie ne soupçonnait pas. Environné des biens que la multitude regarde avec des yeux étonnés, on perd cette modération qui souvent la console ; en échappant au mépris injuste, aux pénibles travaux, on rencontre l'oisive contrainte de la représentation.

A l'abri des peines populaires, on devient étranger à toutes les jouissances communes, c'est-à-dire, à celles qui trompent le moins; cet avantage se réduit à reculer le terme où les sensations agréables commencent, et à rendre les voies du bonheur glorieusement inaccessibles. Quand la fortune nous seconde pour notre perte, quand elle nous éblouit en nous poussant au gré de notre inquiétude, nous ne remarquons pas un grand vide autour de nous : ce qu'elle semble nous prodiguer alternativement, elle nous l'ôte pour jamais ; ces biens qu'elle nous permet de toucher, au moment même elle les fait passer de la classe des espérances dans celle des froids besoins et de la possession surannée : *Labor stultorum affliget eos* [1].

Les prospérités du monde sont presque toujours aussi méprisables dans le principe, que nous les jugerons inutiles quand nous aurons

---

[1] Ecclésiaste, 10.

tout obtenu. C'est l'injustice ou le charlatanisme qui les préparent. Où voit-on cette élévation subite que le peuple attribue à des talens extraordinaires? Dans les grandes capitales, et dans les cours. Là règne une duplicité affable, et se multiplient les viles convenances des fins ambitieuses ; là, l'égoïsme ne sait pas interrompre ses calculs, et doucement on se supplante sans cesse ; la haine est réservée, mais attentive ; l'amitié est pleine de circonspection ; la calomnie parvient à être mortelle sans se montrer offensante, et l'intrigue serpente avec une sorte de grâce dans les voies ténébreuses. *Quid Romæ faciam*, disait-on sous Trajan même, *quid Romæ faciam? mentiri nescio*[1].

Un moyen fort commun d'affaiblir l'autorité de la raison, c'est de supposer, dans ceux qui en deviennent les interprètes, le puéril dépit d'une ambition cachée. On prétend qu'ils affectent de l'indifférence pour les richesses, parce qu'ils n'en possèdent pas, et pour les honneurs, parce qu'il leur serait difficile de les obtenir. Cependant Anaxagore et d'autres personnages de la Grèce se dépouillèrent de leurs biens, afin de jouir d'une plus grande

---

[1] Juvenal, Sat. 3.

liberté d'esprit. Charles-Quint, Dioclétien descendirent volontairement du trône : je l'eusse quitté comme eux, et probablement je l'eusse quitté plus tôt. Néanmoins, si ma vie obscure ne me défend pas de m'expliquer à cet égard, j'aurais saisi, je l'avoue, le pouvoir que le sort m'eût offert. J'aurais cru devoir régner quelque temps ; oui, j'aurais eu cette curiosité. Je ne sais pas bien encore ce que peut faire, à la tête des états, un homme libre de tout intérêt particulier. Des diverses entreprises humaines, c'est à peu près la seule qui pût m'intéresser maintenant.

Pour régner sans y être appelé par sa naissance, il faut rencontrer des moyens d'élévation conformes à la justice, ce qui ne doit pas arriver dix fois sur le même globe, durant le cours des siècles. Il est plus facile de maintenir la paix dans son cœur au milieu des campagnes. Heureux celui qui persévèrera dans ses projets de retraite, dans cette résolution toujours légitime, mais dont le sort multiplie quelquefois les difficultés ! Ne restons dans le monde que si nous pouvons y donner d'importans exemples. On objecte qu'au milieu de la solitude nous ne ferons que peu de bien, et que les occasions les plus fécondes ne s'y trouvent pas; mais ces occasions, un honnête homme les a-t-il dans une société où le vice conduit presque seul au pouvoir? On ne plaît que par les passions, « par celles que l'on reçoit, ou que l'on inspire, et par celles que l'on flatte. » Un homme juste ne plaît donc pas au monde, et généralement il ne réussit pas dans le monde. Les succès de tant d'insensés y rappellent ce mot du sage : La folie de l'élévation ; *Stultorum exaltatio, ignominia* [1].

Et pourquoi les désirez-vous ces faveurs équivoques, ces louanges prodiguées par ceux qui n'ont pas la connaissance du bien et du mal? Pourquoi m'arrive-t-il à moi-même de tourner les yeux vers cet éclat d'un jour? Le véritable but de nos travaux ne se trouve point dans de semblables récompenses. « Quand tu as fait du bien, disait Marc-Aurèle, et qu'un autre l'a reçu, pourquoi cherches-tu, comme les fous, une troisième chose qui est la réputation? »

Regarderons-nous cette réputation, cette influence sur l'opinion, comme un moyen d'être plus utile? C'en est un sans doute, et il ne convient pas toujours de le rejeter; mais faut-il s'y attacher opiniâtrément, et parce qu'il en ré-

---

[1] Proverbes, 3.

sulte quelquefois un motif pour la raison, sera-ce pour les passions un prétexte universel? Dans le dessein de réunir plus de facilités peut-être pour agir en homme généreux, ou en homme juste, commencerez-vous par un mal certain? vous plongerez-vous dans cette bassesse dont les postes élevés sont ordinairement le prix? et ferez-vous ensuite tout ce qu'il faut faire pour conserver la puissance? Combien sont plus sages et plus sûrement utiles, ces hommes qui refusent un rang glorieux dans l'opinion, afin de pouvoir se dire à eux-mêmes qu'ils n'ont pas renoncé à la dignité de l'âme.

Se figurerait-on le faste, les décorations, la célébrité comme l'objet d'un besoin insurmontable dans une grande âme; cette situation lui est-elle tout-à-fait naturelle, et ce qui la lui promet devient-il par cela seul conforme à la justice? Oserez-vous ainsi, pour orner je ne sais quels dehors, sacrifier la distinction réelle que procureraient l'intégrité de la conduite, et le pur sentiment de l'ordre général? S'il est quelque véritable élévation parmi les hommes, elle se trouve, non pas chez ceux qui peuvent entrer en partage de ces honneurs tant disputés, mais chez celui qui n'en a pas besoin. De plusieurs enfans, les uns possèdent de brillans hochets; d'autres n'en veulent pas, ils commencent à se livrer à des exercices plus mâles : lesquels nous paraissent s'approcher davantage de l'état d'homme ?

Si je vivais au milieu des honneurs, le peuple imaginerait que j'en fais cas, et à chaque instant je craindrais que d'autres hommes n'eussent aussi de moi cette idée ridicule; c'est une des considérations qui m'auraient éloigné promptement de ces tristes jeux, si le hasard m'avait destiné un tel héritage. Avant ma retraite, j'ai eu plusieurs occasions d'observer qu'il n'y aura jamais rien de commun entre ces grandeurs factices, et la grandeur de l'âme, ou l'étendue de la pensée. Les hommes qui sont environnés de cet éclat, et n'en paraissent pas éblouis, voilà les seuls hommes puissans qu'il convienne d'honorer.

Meminisse debet (homo) tenebrosi temporis et dierum multorum, qui cum venerint, vanitatis arguentur præterita[1]. Puis-je refuser d'entendre la dernière voix du temps, cette plainte du sépulcre, ce témoignage sévère de nos destinées? Que ceux qui ont joui de la victoire dans les âpres forêts des Scandinaves, et ceux

---

[1] Ecclesiaste, 11.

que la volupté fatigua dans les plaines de l'Euphrate, ou du Gange ; que le bey farouche dont le bras se fit respecter en abattant les têtes des esclaves ; que les femmes timorées dont l'unique espérance était de soulager des infirmes ; que tous également nous disent si bientôt elles ne se changèrent pas en des figures sombres et mornes, les riantes images qui avaient frappé leurs yeux à l'entrée de la vie. Pardonnez-moi donc, vous qui me lirez, si je vois les choses comme vous les verrez dans vos derniers instans ; pardonnez-moi, je veux être semblable à l'historien qui reste impassible au milieu des préventions contraires, et qui entreprend de juger les faits ou les motifs comme la postérité les jugera.

Ce n'est pas lorsque vous commencerez à mourir, ce n'est point dans la froide saison des dégoûts et du silence naturel des passions, que vous donnerez, en renonçant au monde, d'utiles exemples. Mais, dans la vigueur de l'âge, contenez vos propres affections ; à la modération réunissez la force ; soyez profondément sensibles, et constamment sages : alors votre retenue deviendra, pour les hommes les plus opiniâtres, une leçon frappante. Est-ce le calme du moment actuel qu'on admire sur un front blanchi par le temps? Il faut que d'honorables souvenirs l'embellissent ; la majestueuse sérénité qu'on y remarque s'est accrue paisiblement, c'est un fruit dont quarante années vertueuses préparent l'entière maturité.

SOIRÉE XIV.

Vanité de l'inquiétude d'esprit, vanité des espérances, etc.

C'est assez pour moi que les choses existent sous l'empire de celui dont les fins sont permanentes; il suffit que la substance visible soit émue en secret, que je puisse l'observer, que je voie fleurir les plantes, et que j'entende les cris de joie des jeunes familles qu'une branche soutient. Je n'ai pas besoin d'un autre spectacle. Connaîtrai-je même tout ce qui m'entoure? épuiserai-je ce qu'une seule vallée contient d'admirable? Que trouverais-je de meilleur dans l'agitation des hommes et dans les incidens qui altèrent leurs idées? Que m'importe la renommée d'un prince, ou le succès d'une négociation*? ne vois-je pas tous les jours d'autres succès et d'autres épanouissemens? Lorsqu'après une pluie bienfaisante, un rayon du matin ranime

---

* Sans doute ceci doit s'entendre de ce que les passions entreprennent, et non de ce qu'on ferait pour servir réellement sa patrie.

Note de l'Éditeur.

tant d'êtres vivans, cette fécondité, ces libres jouissances, cette soumission aux lois fortes occuperont-elles ma pensée moins heureusement que l'inutile effervescence des intérêts humains? J'entends de ma demeure un torrent qu'alimentent des glaces inépuisables, et je le vois descendre jusqu'à l'entrée de la plaine. De vieux noyers ombragent les bords du bassin qu'il forme à deux mille pas d'ici ; mais un autre climat règne au pied des rocs arides où il prend naissance, le calme de l'air y est peu connu, et la neige n'y fond jamais entièrement. Je trouve dans cet espace un abrégé du monde ; ce sont des sujets d'étude proportionnés aux moyens de l'homme dont le regard est lent, dont la pénétration est incertaine, et qui ne vivra que peu d'années.

Quel avantage retirerais-je d'avoir parcouru la terre entière? Concevrais-je mieux l'ensemble des choses? Cet ensemble est inaccessible ; et, quant aux notions qui peuvent en faire entrevoir quelques parties, je les trouve dans les lieux même où je me suis arrêté. J'y trouve la lumière, le mouvement, les oppositions, l'inconstance des formes, et la perpétuité de l'être. J'entends quelquefois ici les gémissemens de ceux qui ont beaucoup vécu ; mais ils savent encore espérer, ils regardent la profondeur des cieux. Qui que vous soyez, pour vous comme pour ces vieillards, il n'y a rien de plus dans la vie présente.

Désirerais-je contempler sous un aspect nouveau les effets de l'ordre, et les desseins de la sagesse, il faudrait sortir du globe où nous sommes retenus. Si ces communications ne nous furent pas interdites pour toujours, nous les recevrons dans l'apparente obscurité où la mort nous introduira. Conservons cet espoir, et achevons avec vigilance une station périlleuse. Si j'avais vu le Niger et le Lena, les volcans de l'Islande et de la Terre-de-Feu, sans doute je n'aurais pas un meilleur asile, et je ne serais pas plus convaincu de l'erreur de nos désirs; peut-être même la perpétuelle rencontre des hommes asservis m'aurait-elle fait négliger l'étude de l'homme moral.

On suppose qu'il nous est prescrit d'aspirer au bonheur sur la terre, mais ce serait une fin chimérique : nous ne tendons point vers ce qui n'est pas. Si nous sommes disposés à nous saisir de toutes choses, c'est afin que nous ayons assez tôt une idée générale de notre position. La réunion des avantages terrestres détrompera l'homme le plus ardent; il lui fallait cette fausse élévation pour qu'il appréciât son impuissance. Accablé de ses vains succès, il s'arrête; tout semble muet, et cette heure d'une grande tristesse lui donne l'entière expérience du monde. Mais est-il besoin de subir soi-même cette épreuve longue et souvent dangereuse? celle des autres ne peut-elle nous suffire? Quittons les choses inutiles, et que Dieu seul nous soutienne! Les hommes religieux doivent oublier les besoins des gens du monde. Presque toujours les hommes simples seront religieux ; les hommes simples vivent avec force, et meurent avec tranquillité.

Si, même dans l'éloignement, nous nous occupons des intérêts du monde; si nous sommes curieux d'apprendre la suite des entreprises, si les événemens de notre siècle sont beaucoup plus grands pour nous que ceux des autres temps, c'est que nos passions indociles nous transportent, quelquefois à notre insu, parmi toutes ces figures qui devraient enfin nous rester étrangères. Vous continuez à croire aux apparences; en quittant de faux biens, vous pensez faire des sacrifices, et les discours des mortels séduits vous persuadent encore. Mais, « ne demandez pas aux poëtes une connaissance » réelle de nos destinées. » N'interrogez pas non plus les hommes dont la société absorbe toutes les réflexions; il en est d'eux comme des gens qui se sont consacrés au théâtre, et qui se flattent d'avoir l'entente de la scène, sans se demander si la vérité même de leur art ne serait pas magique en un sens, et fondée sur des suppositions.

Souvent aussi on prétend réaliser une trop grande partie de ce qui en effet n'est point impossible. On ne voit pas assez tôt que, si les biens contenus dans la vie humaine sont offerts à presque tous, ils ne sont donnés qu'à un petit nombre : et ce n'est pas le courage ou la force qui décide quels seront ces hommes privilégiés dans une multitude; ce ne sont pas même généralement les ressources de l'esprit ou la flexibilité du caractère.

Si nous parvenons à aimer les biens essentiellement désirables, nous serons délivrés de cette recherche trompeuse. *Finem rerum omnium specta, et supervacua dimittes*[1]. « Le désir de nous
» abuser nous-mêmes nous fait en vain regarder
» les conditions plus élevées que la nôtre comme
» des remèdes à notre misère. L'expérience
» nous a bientôt désabusés. Elle nous apprend

---

[1] Sénèque.

» que les honneurs et les richesses sont plus
» considérables par leur être imaginaire que
» par leur être réel, et que l'espérance nous
» rendait plus heureux que la possession, ce qui
» marque mieux que tout autre chose le vide
» de ces avantages¹. »

Lors même qu'on obtient ce qu'on ambitionnait, on ne l'obtient pas à propos; toujours quelque chose manque à ce bien-être qui nous avait paru si naturel. Le moment ne se présente pas, ou bien le retour de l'occasion dont jadis on n'a pas senti l'importance, se fait attendre, et la jeunesse s'éloigne. Une sorte d'habitude ralentit nos mouvemens, et laisse chaque situation se prolonger; on consume de cette manière les importantes journées du milieu de la vie. Bientôt l'on remarque avec effroi cette fuite du temps : la défiance, ou l'indiscrète précipitation, la crainte des infirmités, un découragement général en épuisent le reste; et, à l'époque où il ne s'agit plus que de mourir, l'on ne se trouve pas encore au point que l'on avait choisi pour régler la suite des ans.

Il faut un rare concours de circonstances pour que l'on jouisse réellement des choses les plus

---

¹ *Vérité de la Religion chrétienne*, 2ᵉ. part, sect. 4.

simples, pour que l'on obtienne les biens les plus vraisemblables. L'amitié même, le moins inconstant peut-être de tous les avantages présens, l'amitié ne donne aux hommes faits pour elle qu'une partie de ce qu'elle promettait. On s'estime, on se convient, mais l'intimité est suspendue. Je ne sais quel joug refroidit parmi vous les liens les plus honnêtes ; je ne sais quel obstacle, renouvelé chaque jour, retarde vos meilleurs desseins. Toujours préoccupés, vous êtes toujours froids pour le bonheur; et vos amusemens, comme vos affaires, détruisent votre repos. Que vous manque-t-il surtout? quelques heures de liberté. Vous seriez unis peut-être, vous seriez généreux et satisfaits, si vous trouviez le moment de vous posséder vous-mêmes, de vivre pour vous et pour les vôtres.

« Plus un homme peut vivre de la vie de l'esprit, plus la vie du monde lui devient amère, parce qu'il en ressent mieux et en voit plus clairement la corruption et la défaillance. Mais malheur à ceux qui ne connaissent point leur misère! et malheur encore plus à ceux qui aiment la misère même et la corruption de cette vie [1] ! » Pourquoi partagerais-je avec les

---

[1] *Imitation*, Liv. I, ch. 22.

hommes habitués au tumulte ces soins dont ils ne peuvent retirer aucun fruit ? Cette sollicitude pour des choses que le temps emporte, n'aurait d'autre effet que de me distraire de toute occupation sérieuse. Procurons-nous le repos extérieur, afin de nous observer plus sûrement nous-mêmes. Je n'ai rien à chercher dans le monde visible ; ce qui m'entoure me suffit, et je ne dois pas changer de situation. Nous ne sommes que trop portés à nous figurer que nous serions mieux où nous ne sommes point ; mais souvent c'est la distance même qui embellit ce que nous ne rencontrerons pas sans effort.

Vous qui avez su briser tant de chaînes, et qui avez connu la liberté de l'âme, pourriez-vous oublier vos desseins, en prenant pour prétexte le projet d'étudier les hommes, ou de les édifier ? Souffrirez-vous qu'une dernière illusion vous ramène sous la loi que vous avez rejetée ? Que verrez-vous au milieu des villes et des cours ? Ce qu'on pourrait y apprendre, vous le savez déjà, si vous ne voulez pas vous tromper vous-mêmes. Les siècles seront semblables. N'avez-vous point lu ces belles paroles de l'Ecclésiaste ? « Ce qui est, sera ; ce qui doit être, a dû être ; et Dieu reproduit ce qui est passé.

Une race finit, une autre lui succède, mais l'ouvrage de Dieu ne périt pas. *Quid est quod fuit? Ipsum quod futurum est. Quæ futura sunt, jam fuerunt; et Deus instaurat quod obiit: Generatio præterit, et generatio advenit; terra autem in æternum stat*[1]. » Les caractères de l'œuvre divine seront les mêmes à jamais : les choses passent, mais elles se renouvellent sous des formes analogues; nos instans s'écoulent, l'éternité est inaltérable. Tout change pour les hommes, mais la condition de l'homme ne change point : une vie inquiète, une grande espérance ; des emblèmes mobiles, et des aperçus illimités; un moment de trouble avant l'ordre, et des règles humaines, obscures interprétations de la loi infaillible. Que ces temps s'accomplissent pour chacun de nous, et qu'ensuite nous soyons à jamais délivrés de l'erreur des temps !

---

[1] Ch. 1 *et* 3.

SOIRÉE XV.

Du contentement sur la terre, etc.

Si nous désirons connaître ce qu'on peut entreprendre pour le bonheur terrestre, examinons ce que fait éprouver l'aspect d'une heureuse campagne. De quelle nature est cette émotion? où nous conduit-elle? Qui pourrait la soutenir, si l'harmonie était plus générale, si l'air était plus pur encore, et l'horizon plus reculé; si les prairies et les forêts étaient plus vastes, plus fécondes, plus majestueuses? La constante beauté des choses nous est à charge, et bientôt l'admiration nous accable. Toute félicité sans mélange serait contraire à nos besoins. Si vous obteniez une santé parfaite, et une perpétuelle réunion des biens présens, vous regarderiez avec effroi l'inutile richesse de vos jours; privé des maux dont nous pouvons être consolés, n'ayant pas à combattre, vous diriez: C'est maintenant qu'il faut mourir.

Exister long-temps sans privations, sans crainte, sans douleurs même, ce serait la plus uniforme, la plus sombre de nos misères. Les plaisirs s'anéantissent au moment où la pensée les posséderait ; quand nous sourions, c'est que nous venons de gémir, et nous ne jouissons que de la suspension de notre malheur. La joie est tellement faible, qu'après en avoir fait l'essai, nous avons recours au travail pour diminuer le poids de nos heures, de ces heures rapides et peu nombreuses, qui le matin paraissent florissantes, mais qui finissent dans l'obscurité. Cependant le travail même n'est qu'un moyen : où est le but ? De l'espérance seulement ! N'y aurait-il rien ensuite ? Le Dieu puissant nous abuserait ? O vérité suprême ! vivre, c'est espérer et attendre ; vivre maintenant, c'est donc se préparer à vivre d'une vie inconnue.

Suis-je le seul qui ne croie pas à votre gaîté, qui n'aperçoive rien de satisfaisant, rien de salutaire dans vos usages, dans les jouissances les plus enviées, dans l'issue favorable des tentatives audacieuses ? Est-ce une vérité que nul autre ne comprenne, ou une erreur que je partage uniquement avec un petit nombre d'esprits chagrins et prévenus ? *Risum reputavi errorem, et gaudio dixi : quid frustrà deciperis* [1] ?

Mais bientôt les disciples même de la volupté

---

[1] Ecclésiaste, 2.

ne penseront pas autrement; d'inévitables réflexions ne tarderont pas à les détromper. S'ils paraissent aimer le monde, cet attachement qui peut les séduire encore, n'est que la suite naturelle de leur première crédulité. Ils avaient recherché le monde avec empressement, ils s'étaient confiés dans ses promesses; quelque fatigués qu'ils soient enfin de leur propre assiduité, ils s'occupent des seuls intérêts qu'ils aient connus, et ils ne veulent pas y renoncer, parce qu'ils n'imaginent point qu'il existe pour eux quelque autre chose. Tous ces dégoûts qu'ils rencontrent, ils ont soin de les attribuer à l'âge; ils prétendent qu'il faut être jeune pour jouir de la vie, et que la tristesse remplacera nécessairement la liberté des jeux, l'impétuosité de la joie.

La raison, il est vrai, doit nous détacher de la terre; mais, quand c'est avec humeur que vous vous en éloignez, quand vous vous lassez de vivre, il faut en chercher la cause principale dans vos imprudences même, dans vos besoins factices, dans des affections trop ardentes. Si la jeunesse se promet seule du contentement, si plus tard on ne reste dans la société que par habitude, et on ne la vante que par amour-propre, c'est que la jeunesse seule

est capable de cet espoir inconsidéré qu'il faut nourrir pour se plaire au milieu du bruit. « L'homme insensé chérit de vaines espérances, et les imprudens bâtissent sur les songes[1]. » « Si « le monde n'attachait les hommes que par le bon-
» heur de leur condition, comme il ne fait pas
» d'heureux, il ne ferait pas d'adorateurs.....
» Entrons dans le détail secret des soucis et des
» inquiétudes du monde, nous n'y verrons
» que des malheureux..... Tout y est mis en jeu
» par des ressorts forcés et destructeurs[2]. »

Pour trouver moins déraisonnables les maximes des hommes voluptueux, il faudrait se figurer que notre existence finit avec nos jours terrestres. Et, dans cette supposition même, on devrait encore regarder la vie passionnée comme une exception en faveur d'un très-petit nombre d'hommes. La loi du désir ne peut être commune à tous, même dans les fausses institutions qui la secondent, et cet abus devient dangereux, puisqu'il doit être odieux à la multitude. Néanmoins, quelques individus opulens, je le répète, sembleront excusables de profiter des circonstances, et de se livrer à la mollesse,

---

[1] Ecclésiastique, 34.
[2] Élisée, *De la Vie religieuse*.

s'ils sont assurés de n'avoir que la terre en partage. Mais leurs actions présentes portent-elles le caractère du juste et de l'injuste, et par l'étendue des suites, peuvent-elles entrer dans l'ordre des convenances universelles? Alors l'oubli de ce qu'on prétend éloigné tient du délire; et un tel asservissement à des sensations fugitives passerait pour une marque de stupidité, s'il s'agissait de diriger les affaires qui réclament ordinairement notre prudence. Il faudrait encore que vous fussiez certains de mourir jeunes; si vos années doivent se prolonger au-delà du temps où les excès même sont favorisés par l'ardeur des organes, c'en est assez pour ne pas changer en besoins, de simples penchans, qui bientôt vous feraient détester l'impuissance dont les plaisirs auraient avancé l'époque.

Un double sophisme vous sert d'excuse: vous vous persuadez que le bonheur promis à l'homme se rencontre surtout dans les plaisirs, ce qui est une idée fausse; et vous supposez que l'existence en général peut appartenir, comme la première partie de nos jours à une loi toute sensuelle, ce qui est, sous divers rapports, une supposition gratuite ou erronée. Dès que vous songez à la faiblesse des sens, et à la possibilité d'une vie nouvelle, ou seulement à la durée de celle-ci, vous avez besoin de vous mettre pour toujours à l'abri des remords, ainsi que des craintes. Marchez de bonne heure dans des voies simples; ce sont les seules voies convenables à tous les âges, et à tous les degrés de santé, comme aux plus constantes dispositions de notre esprit qu'il semble difficile de retenir, mais que la licence ne peut satisfaire.

La volupté nous plairait moins, si nous sentions assez tôt que, dans les occasions les plus désirées, jamais elle ne donnera tout ce qu'elle peut promettre. Épuisés par cette vivacité même que nous confondons avec la force, nous deviendrons incapables d'éprouver les émotions qui d'abord nous avaient paru si douces. Non-seulement la volupté habituelle est condamnable parce qu'elle nous prive de nos plus grands avantages, et nous jette dans des périls qu'on ne saurait envisager sans terreur; mais elle est toujours défectueuse, puisque nous ne pouvons la suivre avec l'abandon qui en ferait le charme, puisque c'est une nécessité que nous l'aimions avec retenue, que nous la possédions avec réserve. Si au contraire nous la quittons, nous nous délivrons des sollicitudes; l'abandonner, ce n'est pas s'exposer à la tristesse, mais rentrer dans le repos; c'est, il est vrai, se soumettre à des privations, mais surtout c'est recouvrer l'indépendance.

Les situations les plus tranquilles sont généralement les plus heureuses. Cherchez une suite d'idées et d'impressions que votre volonté seule puisse interrompre, et qui naturellement n'ait point de limites; reconnaissez-y les caractères du vrai bien. Si la sagesse vous offre une semblable perspective, aimez la sagesse. La raison est le guide de l'homme instruit; elle ne le satisfait pas entièrement, elle ne lui suffit pas toujours, mais elle le console et le soutient. Au contraire, tout le trompe dans une sphère bornée, où sans cesse il faut revenir sur soi-même; tout l'accable quand il se livre à des goûts mobiles, à des vœux ardens, à des passions désordonnées. Cette habitude s'oppose à toute félicité comme à tout perfectionnement, c'est elle qui perd les hommes.

On serait content, on serait juste, si l'on s'attachait seulement à n'être pas malheureux. Dès que l'on n'éprouve point de maux, on doit se trouver bien par cela seul qu'on est vivant. Je le dis à tous, je le dis à ceux qui ne reconnaissent que des motifs temporels, je voudrais le répéter jusqu'à ce qu'on fût fatigué de l'entendre, jusqu'à ce que cette impatience du moins le fît remarquer : évitez les peines, c'est le premier art de la vie ; craignez, comme le plus grand des dangers, l'erreur de la joie.

Une respiration libre, un sang généreux, l'absence de la douleur, voilà le bien-être du corps. Celui de l'âme n'exige rien de plus difficile ; vous l'aurez sans beaucoup de science ou de recherches, si votre but comme votre attente, si toute votre conduite devient paisiblement conforme à la loi divine.

Le plaisir n'est pas moins funeste à l'homme civilisé qu'à l'homme religieux. Par le plaisir j'entends ce que notre imagination nous fait chercher au-delà des jouissances légitimes et toujours nouvelles qui sont indiquées par les premiers besoins, qui ne supposent aucune préférence du sort, et que tous les hommes pourraient éprouver à leur manière sans qu'elles coûtassent de vrais sacrifices à un seul d'entre eux. Le plaisir dont le monde se vante n'est jamais irréprochable. S'il ne sacrifie point l'avenir à l'heure actuelle, il sacrifie les faibles à ceux que le hasard protége : il égare les uns, il accable les autres ; toujours il vous opprime vous-mêmes, ou il vous aide à opprimer vos frères ; il vous trompe tous ; dans aucun pays, dans aucun temps, il n'a fait, il ne pourra faire le contentement d'un peuple. Ce qu'il a produit, c'est l'immortale confusion où le genre humain reste plongé. Constamment et en tous lieux, les misères, la duplicité, la servitude, le cri de détresse que l'orgueil des cités puissantes n'étouffera pas, tout provient de ces fausses inspirations qui nous éloignent des seuls sentimens capables de soutenir la vie entière. Chacun trouvera dans ses propres plaisirs, ou dans ceux des autres la véritable origine de ses chagrins; c'est la voix qui tente les hommes, c'est la lueur sinistre qui peut les conduire à leur perte. *Irruebam in voluptates, irruebant in me dolores*[1].

L'on s'égare sans retour, parce qu'on suppose nécessaires des soins et des embarras étrangers à nos véritables intérêts. Si les tranquilles jouissances de la sagesse ne vous suffisent plus, il faut renoncer au bonheur, vous feriez bien de vous en interdire la pensée désormais importune. Ainsi que l'a observé un ancien, le plus malheureux, le plus agité des hommes est celui qui désire passionnément d'être heureux. Il écoute trop un langage équivoque, et des insinuations qui devaient seulement exercer nos

---

[1] Saint Augustin.

forces morales. Si nous cessons de résister, bientôt nous préférerons à ce qui est en nous ce qu'on ne se procure qu'avec peine. Sans espérer même d'être jamais satisfaits, nous serons tous les jours occupés de couvrir, par la multitude des faux biens, le vide d'un cœur que des biens d'un autre ordre pourraient seuls remplir: *Cassa sollicitudo mentis* [1].

Sans doute les plus aveugles partisans des voluptés ne se dissimulent point que celles qu'ils éprouvent ne sont pas durables; mais ont-ils reconnu qu'elles ne sauraient l'être, et qu'il se trouve une contradiction manifeste dans l'idée seule de la durée du plaisir? Cette durée est la chimère du siècle, le grand œuvre auquel les prétendus adeptes que le monde écoute travaillent infructueusement.

Si le repos dans une situation commode vous suffisait, si vous saviez l'apprécier, vous l'obtiendriez presque toujours : mais vous voulez de la joie sans tristesse, sans froideur; c'est supposer un éclair sans aucune obscurité, c'est imaginer une montagne que l'on puisse gravir chaque jour sans jamais avoir à descendre. Nous ne pouvons recevoir perpétuellement des

---

[1] Ecclésiaste, 2.

impressions vives ou profondes; elles cesseraient d'être fortes, si elles devenaient fréquentes. Ces besoins et ces biens sont chimériques ou exagérés : vous tombez dans la tristesse quand vous nourrissez en vous de telles prétentions; la seule fatigue dont on ne se repose jamais est celle d'un cœur qui n'a pas eu d'autre aliment. » Quelle chose est-ce que ce monde,..... sinon une place de charlatans, un labyrinthe d'erreurs?.... Quels biens y a-t-il en lui? son assurance est sans fondement, sa crainte sans occasion, ses travaux sans fruit, ses larmes sans propos, ses desseins sans succès, son espérance vaine, sa joie feinte, son ordre et accord pleins de confusion[1]. »

Le sage s'éloigne des plaisirs, avec autant de soin que l'insensé en met à les multiplier. *Cor sapientium ubi tristitia est, et cor stultorum ubi lætitia*[2]. La véritable joie entretient des désirs légitimes, et elle nous ramène à la contemplation de la beauté absolue. La joie serait bonne, mais ce qui paraît l'exalter, la détruit au contraire. A l'exception de ceux dont les brusques atteintes du malheur ont troublé la tête, ce sont

---

[1] *Le Guide*, etc., Lyon, 1609.
[2] Ecclésiaste, 7.

précisément les plus voluptueux des hommes qui prennent en aversion la vie et toutes ses promesses; ils hâtent le terme qu'ils attendraient patiemment, s'ils avaient vécu sous une loi justement sévère, sous une loi grave dans l'indulgence même.

Les illusions du cœur sont d'abord plus séduisantes que celles de l'esprit; mais elles se dissipent plus tôt, et elles laissent promptement apercevoir la misère terrestre; si elles offrent moins de bizarrerie, elles produisent plus de douleurs. Très-fortes, et cependant passagères, elles sont tout-à-fait à craindre pour l'homme du monde qui, ne vivant que de séductions, a besoin de n'être détrompé qu'à force de temps; mais qui, dans cet égarement même, doit conserver encore une certaine prudence, et ne point faire ce qu'on appelle des folies. Au contraire, pour celui qui cherche la vérité, cette précipitation de sentimens est moins dangereuse que le prestige des travaux de l'esprit. Une raison ordinaire, franchement interrogée, nous fait assez tôt sentir nos peines; mais il faut plus d'efforts pour nous instruire des erreurs même de la raison. Comment croire que l'on s'abuse dans le moment présent, et admettre la fausseté de ce qui nous paraît vrai? On se sert de sa raison pour commander à ses sens ; mais par quels raisonnemens combattre sa propre pensée? La passion du savoir ne s'affaiblit point comme la plupart des autres passions ; elle n'est jamais assouvie ; elle trompe le vieillard le plus infirme. Dans les chagrins qui suivent les affections déréglées, il faut bien s'avouer que l'on souffre : mais sous le joug de la science, les heures sont stériles à notre insu; consumé par le travail, sans être rassasié, l'on meurt dans une grande ignorance des fins de la vie.

Tout n'est qu'imposture dans cet assemblage qu'on appelle le monde. Cependant on s'habitue à l'agitation ; on la cherche même, et lorsqu'on est troublé, on croit être agréablement ému. Long-temps séduit par l'exemple des hommes avides, on se promet chaque jour un contentement que nul n'obtiendra, et la génération nouvelle, voyant de tristes amusemens ainsi accrédités, penserait, en y renonçant, renoncer à tous les biens. Si en effet vous étiez heureux dans le monde, il vous faudrait beaucoup de force d'âme pour commencer à vous en éloigner. « Nous serions à plaindre si la satisfaction » des sens, si les délices du corps, si le luxe » pouvaient faire les vrais heureux sur la terre. » Mais il y a déjà long-temps que les hommes...

» courent sur les pas les uns des autres dans
» cette trompeuse carrière, sans qu'aucun d'eux
» ait pu parvenir au terme de la félicité. Non,
» jamais le cœur humain ne se rassasiera d'une
» béatitude si légère. Créé pour un contente-
» ment plus solide, il ne cherche jamais avec
» plus d'inquiétude l'objet de son repos, que
» quand il possède tous les biens où il se flat-
» tait de le rencontrer, et où il ne le rencon-
» tre pas en effet [1]. »

On parvient à croire que l'on suit ses propres inclinations; mais presque toujours, c'est moins par attachement pour ce qu'on retient, que faute de connaître un état meilleur. En perdant de vue, en oubliant sans retour la grandeur de l'âme et la dignité de ses libres mouvemens, on se persuade que s'éloigner de la mollesse, ce serait quitter tout ce qui anime la vie, tout ce qui peut l'embellir. Cependant quel avantage réel obtient-on en substituant à des désirs éteints d'autres désirs qui se perdront dans les mêmes ténèbres? L'on ne saurait se dissimuler l'inconstance de ses sentimens; on la connaît bientôt, mais il y a aussi des séductions dans notre faiblesse. On court d'un mensonge à un

---

[1] Segaud, *Sermon pour une véture.*

autre mensonge, et, n'étant sincère avec soi-même que sur le passé, l'on attend des momens plus heureux ; comme s'il était quelque jouissance mondaine qui pût suffire à des besoins sans terme, et qui fût vraiment douce comme la paix d'un cœur simple.

« Mon cœur vague et mobile..... ne peut aucunement arrêter et demeurer en soi-même, quand il se laisse gagner par son vouloir. Et pendant qu'en telle diversité de fantaisies il cherche quelque repos, il en demeure totalement frustré, ne lui restant pour la récompense de son labeur que toute fâcherie et misère..... Quand il s'absente et se déporte des choses célestes, pour s'empestrer honteusement et s'embourber en celles qui sont caduques et passagères, tout soudain vanité le reçoit, curiosité le mène, cupidité l'attire, volupté le déçoit, envie le tourmente, courroux le trouble, et finalement tristesse le passionne..... Il est donc très-expédient que j'adhère à celui par lequel je suis, et sans lequel je ne suis, et ne puis rien [1]. » Ce consentement fait notre liberté, puisque dans la vie présente il s'agit moins d'entreprendre que de se garantir. Si

---

[1] *Méditations de saint Bernard*, 9.

nous voulons une liberté moins humble, et un repos moins silencieux, songeons à obtenir qu'un autre monde nous soit ouvert. C'est là qu'on pourra jouir pleinement; là on saura ce qu'on possède, on verra qu'on peut le posséder toujours, et ce que l'on possédera tiendra de l'infini. Fatigués de ne trouver autour de nous que de faibles copies des beautés primitives, et d'errer au milieu de ce que les autres hommes cherchent à aimer pour un jour, attachons-nous à ce que sans doute on ne cessera point d'aimer. Quand nous sentirons s'approcher le terme des heures présentes, comme rien n'aura su nous abuser, nous jugerons que rien ne nous échappe; à l'entrée du passage sombre nous fermerons avec calme un œil encore occupé de la magnificence des dons célestes.

N'avez-vous jamais observé les favoris de la fortune au milieu d'une poussière qu'ils croient brillante, parce qu'en effet le tourbillon soulève des parcelles d'or, et quelquefois même des feuilles de laurier? Ils voudraient s'entourer ainsi de quelque gloire; mais le nuage se dissipe par intervalle, et vous permet de comparer ces fronts mécontens aux fronts où repose le charme des plus nobles espérances. Le juste voit sans peine s'éloigner des avantages toujours incertains ; dans les pertes qu'il fait, il n'aperçoit que des entraves qui cessent, des liens qui se brisent. Quand les sens s'affaiblissent, quand la santé détruite ne porte plus dans la pensée le trouble des désirs, les hommes vertueux attendent sans beaucoup de terreur la dissolution d'une chair mortelle. Il fallait que la vie eût peu de durée. S'il en était autrement chez les hommes, si l'avenir ne leur inspirait aucune crainte, si le passé n'excitait en eux aucun regret, leur convoitise deviendrait plus puissante, et ils ne verraient pas les limites du présent.

Dans l'oubli des vrais biens, on cherche des biens exclusifs ; l'on se dispute ce que la seule rivalité peut rendre spécieux, et les heures, pleines d'anxiété, se consument sans fruit. Vous perdez chaque jour quelque portion de ce qui est ainsi devenu votre seul partage, et la marche pressée du temps emporte à jamais vos espérances. Ce que les hommes du monde poursuivent, l'obtiennent-ils généralement ? et ceux qui arrivent au but, ne dédaignent-ils pas plus tard ces mêmes biens dont le désir leur avait paru si naturel ? Encore séparé de la vieillesse, on se croit à l'abri de la mort ; soumis à l'ignorance, on est entraîné vers le plaisir. L'imagination est subjuguée, des protestations indiscrètes, des attachemens désordonnés sont le premier essai de vos moyens, le premier abus de cette intelligence qui vient de plus haut, et que vous prostituez sur la terre. Mais le jour suivant efface les impressions qui semblaient si fortes, et l'objet des aveugles désirs devient l'objet des mépris. Vous oubliez entièrement ce que vous aviez attesté pour toujours. Pour toujours! homme périssable! Dans quelques heures vous aurez changé vous-même : vous ne voudrez plus ce que vous avez juré; vous n'estimerez plus, vous n'aimerez plus ce que vous vénérez maintenant; et, jeune encore, vous trouverez dans votre âme refroidie la vanité de ces penchans qui vous semblaient invincibles.

Réduisez à elle-même la plus vive des passions, ôtez le lien moral, et voyez alors quel est le but de tant de soupirs, l'objet de tant d'efforts. Quelle est cette jouissance que tant d'écrivains ont vantée, que tant de poëtes ont chantée, que tous les arts ont célébrée, qui a divisé tant de familles, qui allume des guerres, qui affaiblit des provinces, qui renverse des états? Si on le compare aux premiers biens, ce bien si grand, selon vous, quel est-il? Mais déjà la seule apparence d'un sérieux examen a suffi pour dévoiler la honte de tant de désirs, la folie de tant de vœux. Un besoin des sens irrités, une fonction d'organes corruptibles, voilà ce que des êtres pensans osent regarder comme le triomphe de leurs forces.

Au lieu d'entrevoir les rapports humains comme ils apparaîtront quand les temps obscurs ne seront plus, je les supposerai pour un moment éclairés par une fausse lumière, et tels que vous avez l'habitude de les voir. Réalisons vos songes; abusez de cette harmonie des choses de la terre qui devait vous élever à la contemplation de l'harmonie générale. C'est au pied des forêts, sous le ciel pur, au bord des eaux, dans les lieux où tout semble paisible et solennel, que vous placerez l'objet de tant de sacrifices, de tant d'amour. Hâtez-vous d'admirer, hâtez-vous! Cette beauté, cette amabilité, ces grâces inexprimables, tout va finir. Des formes décharnées, des membres livides, un cadavre qui devient dangereux et qu'il faut se presser d'ensevelir.... En vain vous refermez la tombe; elle ne laisse pas d'excuse à vos égaremens. Si l'objet de cet amour, que vous prétendiez insurmontable, est devenu l'objet d'une horreur que nulle passion ne pourrait surmonter, entendrez-vous enfin la voix de la mort, cette voix toujours formidable, mais tutélaire et quelquefois consolante?

On rencontre des hommes qui abandonnent leurs premiers plaisirs en quittant, disent-ils, l'âge de l'imprévoyance. Parce qu'ils les ont perdus, ils prétendent les mépriser; mais ce n'est pas un véritable renoncement aux séductions du monde. Ils suivent de nouveaux penchans aussi funestes; et, d'écarts en écarts, ils vivent dans la vanité. Ils avouent que l'ennui les accablait, l'ennui les dévore aujourd'hui, et la paix de l'âme leur restera toujours étrangère. Des affections moins libres, mais plus perverses, agitent ces cœurs où tant de mouvemens déréglés creusèrent un grand vide. *Immundus spiritus ambulat per loca arida, quærens requiem, et non invenit*[1].

Ne croyez pas avoir gagné quelque chose, et ne vous vantez point de n'être plus ce que vous étiez. Parce que vos traits sont plus mâles et votre visage plus froid, vous prétendez que votre conduite devient raisonnable; mais craignez, au contraire, que vos fautes ne soient plus graves et votre conscience moins droite: *Sunt novissima pejora prioribus*[2]. Il est de la

---

[1] Mathieu, 12.
[2] *Idem.*

nature même des passions de détruire ce que vous cherchez dans des passions successives : vous parcourez des déserts sans bornes, vous n'y trouverez point d'asile.

Le rival dont la prospérité vous est à charge prospérera davantage, et vous le verrez insulter à vos efforts : ou bien vous le renverserez, et alors vous serez plus malheureux que lui ; vous lui aurez appris les consolations de l'obscurité, mais rien ne pourra vous soustraire aux tourmens que les succès occasionent. *Vanitas*.

L'ennemi que votre vengeance poursuit peut vous échapper, et ce sera inutilement que vous aurez connu la haine ; ou bien vous l'immolerez, et son sang retombera sur vous. Cette tache restera sur votre cœur desséché par des sentimens odieux ; elle s'agrandira, elle couvrira ces débris souffrans et criminels. *Vanitas*.

Vous maudirez au dernier jour ces richesses que l'envie peut-être, ou peut-être le jeu vous font désirer avec tant d'impatience. Vous serez tombé dans le désespoir en les quittant, ou vous aurez vécu dans les sollicitudes en les possédant. Le regret consume celui à qui elles échappent, et il croit qu'on ne peut vivre sans une certaine quantité d'argent. Celui qui les conserve avec amour, et qui les accumule, est plus malheureux encore; le présent ne le satisfait pas davantage, et l'avenir ne lui offre aucune probabilité meilleure. *Vanitas.*

Omnia vanitas. Quand la raison ne s'est pas élevée d'elle-même jusqu'à cette vérité, l'expérience ne manque point de l'apprendre; mais l'expérience est tardive, et presque toujours infructueuse. Nul ne voit les approches de la mort sans être enfin désabusé; cependant que sert de quitter les faux biens, quand on ne sait plus s'attacher aux biens véritables? L'on cesse d'aimer l'erreur, lorsqu'on ne peut plus rien aimer. Le sage au contraire choisit ce qui doit lui rester comme une partie de lui-même, et il ne redoute point les pensées qui tôt ou tard consterneront les enfans du siècle : il a cherché des jouissances moins faibles, moins inconstantes; ses affections appartiennent à un monde différent, et il se promet une autre félicité dans une autre patrie.

SOIRÉE XVI.

De l'obscurité des lois morales, etc.

Mundum *tradidit disputationi eorum, ut non inveniet homo opus quod operatus est Deus ab initio usque ad finem*[1]. Les hommes ne connaissent point par eux-mêmes les vraies forces, les besoins, la durée, la destination de l'homme. Retenus dans un espace proportionné à leur petitesse, errans sous les exhalaisons des contrées où ils respirent, ils croiraient que leurs terres et leurs eaux composent le monde; ils n'imagineraient rien de plus, si les nuées, en se séparant, ne leur avaient laissé entrevoir la distance des constellations. Si les brumes qui attristent plusieurs pays étaient perpétuelles sur tout le globe, l'astronomie n'existerait pas, et nos idées n'auraient point d'étendue. Le mouvement de ces vapeurs suffit pour nous ouvrir ou nous fermer l'univers.

Les astres brillent sans interruption au-delà des nuages qui obscurcissent notre demeure.

---

[1] Ecclésiaste, 3.

Ainsi, la lumière intellectuelle peut n'être séparée de nous que par un voile jeté sur toute l'espèce des hommes. Les clartés morales qui doivent nous soutenir maintenant, pénètrent jusqu'à nous à travers ce voile, comme les faibles clartés du jour dans un temps nébuleux. Les ténèbres de la naissance, les ténèbres de la mort enveloppent cette journée que nous passons sur la terre; et, ainsi distingué du cours général, le temps actuel ne s'agrandit que trop à nos yeux. De là proviennent des excès et des travaux interminables, orgueilleuse affliction des hommes que tout éblouit parce que la vérité s'éloigne.

Figurons-nous un homme, ou du moins un être intelligent et borné, presque semblable à nous, mais habitué dès long-temps à passer d'une vie à une autre. Il se trouve au milieu de nous; il doit franchir aussi l'espace que nous parcourons entre notre enfance qui ne sait rien, et notre vieillesse qui croit tout perdre. Quelle importance mettra-t-il à des succès flatteurs, à des entreprises difficiles, à cette renommée dont nous gravons sur des tombeaux l'étrange illusion ? Examinez souvent, et ce que penserait un tel être, et ce que vous penseriez vous-même si vous deviez mourir dans une heure :

vous vous formerez alors des choses de la terre une idée moins trompeuse.

J'ai vu des hommes qui peut-être affectaient l'indépendance d'esprit; ils ne voulaient rien admettre qui ne fût bien connu, qui ne fût positif, et ne frappât les sens. Mais est-il autour de nous quelque chose de certain? Que nous reste-t-il, quand on retranche ce que la réflexion a fait paraître douteux? Les seules vérités que nous possédions appartiennent au monde abstrait, au monde invisible. Ce qui est vrai essentiellement n'est pas d'une vérité palpable. Ce qui n'existe point à la manière terrestre, c'est ce qui est nécessaire; ce qu'on rejetterait comme chimérique, c'est cela qui est éternel. Reconnaissons que nous n'avons point la véritable vie; ne donnons pas de limites à la sagesse, mais craignons de nous attribuer ce que la loi présente nous refuse. Prosternons-nous, et attendons. *Præterit figura hujus mundi* [1].

Les phénomènes ordinaires ne sont pour nous que des vraisemblances. Au delà des sensations déjà éprouvées, que savons-nous? Si par induction, nous nous arrêtons à des proba-

---

[1] Saint Paul aux Cor., I, 7.

bilités, il n'en est qu'une à laquelle nous n'ayons rien à opposer; c'est celle de notre mort prochaine, du prochain épuisement d'une vie dans laquelle néanmoins plusieurs d'entre nous désireraient peut-être que tout fût renfermé.

L'ignorance de la mort est favorable aux êtres qui ne répondront pas de leurs actions; l'oubli de la mort est dangereux chez celui dont les perceptions se multiplient, et que la raison doit gouverner. Si la pensée veillait sans cesse, la témérité du cœur n'aurait point de suites funestes.

On est emporté de fautes en fautes quand on croit, pour ainsi dire, à la durée du présent. Songez-vous à la mort comme on songe à d'autres incidens qui ne sauraient être plus certains? N'êtes-vous jamais distraits ou séduits par de favorables apparences, et par l'inconstante beauté des êtres imparfaits; la folie publique n'a-t-elle jamais égaré vos désirs? Cette ignorance, cet oubli favorisent les passions, et les passions produisent le désordre. « D'où viennent les guerres et les procès entre vous, dit l'apôtre? n'est-ce point de vos passions [1]. »

Ne vous plaignez pas amèrement de la mul-

---

[1] Épître de saint Jacques, 4.

titude des entraves. L'obscurité de la vraie science était apparemment convenable dans les desseins du Très-Haut : sans l'âpreté des voies de la justice, l'iniquité serait tout-à-fait monstrueuse; elle révolterait les esprits ; et, la tentation même devenant impossible, nos jours actuels n'auraient plus de valeur morale, ils ne seraient plus soumis au jugement de Dieu. « Il » paraît surprenant que les objets célestes soient » couverts d'un voile impénétrable. Nous » sommes en quelque sorte étrangers dans » notre séjour actuel; nous y entrons, nous en » sortons dans une ignorance profonde des lois » du monde spirituel. Il paraît manifeste que le » plan de la Divinité fut d'unir dans toutes ses » opérations la lumière aux ténèbres, l'évidence » à l'incertitude....... L'homme ne peut être » digne d'un meilleur ordre de choses qu'après » avoir été purifié, et il ne peut être purifié » que par le moyen d'une discipline sage, et » d'une conduite régulière. Rien ne concourt » mieux à ce but que sa situation présente, » puisqu'elle met en jeu toutes ses facultés...[1]. »

Nous regarderons le temps, la santé, les

---

[1] *Sermon sur l'imperfection de nos connaissances relatives à un état futur.*

avantages accordés chaque jour par le sort, et toutes les facultés de l'âme, comme des instrumens remis entre nos mains pour le grand travail du perfectionnement des êtres qui peuvent connaître Dieu. Si nous sommes capables de réfléchir, si nous transmettons nos pensées, si nous entendons, si nous voyons, c'est afin qu'une partie du bien, qui doit s'accomplir toujours, se fasse par notre entremise. Il y a dans la facilité d'agir, dans la perfection des sens, ou dans la beauté même, quelque chose de céleste qu'il faut se garder de profaner. Nous rendrons compte de ces moyens que nous avons reçus. Quand nos distractions nous ravissent une seule heure, nous avons à gémir d'une perte irréparable. Cependant il ne faut pas prétendre que, dans ce progrès nécessaire, chaque instant nous avance d'un degré. Il est de véritables empêchemens; ces circonstances deviennent pour notre faiblesse une excuse dont il serait facile d'abuser, mais qui trop souvent est légitime. Il vaut mieux d'abord exiger moins de soi-même, et ne se rebuter jamais. Vous ferez le plus possible, ou du moins vous vous attacherez à ne rien omettre; et toutefois, vous ne tomberez pas dans le découragement lorsque vous n'aurez pas fait tout ce que vous désiriez, ou même tout ce que vous deviez faire.

Nous ne pouvons plus nous considérer comme notre propre fin; nous ne pouvons pas, à l'imitation des hommes sensuels, tout rapporter à nos rapides journées. Faibles, mais libres agens d'un adorable pouvoir, sacrifions noblement nos intérêts personnels; rappelons-nous que ces intérêts, occasion de tant de vices chez les uns, et chez les autres de tant de négligences, formeront apparemment l'épreuve même que nous aurons à subir. Le monde, dont la terre est une étroite partie, le monde, tel que je puis le concevoir, est gouverné par la sagesse. Pour me conformer aux lois de cette sagesse, je chercherai à m'oublier dans le tout. L'univers est un, je m'efforcerai donc de contribuer au bien général; sans doute les êtres pensans n'ont pas d'autre destination. Je sais que je mourrai; je vois que, si mes jours actuels ont quelque valeur, ce ne peut être que comme une préparation à des temps plus longs, à une vie plus importante. Je ne puis rien par mes propres forces; mais, si je n'irrite point contre moi l'infaillible justice, j'espérerai tout de la bonté inépuisable. L'éclaircissement des difficultés nous paraît interdit, mais les principes de conduite seront visibles dans cette confusion même : nous les découvrons lorsque nous les cherchons avec persévérance, lorsque nous ne souffrons pas que notre attention soit détournée par des objets d'un autre ordre.

Que nul ne demande : Qu'est-ce que le bien ? qu'est-ce que le devoir ? comment discerner s'ils viennent d'en haut les traits de lumière qui apparaissent dans l'obscurité générale ? Cette question ne conviendrait pas même à celui qui ne reconnaîtrait aucune tradition sacrée, qui ne serait soumis à aucune doctrine. Si j'avais à répondre à l'homme le plus découragé par l'incertitude des choses, je lui dirais encore : Attachez-vous du moins à d'irrécusables probabilités. L'ordre est sensible dans les parties connues de l'univers; et, sans l'ordre, nous ne saurions concevoir la régénération des êtres. Le désordre n'est vraisemblablement qu'une exception déterminée par des causes accidentelles, puisque, dans ces mêmes parties de la nature, les lois régulières et heureuses conservent encore une très-grande supériorité. L'organisation des corps qui vivent, qui végètent, annonce un pouvoir, et un art dont notre aveugle industrie, ou nos volontés chancelantes ne sont qu'une dernière émanation.

L'ordre est le fruit de l'intelligence. Tout ordre suppose un ensemble, une conception générale ; les parties ne peuvent avoir une existence entière que selon leur juste rapport avec le tout, dont la conservation ou le perfectionnement fait leur seule beauté.

Tout se borne, dites-vous, à des conjectures. Cela fût-il vrai, les motifs d'être homme de bien auraient encore beaucoup de force. Nous n'examinons pas ici les fondemens de la foi, mais ceux des maximes de conduite. Au défaut de certitude, les vraisemblances en tout genre ne suffisent-elles pas pour nous diriger? Vous objectez que la liberté de l'homme ne peut s'expliquer : sans doute, nous ne pouvons expliquer la liberté des résolutions, mais nous n'expliquons pas mieux la nécessité dans ces mêmes résolutions. Le raisonnement n'établissant rien d'absolu contre notre liberté, nous devons admettre les indices de cette liberté, dont le sentiment paraît inséparable du sentiment même de la vie. Nous ne sommes pas toujours libres, ou, en d'autres termes, nous ne sommes pas puissans; mais c'est assez que nous ayons quelque liberté; nous ne serons point responsables de ce qui surpasse notre pouvoir. L'homme juste fait peu de chose, et souvent même sa marche paraît craintive : toutefois il s'abstient de consentir au mal ; c'est remplir la loi, non pas dans tout ce qu'elle conseille, mais dans ce qu'elle prescrit impérieusement.

Quelle que soit d'ailleurs votre opinion sur la liberté, ce n'est qu'en la supposant du moins que vous pouvez prendre des déterminations. Vous devez donc, ou cesser d'agir si cela est possible en continuant à vivre, ou choisir d'être homme de bien, afin de vous conformer à ce que vous pouvez imaginer de cette intention générale sans laquelle le monde ne pourrait être ce qu'il est à vos yeux même.

N'existe-t-il rien de certain? livrons-nous à des apparences, mais que ces apparences soient celles que l'impartiale réflexion peut admettre. Suivons des analogies confirmées de toute part. Le bien est dans l'harmonie des êtres, le mal est dans les suggestions de l'intérêt particulier. Vivez dans le tout et pour le tout; cherchez celui qui doit être la source et la fin, l'ensemble et le couronnement de toutes choses. Aimez-vous les uns les autres, supportez-vous, aidez-vous; sans doute vous entrerez ainsi dans les desseins de Dieu. Soyez bons; si vous ne vouliez pas pour les autres ce que vous voulez pour vous-mêmes, vous agiriez contre le principe des lois sociales, et vous cesseriez d'être de véritables membres du corps dont vous devez faire partie. Soyez justes, parce que la justice est le lien des êtres pensans. Soyez vrais, parce que la vérité est inséparable de la justice; parce que la parole, cette expression morale, unit les deux mondes avec une force qui peut nous élever, de degrés en degrés, jusqu'à la conception de l'unité sublime.

L'incertitude, l'obscurité où s'égarent nos premiers pas, le silence où nous vivons, nous attristent d'abord; cependant des probabilités, secrètes en quelque sorte, nous affermissent avec le temps, et les dangers diminuent dès que nous apprécions courageusement ce qu'ils peuvent nous ôter. Quel mal réel tant de maux nous feront-ils? Perdrai-je ce que je n'abandonnerai pas moi-même? périrai-je, si ma volonté n'y consent point? Tombons sans crainte dans l'espace qui va s'ouvrir, dans les lieux où nous sommes attendus. Maintenant je ne peux m'appuyer sur rien de visible : mais le Dieu qui soutient toutes choses les a prévues toutes; il arrêtera ma chute il agrandira mes espérances, et sa miséricorde se souviendra de ma fidélité. *Omne datum optimum, et omne donum perfectum, desursum est*[1].

Mais il ne me sera pas donné de contribuer au perfectionnement général. Si l'on n'a point reçu l'autorité dès le principe, comment l'obtenir sur les pas circonspects de la justice? Et, quel bien opérer au milieu des infirmités et de l'ignorance? de quoi s'assurer entre la saison d'apprendre, et celle d'oublier? Un temps si court suffit à peine pour se délivrer des erreurs, pour s'étudier soi-même, et parvenir à ne plus faire un mal involontaire.

Les dociles partisans du monde, prévenus en faveur de la manière d'être dans laquelle ils se renferment, prétendent que l'homme qui s'en éloigne est plein d'aversion pour eux. C'est un solitaire, disent-ils, rien ne le flatte; sans doute il a perdu le goût des biens, et il hait la vie, puisqu'il médite sur la mort. Mais comment celui qui admire les œuvres de Dieu se lasserait-il de vivre? Exister, n'est-ce pas admirer et aimer? Si l'on jugeait que Dieu n'est pas, n'ayant alors rien de grand à prévoir, on prendrait peu d'intérêt au cours des heures irrévo-

---

[1] Épitre de saint Jacques, 1.

cables. Nous reconnaissons au contraire une sagesse infinie, et nous ne pouvons désespérer de l'avenir au milieu même des tribulations. Souvent l'impatience que me fait éprouver ma propre faiblesse, altère à mes yeux l'accord de ce tout, dont la race coupable ne forme néanmoins qu'une partie très-subordonnée. Ma tristesse m'entraînerait jusqu'au murmure : je me soumets promptement, et la régularité des cieux m'avertit qu'il est un terme au trouble de la vie temporelle.

Malgré les entraves et les combats de cette vie qui s'écoule, s'il m'était permis de la prolonger durant plusieurs siècles, mon imagination n'en serait pas effrayée. Dès que l'on me verrait passer l'âge ordinaire sans être affaibli par la vieillesse, on commencerait à m'écouter attentivement, et l'avantage de survivre à plusieurs générations me donnerait quelque pouvoir au fond de ma retraite. Sans intrigue, sans artifice, et laissant à des hommes plus adroits le soin de débrouiller sans cesse les trames ourdies sans cesse par la ruse et l'imposture, j'instruirais dans une morale exacte, je prémunirais contre les passions quelques disciples dont la déférence, dont l'attachement ne serviraient en aucune manière à mes intérêts personnels. On tomberait peut-être dans cette erreur de m'attribuer à moi-même une sagesse transmise par mon organe ; mais on me pardonnerait tout, en me voyant m'éloigner sérieusement de ce qu'on ne veut point sacrifier à cette sagesse. Bientôt, cependant, je saisirais l'occasion de réunir, dans des pays reculés, quelques amis de la justice : je saurais enfin s'il est impossible que plusieurs milliers d'hommes, formant un corps de peuple, s'occupent d'autre chose que de se rendre malheureux.

Le culte serait pur chez cette tribu contente. Le paisible sentiment de la vraie joie, et la sublimité des idées religieuses se soutiennent mutuellement ; l'un et l'autre conviennent à la pensée de l'homme. Telle fut sans doute la candeur des anciens jours : l'illusion n'avait pas encore divisé les disciples d'une même loi, les fils d'un même père. Telle devait être la simplicité du zèle avant le scandale des folles espérances, avant que la charité devînt difficile, avant que la société humaine fût corrompue dans tous ses liens, et que, par une usurpation présomptueuse, l'indigence des uns parût seule capable de satisfaire l'avidité des autres.

SOIRÉE XVII.

Détachement du monde, etc.

On se trompe souvent, et souvent aussi on veut se tromper sur les motifs des hommes qui vivent dans la retraite. Ces motifs peuvent être fort naturels; ce n'est ordinairement ni une erreur, ni un excès de vertu. Si nous nous éloignons de la société, si nous renonçons à ce que nous pourrions en attendre, le ferons-nous avec des prétentions nouvelles? mettrons-nous de l'orgueil à quitter l'orgueil du monde? et, en nous séparant des hommes, voudrons-nous qu'ils nous admirent? Au contraire, c'est peut-être parce que nous doutons encore de notre persévérance, que nous choisissons entre les différentes voies de la sagesse, la plus douce, la plus certaine, la plus égale. Pour moi, je n'affirme pas qu'il soit impossible de rester homme de bien au milieu du monde, sans y être malheureux; je vois seulement que dans presque toutes les circonstances on y parvient à ses fins, sinon par des perfidies et des noirceurs, du moins en dissimulant, et en manquant de délicatesse ou de dignité.

Que nous servirait de supporter toute la fatigue de vos passions? Détrompés à cet égard, nous ne partagerions pas même les dédommagemens que vous en espérez. Si nous n'avons résolu de nous plonger dans les désordres consacrés par l'usage, la prudence la moins éclairée, celle qui s'arrête à la vie présente, nous avertit de chercher un refuge. La retraite est même indispensable quand on prétend réunir à l'intégrité des mœurs la vraie jouissance du temps, seule joie qui puisse calmer une agitation trop féconde en écarts, et nous faire abandonner volontairement de dangereuses espérances. Quitter le monde, c'est se mettre à l'abri des revers : l'iniquité même ne serait pas aussi sûre; elle se flatte d'échapper à tout dans sa marche oblique, mais ses propres efforts la feront succomber. Les privations vous effraient-elles? partout elles sont nombreuses, et il doit être moins pénible de se les imposer une fois, que d'en voir les occasions se renouveler sans cesse. « Il est
» bien plus aisé de ne point posséder de richesses
» que de les posséder sans attache, ou de les
» perdre sans désespoir; de vivre sans préten-
» tions, que de vivre sans envie; de se tenir

» éloigné de tout charme, que de ne s'en pas
» laisser éblouir; d'être à couvert des traits
» de la satire, que de les mépriser; d'être hors
» de la portée de tout respect humain, que
» d'en triompher à toute heure[1]. »

Si vous vous plaignez uniquement de vos tribulations, vous êtes encore sous le joug. C'est dans les prospérités du siècle qu'il faut en apercevoir le malheur : craindre ses promesses, et repousser les biens même qu'il peut réaliser, c'est prouver qu'on l'examine sans prestige. Quant aux difficultés qu'on y trouverait, qu'y a-t-il de surprenant? Toute manière de vivre a les siennes, et les suites de notre imperfection se reproduisent dans toutes les choses dont nous usons sur la terre.

Ce qui doit nous affermir dès les premiers pas, ce qui rend facile le détachement des biens, c'est une vérité que les orateurs de la chaire paraissent avoir négligée très-souvent; ils eussent pu faire sentir que, si même on n'avait rien à espérer au-delà du temps, il serait encore utile que plusieurs hommes s'éloignassent de la vie commune. L'on n'est pas vraiment désabusé quand on ne redoute que les peines de la so-

---

[1] Segaud, pour une vêture.

ciété, puisqu'enfin il serait possible d'en éviter quelquefois la plus grande partie. La considération du néant des biens est la seule qui nous délivre naturellement d'une inquiétude que semblent chérir les partisans de la vie passionnée.

Non, je ne me sens point de prévention contre le monde; jamais je n'eus à m'en plaindre personnellement: lorsque je le quittai, le temps des revers semblait fini pour ma famille; et quant à moi, rien ne paraissait m'interdire les avantages qu'on peut rencontrer en suivant les pas de la fortune. Dans mes sentimens les plus secrets, dans toutes mes inclinations, je ne trouve aucun éloignement pour l'existence terrestre. Je n'ai pas perdu la force qui nous séduit nous-mêmes, qui nous attache inconsidérément aux choses et aux hommes; cependant je me félicite tous les jours de ne plus entendre un bruit confus dont l'habitude altère nos organes. Elle est faible peut-être la lumière qui pénètre, et dans les rares demeures que se réserve l'intimité domestique, et au milieu des roches habitées par des solitaires : mais au-delà c'est une obscurité plus grande, un tout autre dénûment; je ne vois plus que l'amertume ou la corruption, les misères du vice ou les misères de l'expérience.

Ce n'est pas qu'il soit nécessaire, ou même qu'il convienne sans exception de combattre des désirs toujours renaissans, des désirs inséparables de l'existence. Nous pouvons ne pas éviter ce qui, n'étant pas de nature à nous mettre en opposition avec nos semblables, ou avec nous-mêmes, ne troublera point la paix de l'âme. Mais vous tombez dans une grande erreur, lorsque vous vous persuadez que vos penchans légitimes seront mieux satisfaits parmi les hommes. Dans ce tumulte on cherche d'autres émotions, et les désirs raisonnables sont oubliés. On ne songe plus à la satisfaction, à la confiance; on veut des triomphes et de l'aveuglement. On sacrifie les autres, on se hasarde soi-même dans une sorte de vertige; il faut aspirer de toute part cette fumée, il faut parvenir à en être étourdi, pour saisir enfin quelques momens d'une joie immorale qui change le cœur et qui dégrade la pensée.

La joie n'est pas dans les choses; elle dépend de nos dispositions, elle est bornée comme nos forces. Le chef d'une maison opulente ne voit pas arriver avec plus de plaisir le moment où ses gens ont servi, qu'un pauvre manœuvre celui de verser lui-même un bouillon de choux sur son pain grossier. Quel est donc le véritable art de vivre, même sous les rapports temporels ? Étendre ses relations, ce serait à quelques égards se donner de nouvelles forces, mais ce serait surtout s'imposer de nouveaux besoins. Même avec beaucoup d'adresse, nous ajoutons peu de chose à chacune de nos jouissances; ce qui paraît en notre pouvoir, c'est de les multiplier, non pas à la manière de ceux qui prétendent les réunir toutes dans chaque saison, mais en s'attachant à les répartir avec prudence sur le cours entier de notre vie.

Pour obtenir la sûreté, renoncez à l'éclat; tout se réduit à éviter les peines, le plaisir modéré viendra naturellement. On éloigne le chagrin en se débarrassant des sollicitudes volontaires, et en s'abstenant de tout ce que les devoirs ou les premiers besoins ne commandent pas. Indifférence pour ce qui agite la société, abstinence des choses factices, sobriété dans l'usage même de ce que la raison ne peut proscrire, ce sont les moyens de conserver jusqu'à la dernière heure ses goûts et ses facultés.

Quid tibi vitandum præcipuè quæris, turbam : inimica est multorum conversatio [1]. La

---

[1] Sénèque, Ép. 7.

plupart des hommes se glorifient de cette fatigue d'esprit, mais vous reconnaîtrez sans peine qu'il vaudrait beaucoup mieux en être exempt. Éloignez-vous d'une multitude qui fuit toute sagesse. Séparez-vous du peuple, séparez-vous de la société, afin de resserrer les seuls vrais liens qui existent entre les hommes, les liens fraternels. Avant que l'âge détruise vos forces, prenez la résolution de ne jamais vous assujettir à ce qui vous est étranger, de ne pas vous occuper de ce qui se dit ou se fait au loin, de ce qui pourrait en résulter pour vous-même dans une situation différente, et de ce que penseront peut-être à votre égard des gens que vous ne connaissez point. Retirez-vous, aussitôt vous serez à l'abri de toutes ces atteintes. « Nous pourrions jouir d'une grande paix, si nous voulions ne nous point soucier des paroles et des actions des autres, et généralement de tout ce qui ne nous regarde point.[1] » Que nous devenons téméraires, lorsque nous multiplions ainsi les occasions du mal! Sommes-nous certains d'échapper toujours à la séduc-

---

[1] *Imitation*, Liv. II, ch. 1; Liv. I, ch. 11, *et* Liv. III, ch. 27.

tion? Un instant suffira pour que le reste de nos jours soit troublé par le remords; de simples inadvertances vont fortifier ces penchans qui furent mis en nous pour donner du prix à notre fidélité, mais auxquels nous ne céderons pas sans nous abaisser, et peut-être sans nous perdre.

« Heureux et malheureux, grands et petits, tous les hommes trouvent des avantages inappréciables dans un fréquent et religieux éloignement du monde[1]. » Est-il un esprit assez faux pour ne pas sentir que, si la volonté humaine pouvait avoir de la grandeur, cette grandeur consisterait à ne point dépendre des hommes, et non pas à réussir en sollicitant leurs suffrages? Il y a beaucoup d'art dans celui qui s'élève; mais avec plus de lumières ou plus de dignité, il se dispenserait d'un long travail dont le fruit dépend moins de lui-même que des événemens.

Un écrivain profane dit quelque part: « Pour» quoi, nous plaignant toujours de nos maux, » nous occupons-nous sans cesse à les redou» bler. » C'est un effet de l'intempérance d'esprit, l'une des maladies les plus graves qui

---

[1] De la Solitude, par Zimmermann, ch. 2.

aient affligé les hommes. Cet auteur lui-même*
ne l'a pas surmontée. Ses grands talens s'opposent à ce qu'il y résiste, et lui font dire ailleurs :
« Il faut donner à son âme toutes les formes
» possibles; c'est un feu que Dieu nous a con-
» fié, nous devons le nourrir de ce que nous
» trouvons de plus précieux. Il faut faire entrer
» dans notre être tous les modes imaginables,
» ouvrir toutes les portes de son âme à toutes
» les sciences et à tous les sentimens. » Mais
peut-être ce feu confié aux hommes devait-il
ne leur servir qu'à propos, avec choix, avec
retenue, et non pas le plus possible; semblable
en quelque sorte au feu matériel dont l'usage
demande beaucoup de réserve, et qui dans des
mains imprudentes dévasterait les forêts ou les
moissons. L'activité de l'esprit suppose, il est
vrai, le désir d'entreprendre tout ce qu'on peut
faire, et de connaître tout ce qu'on peut éprouver : cependant ce désir s'écarte des bornes individuelles; ce n'est donc pas une loi qu'il
faille toujours suivre, mais c'est dans l'ordre
illimité une sorte de précaution pour faire

---

* C'est de Voltaire qu'il s'agit ici ; car le second de
ces passages se trouve dans une lettre qu'il écrivit en 1737.
Note de l'Éditeur.

sortir les hommes de leur indolence, pour les inviter à examiner les choses, et à se proposer un but raisonnable, au lieu de s'asservir aux coutumes des lieux où ils se trouvent.

Sustine et abstine. Soutenez la lutte contre le mal pour n'en être point accablé : souffrez quand il le faut; mais épargnez vos forces, ne combattez pas sans motif. Abstenez-vous de ce qui n'est pas nécessaire; le nécessaire suffit aux exercices du sage. Ainsi que le corps, la vertu se nourrit de peu, et n'en a pas moins de vigueur. Abstenez-vous : non-seulement il faut ne prendre aucune part au désordre, mais il faut s'éloigner des intérêts du jour; ces inutilités sont aussi un désordre. En ne condamnant s'il est possible que les choses et non les personnes, en ne blâmant qu'un petit nombre d'hommes, méprisez une multitude de choses que les hommes font généralement.

Malgré l'étendue de ses relations, le personnage le plus puissant ne verra jamais qu'une faible partie de ce qui pourrait exciter nos désirs. Puisque la plupart des objets nous seront infailliblement refusés, devrait-il nous être si difficile de nous restreindre un peu plus encore? Est-il sage de renoncer à la paix, et de se tourmenter chaque jour, sans autre dessein que de changer de degrés dans cette pénurie, sans autre espoir que d'obtenir un tombeau de marbre au lieu d'une tombe de gazon.

Il ne faut écouter qu'avec discernement ces maximes dont l'application est presque toujours inconsidérée : Prenez un état, rendez-vous utiles. Un état! mais assez de gens à talent se disputeront toutes ces cases particulières. Avant que ces professions fussent imaginées, l'état d'homme existait; ne blâmons pas ceux qui veulent s'y borner, et qui n'ambitionnent aucun titre.

Les hommes que l'on croira peu propres aux affaires seront ordinairement ceux dont la vue s'étendra le plus loin. Après avoir considéré attentivement les diverses faces des objets, vous devenez irrésolu, et plus souvent encore vous paraissez l'être. Si on met l'homme qui ne sait faire qu'une chose au-dessus de l'homme capable de toutes, c'est qu'en effet celui-ci a rarement sa place distincte dans la grande représentation des sociétés. On exige que tout homme prenne un parti, qu'il soit marchand ou guerrier, qu'il choisisse le froc ou la simarre. C'est d'ailleurs un moyen de savoir promptement quelque chose de lui; sans cela il faudrait ou se donner la peine d'étudier ses mœurs, ou se priver de porter un jugement sur sa personne. Celui qui aime à ne rien entreprendre lorsqu'il ne trouve rien de grand à faire, celui qui ne cherche que la vérité, qui est seulement homme, et qui n'a pas son rang parmi tant de comédiens, on le met au-dessous des autres; ne sachant trop comment l'apprécier, on affecte de le compter parmi les gens inutiles.

De serviles distinctions, des louanges insidieuses, des plaisirs apparens donneront-ils le bonheur, le contentement durable? La règle, l'union, la tempérance peuvent seules produire une véritable satisfaction, celle que chaque matin voit renaître et que l'âge même ne détruit pas. Cette modération est trop froide aux yeux de ceux qui s'habituent à confondre l'inquiétude avec l'énergie; comme ils ont fait des rapports de la société leur unique objet, ils pensent qu'on perd ses années quand ces soins frivoles ne les consument pas. Cependant, ou l'homme ne peut rien, et quoi qu'il fasse, ses années sont vaines; ou sa destination n'est pas de s'astreindre aux coutumes du monde. Si les lois premières sont invariables, si les idées absolues sont divines, si l'homme les entrevoit, cet être pensant doit vivre à jamais. Les choses immuables, devenues son aliment, le soutiendront à l'heure périlleuse. Assez indépendans pour nous occuper de ce qui ne doit pas périr, mais soumis par nos organes aux vicissitudes actuelles, nous flottons ici entre ces deux nécessités, les fins suprêmes et les fins passagères. Sans ignorer les unes, ne s'attacher qu'aux autres; ennoblir le présent afin de posséder l'avenir, telle doit être notre tâche, et telle est celle qu'on se propose quand on connaît le prix de la solitude.

SOIRÉE XVIII.

Des solitaires, etc.

C'est l'une des erreurs de notre temps *, de condamner sans exception la vie érémitique, ou même les statuts des communautés religieuses. Le point de vue sous lequel plusieurs auteurs considèrent ces institutions, paraît d'abord philosophique ; mais cette philosophie est aride et bornée **. Ils ont peu de connaissance de nos besoins, ceux qui croient les avoir tous satis-

---

* Il faut se rappeler que ce temps n'est plus le nôtre ; l'époque dont il s'agit a précédé de trois lustres au moins la révolution française.
Note de l'Éditeur.

** L'auteur du *Génie du Christianisme* a fait une réflexion fort juste. « Il y a, dit-il, des personnes qui méprisent, soit par ignorance, soit par préjugé, ces constitutions sous lesquelles un grand nombre de cénobites ont vécu depuis plusieurs siècles. Ce mépris n'est rien moins que philosophique, et surtout dans un temps où on se pique de connaître et d'étudier les hommes. » Ch. 4 du Liv. 3 de la IVe. partie.
Note de l'Éditeur.

faits, lorsqu'ils ont favorisé les inclinations les plus générales de leurs contemporains. Ce n'est pas une chose indispensable que les hommes qui ne labourent pas consument leurs forces dans les ateliers, ou montrent leur esprit dans les salons. De certaines républiques ont dû assujettir tous les citoyens à une même manière de vivre ; mais ailleurs, se soumettre à de simples usages, et sacrifier ses justes penchans aux goûts arbitraires de la multitude, ce n'est pas une louable déférence ; c'est une grande faiblesse, ou une grande simplicité.

Un temps se prépare où le génie politique n'étant plus qu'un esprit de calcul, tout homme qui aura quelque instruction sera regardé comme une machine qu'on voudra faire jouer de telle manière fixe et lucrative, d'une manière prescrite par l'intérêt public, ce grand moteur apparent, derrière lequel sont cachés tant d'intérêts personnels. Alors nul ne sera dispensé de prendre place dans les rangs industrieux de la société ; il ne sera plus permis de se soustraire à des chaînes qui sont indépendantes de la vraie loi des états, et que chaque individu devrait porter librement, ou rejeter selon ses idées ou son aptitude.

Cependant tel est ce perpétuel balancement

de l'imperfection et de la réparation des choses, qu'alors, sans doute, il s'élèvera en Europe un législateur puissant : il verra que la quantité des mouvemens en détruit l'énergie, et que d'ailleurs il devrait y avoir chez les hommes des combinaisons étrangères à celles du jour présent. Il examinera, il régénérera les instituts cénobitiques ; il voudra les rétablir sur des bases aussi religieuses, mais plus analogues à la moderne disposition des esprits. L'opinion qui les a condamnés indistinctement, parce qu'ils n'étaient point ce qu'ils eussent dû être, l'opinion même les admettra, lorsqu'on ne pourra craindre de voir renaître dans ces maisons le scandale des maximes contradictoires, ou les écarts d'un zèle dont la chaleur remplaçait passionnément les passions proscrites.

Je le dis à ceux qui gouverneront alors, et puissent mes paroles en être écoutées comme la voix d'un homme simple que rien ne trompe sur ce temps où il ne restera pas même un souvenir de ses jours, je le dis au nom des générations que je ne verrai pas : Entretenez des habitudes auxquelles on ne doit pas craindre que désormais beaucoup de personnes se livrent. Maintenez des sanctuaires silencieux; là se conservent les perspectives du monde éternel, les idées qui recomposent en quelque sorte l'homme moral, et qui peuvent le soustraire à la dégradation des siècles. Que le sentiment des choses infinies ranime les hommes, et les empêche de s'oublier tout-à-fait au milieu des distractions sociales ! Quelques-uns d'entre eux s'éloigneront du bruit ; ils voudront que leur pensée appartienne à celui que partout l'on adore, et qu'on néglige partout. Qu'ils demeurent aux confins de la terre, dans une région âpre et sublime ! Que cette communication subsiste entre le monde inébranlable et le monde qui périt chaque jour ! Si vous voulez que les esprits s'exaltent dans les ténèbres, et travaillent pour un but qui n'est pas ; si la race nombreuse qu'on retient dans la bassesse, doit abandonner, pour le sinistre assemblage de vos entreprises et de vos disputes, le vrai culte de celui qui est juste, qui est grand, qui est immuable ; que du moins cette tradition céleste soit perpétuée dans les landes où l'intrigue n'arrive pas, et dans les profonds ravins du désert !

Jamais cette indépendance ne deviendra séditieuse. La règle que je suppose sera douce, mais inflexible ; on ne l'aimera qu'avec des intentions pures, et on ne sera point excité à la suivre par le fanatisme, ou par une ambition secrète. On saura qu'à moins de renoncer pour toujours à ce genre de vie, on ne peut plus, sous aucun prétexte, s'occuper des affaires dont on s'éloignait, ou se livrer aux cupidités qu'on abjura. Les avantages d'une retraite choisie dans la sincérité du cœur, seront mieux sentis; et l'on observera plus exactement, on chérira les préceptes qui la rendent salutaire.

C'est là que, loin des hommes et des sourdes menaces de leurs rivalités, on étudiera l'homme, et on examinera toutes les formes dont il serait susceptible. C'est de la solitude que pourraient sortir les vraies institutions. Peut-être y découvrira-t-on ce qui procurerait enfin quelque bonheur public, soit chez les grands peuples, soit dans les réunions plus naturelles; peut-être même y consacrera-t-on les principes absolument méconnus qui un jour pacifieront la terre.

Craindriez-vous que ces hommes-là ne restassent trop étrangers aux progrès de l'esprit, à la politesse moderne? Malgré la multiplication des familles, il a fallu renoncer à un défrichement universel, et conserver des forêts, ces vieilles traces de l'état sauvage; il ne sera pas moins nécessaire de s'arrêter dans la culture des arts, et de prévenir l'uniformité de nos habitudes. En dépouillant l'homme d'une rudesse qui le ramènerait du moins aux choses sérieuses, l'abus de la société le livre à tout le ravage des petites passions. Ainsi, dans des lieux anciennement labourés, où il n'y a plus d'arbres, où rien n'arrête les vents, le sable devenu stérile, s'échappe, et découvre les roches caverneuses qui formaient les ossemens des collines.

Il y aura de grands changemens chez les peuples avant que des inclinations étrangères à celles qui forment les villes deviennent pour ainsi dire contagieuses ; si elles ont paru l'être, c'est dans des circonstances qui ne peuvent se renouveler aujourd'hui. L'enthousiasme de ces temps-là tenait essentiellement à de certaines opinions, à des erreurs même, à un certain état des lumières.

Ayez des hommes aux mœurs fortes, dont les conseils ou les préceptes ne soient suspects en aucun sens, des hommes qui, en s'élevant contre la corruption du siècle, ne paraissent pas eux-mêmes plongés dans les vanités du siècle, et qui puissent sans rougir prêcher la justice et parler du détachement des faux biens. L'autorité d'une vie irréprochable rendra plus solennelles ces voix qui des portes du sépulcre, ouvertes pour tous les mortels, ranimeront en vous un espoir que rien ne peut détruire, et vous entretiendront des mystérieuses grandeurs de la puissance qui gouverne à jamais.

Souffrez que du fond d'un asile, où on ne saurait nuire, on contemple d'un œil désabusé la bruyante affliction du monde. Vous n'en savez pas tout le désordre, vous dont ces fumées étourdissent les sens. Remarquez, en approchant des grandes villes, l'atmosphère épaisse où vivent tant d'êtres qui se promettent d'y jouir comme ailleurs de la sérénité des cieux : cet air fétide les suffoque les uns après les autres; mais chacun pense que cela n'arrive que par hasard, et nul ne cesse de se déguiser l'étendue de ses maux. Souffrez, dis-je, qu'un petit nombre d'hommes s'éloignent de cette déplorable agitation. Ces insensés qui viennent et retournent, qui se hâtent, qui se précipitent, si vous n'étiez pas agités vous-mêmes, vous les verriez semblables aux troupes qui jadis célébraient les Bacchanales. L'égarement dans les yeux, les traits défigurés par une joie contrainte, ils s'irritent mutuellement, sans autre dessein que de continuer le bruit; et, au milieu de leurs transports, ils rebâtissent ce que dans l'instant même ils ont renversé avec acharnement. Quelquefois ils s'arrêtent, ils paraissent souffrir; l'on croirait qu'ils vont examiner leur situation; mais aussitôt ils se mettent à rire les uns des autres avec le sang-froid le plus funeste.

Regardez de loin le tableau qui réunit toute la race des hommes, vous verrez quels traits misérables sont cachés sous un coloris trompeur. Vous observez quarante siècles, vous en calculez les dates; mais le produit général, vous n'y songez point. Vous avez peu senti la honte de ces nombreuses vicissitudes que vous comparez pour votre amusement. Inimitiés brutales, et préjugés opiniâtres des peuples naissans; vérités tenues secrètes par un groupe de conjurés; castes entières dévouées à l'infamie, et servitude absolue d'une grande partie de la population; les tribus prosternées devant des charlatans maladroits et des autels impies; plus d'hommes sacrifiés dans les inutiles représailles des combats que n'en contiennent à la fois toutes les plaines du globe; vos nations si vantées de l'Archipel se trompant et se massacrant sans relâche; le sénat d'une bourgade du Tibre fatigant de son agrandissement cinq siècles et vingt contrées, pour fléchir enfin le genou devant quelque soldat heureux, quelque triomphateur extravagant ou ignoble; et dans cette glorieuse Rome, plus de barbarie et de lâches attentats répétés habituellement, publiquement, légalement, que n'en imaginent ailleurs les criminels qu'on livre aux supplices. La Scythie encore sauvage inonde l'Europe; l'Europe, plus éclairée, dévaste l'Amérique. Un perpétuel oubli des sentimens religieux, un perpétuel égoïsme fait succéder aux fureurs de la haine l'opprobre des perfidies, et aux emportemens du fanatisme des turpitudes hypocrites. Pas un jour, pas un moment où les larmes du juste ne coulent dans toutes les régions. Et, de peur qu'enfin le mal ne cesse, une odieuse gaieté mêle ses éclats à tant de cris lugubres. Les esclaves sont fustigés auprès de la salle du festin; on danse sur le champ de carnage; on chante auprès des cachots : partout, jusque dans ses inadvertances, l'homme est le bourreau de l'homme; il l'est au milieu des voluptés et des arts, il l'est après dix siècles de raisonnemens, il l'est sous l'œil de son Dieu. Les prétentions sociales le frappent d'un vertige moins cruel au dehors, mais aussi désastreux dans ses effets que l'aveugle grossièreté des premiers âges. Quoi, j'aimerai vos fêtes, j'admirerai vos travaux; je recevrai vos honneurs, et je serai vain au milieu de vos joies ! Non, je ne prostituerai pas ce rayon d'intelligence que m'accorda le bienfaiteur du monde! Cependant (je le dis par conviction plus que par humilité), je ne suis pas meilleur que beaucoup d'entre vous. Je peux m'égarer moins sous quelques rapports, mais c'est parce que je vois d'une distance plus grande les tristes fruits de tant de mouvement. Heureux le jour où j'ai perdu ces biens! Pour jamais j'ai cessé d'être complice de l'iniquité de vos mœurs, et d'autoriser par ma présence tout ce qu'il faudrait souffrir même en désirant la justice.

Ne dites point que dans la retraite on devient sombre par habitude, ou par mécontentement; ne dites pas qu'il faut s'en rapporter aux hommes du monde sur une manière d'être que seuls ils connaissent. Sollicités sans relâche et presque toujours passionnés, ces hommes-là voyent-ils mieux que celui qui vit dans le silence et la liberté? Ils peuvent découvrir plusieurs secrets de la scène où ils figurent, mais ils en oublient l'aspect général? Environnés de ces objets, ils ne doivent pas en saisir l'ensemble. Ils comparent la vie artificielle, qui les occupe entièrement, à la vie retirée dont ils n'ont pas fait l'essai, et dans laquelle ils ne voient que l'absence de tout ce qu'un long usage leur fait regarder comme indispensable. Mais moi, je compare les villes que j'ai vues, et que je crois avoir jugées sans prévention, à la solitude que je connais, et où je trouve une partie plus paisible des affections du cœur, un développement plus heureux des beautés de l'œuvre divine. Quand le caractère est très-faible, l'uniformité d'une vie obscure entretient quelque humeur jalouse contre les distractions de l'opulence; mais on ne peut guère attribuer ce sentiment qu'à ceux qui, dès leur jeunesse, auraient vécu dans les privations : ce ne sont pas les prétendus chagrins de la retraite qui inspirent à des hommes habitués à la société, de l'éloignement pour cette société même et la résolution de la quitter pour toujours.

Un esprit léger demandera quelle est cette fantaisie de s'interdire les amusemens, de mettre sa satisfaction à étouffer ses désirs, et d'imaginer une tranquillité que la nature n'indiquait pas. Mais au contraire, c'est la nature même qui oppose à notre intempérance, à notre sensualité, d'autres impressions aussi fortes et plus heureuses. Il est conforme à la loi générale de chercher un asile contre l'erreur des lois humaines. La retraite n'est pas le lieu des plaisirs apparens, et vous n'y vivrez pas si vous voulez que vos avantages consternent les envieux. Mais cette jouissance dépravée n'est pas la seule dont le cœur soit susceptible ; il en connaît de plus légitimes ou de plus mâles, et la tristesse fait aussi partie de ses vastes besoins. Les privations d'une vie simple n'ont rien de pénible quand l'âme n'est pas inquiète. Il nous faut de la douleur ; tous les jours, vous l'éprouvez vous-mêmes. La sagesse du solitaire consiste à mettre sa joie dans les choses honnêtes, à la prolonger par la modération, à n'éprouver guère que des peines volontaires, en jouissant d'une espérance inépuisable, à chercher enfin dans l'oubli des villes le repos le plus constant que l'on puisse trouver aujourd'hui *.

---

* « Lorsque les maux des siècles barbares se sont évanouis, la société, si habile à tourmenter les âmes et
» si ingénieuse en douleurs, a bien su faire naître mille
» autres raisons d'adversité qui nous jettent dans la so-
» litude. Que de passions trompées, que de sentimens
» trahis, que de dégoûts amers nous entraînent chaque
» jour hors du monde..... C'est une philosophie bien
» barbare, et une politique bien cruelle que celles qui
» veulent obliger l'infortuné à vivre au milieu du
» monde..... N'en doutons point, nous avons au fond
» du cœur mille raisons de solitude : quelques-uns y sont
» entraînés par une pensée tournée à la contemplation ;
» d'autres, par une certaine pudeur craintive qui fait
» qu'ils aiment à habiter en eux-mêmes ; enfin, il est
» des âmes trop excellentes qui cherchent en vain dans
» la nature les autres âmes auxquelles elles sont faites

Se condamner à la retraite, c'est, répétera-t-on, se priver du moins des agrémens de la vie présente. C'est en effet renoncer à beaucoup de choses, à des embarras inutiles, à des jouissances trompeuses; c'est négliger cette vie extérieure que l'on ne sent jamais avec plénitude, pour vivre au dedans de soi, pour rester libre; c'est se délivrer de la prétention de jouir plus que les autres, et du soin de préparer, de calculer des plaisirs, occupation qui doit en donner si peu; c'est quitter le spectacle des affaires et des divisions pour celui de l'ordre général, et abandonner le rôle contraint que l'on eût pu remplir dans la foule pour se trouver en relation avec les sages; c'est enfin songer à cette partie de soi-même qu'il faut régler, afin de voir sans terreur la rapidité des jours que suivront les périls de la mort.

Tous les bons esprits approuveraient la retraite, si les abus n'avaient été souvent confondus avec la chose même. Sous des lois diverses, chez les chrétiens comme chez les infidèles, dans les Indes, dans le Japon, dans la

---

» pour s'unir, etc. » *Génie du Ch.*, ch. 3 du Liv. III de la 4ᵉ. partie.

Note de l'Éditeur

Thébaïde, les pratiques de la pénitence se sont éloignées du véritable esprit de la solitude. Quelquefois, quand nous sommes honteux de notre faiblesse, cette honte nous conseille des efforts déraisonnables. Quelquefois aussi des passions opiniâtres se déguisent sous une nouvelle forme, et on les retrouve jusque dans le renoncement aux objets ordinaires de nos passions. Ces causes et d'autres encore détruisirent la paix des moines ou des anachorètes, et substituèrent aux pompes du monde le faste des macérations, et celui même de l'humilité. Au vrai courage, l'on joignit un faux zèle : on ne se borna pas à repousser ce qui est injuste, à éviter tout ce qui est téméraire, tout ce qui s'écarte de la loi sainte; l'on s'empressa de se faire un mal infructueux, parce que le bonheur semble étrange aux hommes dès qu'ils ont l'expérience de leurs misères. La vue de toute une multitude qui recherche des plaisirs impurs, conduit à penser qu'il se trouve quelque chose d'immoral dans la satisfaction. Une âme timorée craint le contentement, elle en a peur comme d'un écueil. Cependant si cette erreur l'affaiblit bientôt, si elle fait consister toute sa vertu dans la patience, dans l'art de souffrir, c'est faute d'avoir anciennement pratiqué la vertu réelle, qui paraît d'abord rigoureuse, mais qui est en effet douce et féconde.

Que pourrait-on objecter de sérieux contre l'humble indépendance d'un homme qui aspirerait seulement à l'oubli, et qui ne demanderait que la permission d'occuper un vallon de difficile accès, où nul autre n'aurait voulu établir sa demeure ? Vous affectez de ne voir que les inconvéniens de la vie des solitaires. J'admettrai cette supposition que la plupart d'entre eux ne cultivent pas les champs, et qu'ils ne participent presqu'en rien au travail de la société. Mais, en cela même, seraient-ils plus blâmables que tant d'hommes du monde qui jouissent de tous les arts sans rien faire pour les perpétuer ? Ceux-ci prétendent que s'ils dépensent leurs revenus, ils remplissent par cela seul leurs devoirs ; mais ils se trompent, l'argent qu'ils versent serait mieux distribué si on ne l'avait pas amassé pour eux. Ces hommes, qui se croient utiles parce qu'ils sont riches, n'ajoutent point à la masse des biens, et ne contribuent point à cette abondance des choses dont ils usent particulièrement. Et qu'ils ne disent pas que du moins ils remettent dans la circulation l'argent qui est à eux, et qu'ils pourraient enfouir! Cet argent n'est pas à eux, s'il n'est pas le fruit de leurs propres sueurs. La loi établit les héritages dans beaucoup de pays, mais c'est une disposition qui dépend du législateur. Si de grands biens laissés par vos ancêtres vous sont accordés, c'est à cette condition expresse ou tacite que vous les ferez valoir par des moyens entre lesquels vous pouvez faire un choix, mais qui tous doivent être conformes à l'intention générale.

Si on consomme sans reproduire, si l'on évite même les liens de famille, dans la crainte de perdre le privilége qu'on usurpe, et de supporter du moins sous quelques rapports les charges publiques, on est plus étranger à l'œuvre commune, et plus loin de coopérer au bien de tous, que les hommes qui, vivant isolés ou réunis en communauté, s'occuperaient obscurément et pourvoiraient à leurs propres besoins. Plusieurs de ces solitaires devraient leur subsistance au travail de leurs mains, à divers soins dont ils se chargeraient dans les campagnes ; et ceux même qui ne travailleraient pas, nuiraient moins à l'ordre civil que des riches oisifs, trop souvent approuvés par les réformateurs dont il s'agit ici.

J'irai plus loin, parce que ce serait aussi une faiblesse de garder beaucoup de ménagement pour des faiblesses qui favorisent la criminelle réunion de l'indigence et du luxe; je joindrai, à tant d'individus qui ne font rien parmi vous, ceux qui font des riens, qui fabriquent vos dentelles, vos statues, vos fusées, ou qui se rendent illustres par des danses et des déclamations *. Mais que blâmer chez des gens qui plaisent aux gens qu'on envie? Trouverez-vous mauvaise l'activité de celui qui devient recommandable en prenant à propos un cuisinier à ses gages, ou l'industrie de ceux qui, se traînant à la suite du riche, prétendent rechercher la gloire?

Est-il donc inévitable, est-il juste de condamner à la vie du monde les hommes chez qui les illusions se trouvent détruites, ou par la réflexion, ou par le malheur? Dès long-temps ils n'ont plus vos espérances : laissez-les s'attacher à celles que vous abandonnez. Parviendrez-vous à leur faire croire de nouveau que la raison et le cœur peuvent être satisfaits sur ce globe? Cependant, disent-ils, le bonheur nous est nécessaire, et il semble dans la force de nos dé-

---

* L'Éditeur pourrait interpréter ce passage et le réduire à sa juste valeur; mais il a pris le parti de ne faire aucun changement de ce genre: il y trouve l'avantage de n'être, pour ainsi dire, responsable de rien en particulier.

sirs nous être déjà connu; il cessera donc d'être inaccessible; l'éternelle bonté accorde peu de chose dans la vie passagère, afin de tout donner dans la vie permanente. Ce grand espoir paraît confirmé par l'étendue, par la sublimité des impressions religieuses; et sans doute c'est à dessein qu'il fut mis en nous, puisque rien n'égale la sécurité d'une âme occupée des seuls biens que le temps ne saurait affaiblir.

On méditait sur cette destination de l'homme, dans les anciens monastères où le mépris des joies apparentes offrait quelque avant-goût d'une vraie félicité. Le souvenir des biens réels est un monument de notre grandeur au milieu des maux, de cette grandeur maintenant étrangère en quelque sorte, qui souvent nous soutient et souvent nous importune; comme s'il nous convenait à la fois, dans un lieu d'exil, de ne point l'oublier et de n'y avoir plus de confiance. Cette vie cénobitique fut un produit du beau ciel des Indes, ou peut-être de l'Arabie. Un été continuel engage à s'éloigner des villes; et, vers l'Orient comme ici, beaucoup d'individus ne trouvent pas dans le cours ordinaire des passions, ou dans la rumeur excitée par un grand amas d'hommes, ce qu'en tout pays, des cœurs prévenus peuvent seuls y chercher.

Non-seulement ces idées de l'avenir nous dédommageraient pleinement du sacrifice des biens de la terre; mais ces biens même se retrouvent pour la plupart dans la solitude, et on en jouit mieux lorsqu'on n'est pas obsédé sans cesse par les assujettissemens, les ennuis des villes, par des émotions dont le mélange altère nos plus belles facultés. Les habitudes laborieuses, et le sévère régime d'un homme qui s'est séparé pour toujours des choses superflues, diminuent peut-être l'impétuosité des sens, et paraissent ralentir d'abord le feu même du génie; mais c'est en y substituant une pensée plus exacte ou plus profonde, une vigueur plus tranquille, une santé parfaite. Cette situation diffère beaucoup de l'épuisement que l'excès occasione, ou de la langueur que les chagrins produisent. La santé nous aide à remplir nos devoirs; elle nous rend facile la fermeté de l'âme, et elle donne du prix à la suite des heures : la santé est dans la vie ce qu'est la pureté de l'air dans le spectacle de la nature. Nos désirs sont calmés sans être éteints, et avec moins de diversité ils ont plus de noblesse; c'est l'effet d'une belle nuit, dont les ombres légères, en nous ôtant la vue de quelques objets rapprochés, mais circonscrits, offrent à nos méditations tout l'espace des cieux.

La solitude n'est triste que pour l'âme qui n'y est pas préparée. Dans le premier instant, l'on y trouve en effet quelque vide; il faut savoir le remplir. On ne le peut si l'on prétend écouter encore des promesses illusoires, et si on oublie combien la liberté est favorable aux vertus. Sans doute, il ne suffirait pas précisément de vivre obscur pour vivre heureux. Par cette obscurité l'on peut éviter le malheur; mais, pour aimer l'existence, il faut s'attacher à la sagesse. On n'a plus à craindre le retour des fantômes, quand on les a vus réduits à leurs vraies dimensions; en approchant de la vérité, l'on oublie les peines de l'esprit, et l'on trouve assez d'activité dans ce repos.

Dans la vie ordinaire aussi l'on peut observer fidèlement la loi; mais cette pratique des devoirs y rencontre plus d'obstacles, puisque la paix y est troublée sans cesse. Partout l'anxiété nous menace, du moins par intervalle : mais l'anxiété du solitaire n'est qu'un nuage dans un jour serein; celle du commun des hommes ne leur laisse qu'une fausse joie, semblable à la réverbération des frimas en l'absence du jour.

Connaissez-vous un être vicieux dont le visage paraisse calme jusque dans l'âge de l'expérience et de la réflexion ? Cet indice d'une âme saine, d'une âme libre, ne se voit que chez ceux qui ont su résister à l'enivrement du plaisir.

Non, les solitaires ne sont pas condamnés au silence ; ils entendent beaucoup de choses qui se passent au loin, et que vous ne pouvez connaître, parce que les mouvemens humains vous rendent sourds à l'harmonie des mouvemens de l'univers. L'oreille, ainsi fatiguée, se ferme aux accens d'une si pure éloquence. Habitués à n'écouter que les hommes, à ne recevoir que des impressions très-variables, vous n'appréciez que les beautés de l'art, vous n'êtes émus que selon les convenances de la société. Retenus par de tels liens au milieu d'une étroite enceinte, où le calme ne se trouve jamais, bientôt vous vous figurez que dans celui qui règne au dehors, la vie doit s'éteindre. Mais n'y serait-on pas au contraire d'autant plus fort que l'on y est moins agité ? Remarque-t-on, dans la démarche des gens robustes, la précipitation de ceux dont les nerfs sont affaiblis, et qui hâtent leurs pas sans pouvoir abréger le temps du trajet ?

Soumis à des besoins multipliés, les hommes qui blâment la retraite semblent n'avoir aucune idée de l'indépendance de la vie, ou de la douce possession des choses simples. Leurs cérémonies, leurs dignités, leurs jaloux efforts les troublent, et les rendent incapables d'apercevoir un ordre divin dans les incidens de la matière. C'est ainsi que des vapeurs suffisent pour intercepter les puissans rayons du jour. La vraie force renouvelle toutes choses, mais il faut désirer de la découvrir : vous vivons loin des cieux, les exhalaisons qui s'élèvent d'une terre immonde, obscurcissent pour nous les caractères de la loi. De certains sons, de certaines odeurs semblent d'abord entraîner la pensée au-delà des lieux visibles : mais de telles sensations, trop fugitives, sont, pour ainsi dire, inexprimables ; ne sachant comment les communiquer pour en tirer quelque gloire, vous les abandonnez promptement, et le cours des choses présentes vous ramène sous le joug. Cependant les jouissances qui appartiennent à l'ordre universel auraient un grand charme dans nos souvenirs ; par ces images de l'infini, la sagesse a voulu nous apprendre que, même dans la sphère de nos attributions et de notre espérance, ce que nous connaissons est moins grand que l'inconnu.

Sans le monde éloigné, quelle serait cette espérance? Si tout ce que nous pourrons obtenir se réduit à ce qui ou devant nos yeux, déjà nous avons tout perdu; que les autres hommes nous plaignent ou nous félicitent, notre partage est également borné, notre malheur est également certain. De votre vivant même, que posséderez-vous? Quand la fortune vous paraît contraire, quand elle vous refuse ses dons trop faciles à compter, que vous reste-t-il? le dénûment ou la mort. Et si, par une fatalité plus grande, ces biens vous sont prodigués, surpris de ne rencontrer que des lueurs impalpables, vous avancez précipitamment; le même jour, les apparences se dissipent, l'air vous manque, vous vous croyez au terme de toute chose, et votre cœur se perd dans le vide. Triste condition des hommes qui se séparent de l'infini, pour se renfermer dans un cercle de petitesses, et pour se soumettre à de vils appétits moins durables encore que leur facultés mortelles!

SOIRÉE XIX.

De la paix intérieure, etc.

J'ai vu des hommes satisfaits, sous une règle exacte ; tout montrait en eux combien est salutaire la tempérance qu'on a sincèrement embrassée. Deux dispositions de l'esprit humain : se livrer au cours des choses tant qu'elles ne sont pas répréhensibles ; et toutefois travailler à obtenir des temps meilleurs ; ces deux lois naturelles faisaient leur force et leur tranquillité. Être volontairement docile, c'est peut-être la seule liberté ; jouir par l'espérance, c'est peut-être le seul bien du cœur. Des délibérations tout-à-fait indépendantes, et la vive poursuite du plaisir, s'accorderaient mal avec l'état présent du monde, avec l'étendue de nos connaissances, et la dangereuse multiplicité des objets de nos vœux.

L'esclave de la volupté se laissait enivrer de joie ; cette confiance n'est plus, et chaque jour accroît sa lassitude. Ses yeux abattus, ses traits chagrins que fatigue un rire affecté, ses lèvres auxquelles l'amour du vrai n'a jamais donné d'assurance, tout rappelle le cœur imprudent qui méprisait les remords, et que les remords occuperont désormais. Plus fortuné dans son choix, et soumis à la volonté suprême autant que le peut celui qui ne la connaît pas bien encore, l'homme juste montrera sur son front toujours égal un premier sentiment des félicités qui remplissent les cieux. L'imposture n'a point souillé sa bouche, le vice n'a point troublé ses regards ; sa physionomie conservera cette expression d'un religieux bonheur que les artistes, dans leurs suppositions, doivent donner aux habitans des plaines éthérées, quand il leur attribuent un corps semblable au nôtre.

Examinez cette paix, qui à son principe dans la paix de l'âme ; vous reconnaîtrez que la vertu ne semble d'abord si pénible et si laborieuse que par une suite de notre aveuglement. Vos funestes coutumes vous persuadent qu'on ne peut changer de manière d'être sans tout abandonner, et que vivre comme vous ne vivez pas, ce serait renoncer à la vie; mais c'est au contraire échapper à la servitude, et retrouver de grands biens à l'abri des maux réels : *Nolite solliciti esse*[1]. « Qu'il est doux au milieu des injus-

---

[1] Mathieu, 6.

tices des hommes, au bruit des tempêtes de la fortune et des secousses du malheur, de se reposer dans un favorable abandon [1]. »

Rien d'éclatant n'indique au dehors ces jouissances d'une âme qui n'a pas à se faire des reproches essentiels, et dont l'espoir n'est point détruit. Si ce bonheur était plus visible, plus connu de ceux qui ne le possèdent pas encore, nul ne voudrait monter sur la triste scène du monde, et se jeter dans les embarras des plaisirs. Mais alors il serait trop simple d'être homme de bien, le mépris des passions deviendrait trop naturel, et notre vie ne serait plus ce qu'elle doit être dans les desseins de la providence. Heureux celui qui résiste à la tentation! heureux, sur la terre même, celui qui ne croit pas à ce qu'on appelle les biens de la terre! Ses malheurs auront des bornes; jamais il ne maudira la vie, jamais les hommes justes n'en méconnaissent les naturelles douceurs. L'égarement de la volonté nous livre seul à cette peine d'esprit qui fait haïr l'existence; le mal que nous ne pouvons supporter, c'est le mal que nous apercevons en nous-mêmes.

L'ordre est le but nécessaire de la réflexion;

---

[1] Young, 19e. Nuit.

toute discordance nous choque tôt ou tard, et ceux mêmes qui paraissent ennemis de la raison, n'altèrent l'ordre général qu'en s'attachant à établir un autre ordre qui leur offre des avantages personnels. Quand l'imagination se passionne, elle nous propose des plans dont elle nous déguise l'imperfection ; ce n'est qu'en séduisant notre intelligence, qu'elle nous porte à contribuer au mal. Après l'action, disait un philosophe d'Alexandrie, la volupté demeure si l'action est bonne; mais si elle est mauvaise, la volupté se corrompt. « Si l'on fait avec plaisir quelque chose de honteux, la honte survit au plaisir; si l'on fait avec peine une chose convenable, la peine passe, et le beau reste seul : ainsi la prudence donne autant de joie, que la perversité produit d'amertume [1]. »

Quand un homme se perd, ce n'est point à dessein; mais il s'égare parce que sa vue n'est pas assez forte. Ce qu'il préfère lui paraît bon sous de certains rapports, il ne voudrait pas ce qu'il croirait ne pouvoir justifier. La précipitation des jugemens d'autrui fait un grand nombre de victimes; cependant ces infortunés sont-ils sans consolation? une erreur étrangère peut-

---

[1] Hiéroclès.

elle les accabler s'ils ont eux-mêmes quelque sagesse? ne voient-ils pas l'ordre universel, l'ordre indubitable?

Pour être vraiment sensible à l'ordre, il faut l'aimer toujours, il faut avoir réprimé assidûment ses propres affections. Les maux du dehors se réduiront à une simple importunité. L'on parviendra même quelquefois à les trouver favorables; c'est peut-être en jouir que de lutter en commun pour les écarter. *Gaudete, fratres, perfecti estote, exhortamini, idem sapite, pacem habete; et Deus pacis et dilectionis erit vobiscum*[1].

Mais quand le mal est en nous, bientôt nous le croyons irrésistible. C'est une fatigue trop grande de se garantir d'une attaque perpétuelle, de se séparer de soi-même, de se dire chaque jour: Ce que je désire, je ne le voudrai point, et je marcherai sans relâche contre le penchant qui m'entraîne. Cette opposition, entre les vœux et la raison, entre l'habitude et les résolutions nouvelles, ces efforts contre nous-mêmes, voilà les véritables peines du cœur, les seules qui nous réduisent à nous plaindre du bienfait de la vie.

---

[1] Saint Paul aux Cor., II, 13.

Le sage ne sera pas entièrement malheureux dans le malheur même; il saura éprouver sans murmure des privations, des difficultés qui fournissent à la vertu de nouveaux moyens. Je n'ai pas toujours vécu dans la retraite, j'ai connu l'inquiétude; mais après un moment de faiblesse, j'ai senti que les maux qui m'avaient accablé, m'auraient à peine semblé des maux, si j'en avais jugé plus sainement. Au lieu d'étendre mes réflexions sur d'autres années, et sur l'ensemble des choses, ou de chercher des forces inépuisables dans les préceptes de la voix qui soulage la terre, et qui réjouit les cieux, je considérais trop les inconvéniens qui m'avaient frappé, j'observais trop curieusement ces lugubres images que mes yeux prévenus agrandissaient encore. Nous souffrons plus de notre propre humeur, que des accidens qui l'occasionent; un ancien l'a dit : L'impatience dans l'affliction est le comble de l'affliction.

Vous qui êtes jeunes encore, ne comptez pas sur la mobilité de vos sentimens, et ne regardez point comme passagère la faiblesse qui vous empêche de surmonter vos chagrins. Chassez au loin tous ces nuages. Le temps, dites-vous, les rendra moins épais : cela ne suffit pas; s'ils s'arrêtent sur l'horizon, ils doivent obscurcir vos années futures. Nous croyons oublier l'ennui ou les dégoûts, mais il reste toujours quelque chose de l'amertume qui s'est introduite au fond du cœur: on s'habitue à se laisser abattre, on devient le jouet des hommes et des circonstances. Si l'âme est subjuguée un moment, peut-être perdra-t-elle sans retour quelque portion de sa liberté. Quand vous courbez la tête sous le poids des afflictions, êtes-vous certain de reprendre ensuite l'attitude de vos jours tranquilles? De degrés en degrés nos gémissemens, nos transes, nos alarmes nous fatiguent et nous brisent; de degrés en degrés celui qui donne au monde un tel ascendant sur lui-même, se rend l'esclave du monde. Les ressorts de la vie morale seront usés par notre négligence; et, après avoir manqué de résolution, nous ne trouverons plus de forces, plus de ressources. Dans un âge avancé, combien seront à plaindre les hommes qui durant la vigueur de l'âge auront été sombres et soucieux avec tant d'imprudence. Les plus lents effets de notre accablement deviennent les plus redoutables; presque toujours le malheur et l'incapacité du vieillard sont le fruit, et comme le souvenir de tant de peines dont il n'a pas su jadis repousser les attaques, ou qu'il n'a pas craint de multiplier en obéissant à ses passions. *Ossa ejus implebuntur vitiis adolescentiæ ejus*[1].

C'est notre devoir, comme notre intérêt de prendre tous les soins propres à nous maintenir dans le repos. Que ferons-nous pour les autres, quel appui trouveront-ils en nous, si nous ne savons pas rester maîtres de nous-mêmes? Pourquoi sommes-nous affligés quand nous n'avons pas l'approbation des hommes? L'opinion devrait être sans importance pour celui qui ne peut en oublier les écarts, et qui, voyant le terme prochain de ces clameurs, espère trouver ensuite un juge infaillible et indulgent. Pourquoi souffrons-nous de la seule vraisemblance des peines? Serons-nous plus forts contre les maux en les réunissant par la pensée, en nous chargeant d'avance de tout ce qui peut nous arriver un jour? *Crastinus dies sollicitus erit sibi ipsi; sufficit diei malitia sua*[2].

Si vous avez une fois reconnu tout le danger de la faiblesse, désormais les calculs de votre prudence n'affecteront point votre cœur, et l'avenir le plus menaçant vous laissera beaucoup de liberté. Cessons de vouloir déterminer les

---

[1] Job, 20.
[2] Mathieu, 6.

événemens, comme si c'était à notre volonté que le monde dût obéir : il suffirait de les préparer autant qu'il est en nous; la réussite dépend des forces générales que nous ne pouvons ni changer ni connaître.

Une entreprise vous paraît-elle louable, vous en désirez opiniâtrément le succès. Plus sage et plus soumis, vous verriez que c'est assez d'en avoir eu l'intention. Nous appartient-il de suspendre les lois premières? Si nos bons desseins ou nos projets les plus honnêtes étaient toujours réalisés, le monde changerait d'aspect, et la vertu, n'ayant plus à livrer les mêmes combats, perdrait peut-être ses plus précieux avantages. Toute passion est pernicieuse, jusqu'à celle qui se propose un objet respectable; et le désir le plus légitime devient mauvais, s'il devient extrême. « Quiconque agit dans le dessein de plaire à Dieu....... ne doit vouloir que cette seule chose [1]. » L'amour déréglé et la vaine crainte sont les deux sources qui produisent toutes les inquiétudes du cœur, et toutes les distractions de l'esprit... Qu'y a-t-il de plus paisible que l'œil simple, et de plus libre que le cœur qui ne désire rien sur la terre [2]? »

---

[1] Combat spirituel, 10.
[2] Imitation, liv. 3, ch. 31.

Ce sacrifice des intérêts actuels n'est difficile que pour une âme qui n'a point d'autres vœux à y substituer. Considérez la force des causes générales, et le développement des temps ; vous verrez avec plus d'indifférence ces diverses minutes qui, riantes ou tristes, vous conduisent sans retour aux derniers regrets de l'extrême vieillesse.

Et si ma pensée elle-même devait finir, que me servirait, en mourant, d'avoir eu la veille plus de prétentions et plus d'affaires ? « Les méchans, dit Isaïe, sont comme une mer toujours agitée ; il n'y a point de paix pour les méchans. » La paix appartient au juste, parce que le présent a peu de valeur à ses yeux, et qu'il entrevoit dans l'avenir des sujets d'espérance. S'il croit à la vie future, l'obscurité de l'heure funèbre ne lui inspire aucune terreur, la lumière des cieux reparaîtra. Quelles que fussent même ses opinions, il pourrait voir de sang-froid s'approcher cette dernière heure ; la mort sera le commencement d'un profond sommeil, ou d'une saison plus belle que le printemps de la terre. Il ne redoute ni la solitude, ni l'épaisseur des forêts. Loin des hommes, et au milieu des ténèbres apparentes, il reçoit un avertissement plein de consolation; c'est alors que tout répète : Celui qui donne la fécondité aux feux du jour, et qui multiplie les parfums de l'aurore, commande aussi dans la nuit, et dirige ce qui se passe au fond des abîmes.

La perfection de la santé résulte du mouvement réglé des fluides, ou de la secrète aptitude de nos organes; elle ne dépend pas immédiatement du vent qui règne, de l'air suave qu'on respire, de toutes ces choses extérieures qui peuvent être communes à tant d'hommes malades ou convalescens, robustes ou infirmes. C'est ainsi que la santé de l'âme, l'heureux accord des penchans et du devoir, se rencontrent chez l'homme juste, dans l'adversité même ; tandis qu'au milieu des fêtes, ceux dont la jeunesse fut insatiable, occupés désormais d'adoucir le poison qui s'insinua dans tout leur être, s'apercevront qu'il n'est plus de joie, et que l'impatience ou la crainte forment enfin leur seul partage. *Væ, vobis divitibus, quia habetis consolationem vestram : væ vobis qui saturati estis, quia esurietis : væ vobis qui ridetis nunc, quia lugebitis et flebitis.*[1]

Vous vous attachez à rendre les événemens

---

[1] Luc, 6.

conformes à vos désirs; mais c'est une entreprise incertaine, et un travail qu'il faudra recommencer toujours. Il vous serait plus facile de vous réformer vous-mêmes, et d'obtenir par la résignation cette paix intérieure que la faveur des circonstances ne vous procurera pas. Il y a beaucoup de douceur dans l'acquiescement aux volontés de Dieu; cette sécurité est d'autant plus précieuse qu'elle embrasse tout l'avenir. *Beati qui patiuntur propter justitiam! Gaudete, et exultate, quoniam merces vestra copiosa est* [1].

Notre pensée n'a point de bornes fixes. Elle paraît faible comme nos organes, mais on sent toujours qu'elle est prête à s'agrandir; elle est captive, mais elle entrevoit son vaste domaine. Que notre attente ne soit donc limitée ni dans le temps, ni dans l'espace. Devenons dignes du jour meilleur qui nous est promis; et, dès à présent, soyons fermes et tranquilles : soyons heureux, parce que la vie réelle nous est destinée.

« Plus l'homme a de patience, est-il dit dans l'Imitation, plus il a de paix. Notre paix consiste plutôt à souffrir humblement ce qui s'op

---

[1] Mathieu, 5.

pose à nous, qu'à ne trouver rien qui nous soit contraire. Celui qui ne veut souffrir que de qui il lui plaît, et qu'autant qu'il lui plaît, n'a point de véritable patience [1]. » La douleur est bonne, et il est utile de la connaître dans la jeunesse ; en nous désabusant des faux biens, elle nous fait mieux sentir le besoin de pénétrer dans les secrets de la justice. Il convient que l'homme souffre, pour qu'il devienne sage, pour qu'il soit capable de contribuer à l'accomplissement de la loi : *Ut perfectus sit homo Dei, ad omne opus bonum instructus* [2].

Pourquoi tant de plaintes ! Ces maux d'un moment seraient pour vous des avantages réels, si vous aviez la sagesse. Toute espérance, dites-vous, est détruite. Il se peut que l'espérance d'un jour s'évanouisse en effet ; mais avez-vous donc détourné vos yeux des perspectives invariables ? Tout vous accable, ajoutez-vous. Cependant, de votre propre aveu, le discernement vous reste, vous jouissez de la vue, de l'ouïe, du sommeil. N'exagérons point nos peines ; elles sont peu de chose, parce qu'elles vont finir. En cela même, soyons justes, et afin d'être

---

[1] Liv. II, ch. 3; et liv. III, ch. 19.
[2] Saint Paul à Timoth., II, 3.

justes en tout, et afin d'être contens. N'accusons pas la fatalité. La providence nous conduit dans des voies secrètes; puisque ces voies sont les siennes, il faut les respecter, et il faudrait en aimer la rigueur même.

La raison fuit l'erreur de la joie, sans tomber dans l'erreur contraire; jamais elle ne conseille l'oubli des biens dont notre demeure est ornée. Jusque dans votre retenue, craignez de poursuivre quelque chimère. Evitez l'extrême repos; cette oisiveté morale serait peu conforme à ce que nous pouvons savoir de notre destination présente. Sans vous laisser jamais séduire, recevez les dons de la vie; aimez-les comme on peut aimer ce qui demain ne sera plus; mais désirez ardemment ce qui est souverainement désirable.

J'aurais voulu connaître à quels excès ont pu se porter, ou à quel point se sont arrêtés les sectateurs de l'ataraxie ancienne, du quiétisme moderne, et de la doctrine indienne du triple silence : j'ai renoncé à toutes ces recherches; mais, au fond de ma retraite, je me suis prescrit des règles inviolables, de peur de manquer, à mon insu, de modération ou d'activité. J'ai vu, dans cette contrainte volontaire, une conséquence des lois qui nous conservent nous-mêmes.

Serait-il mauvais pour nous de suivre selon notre propre raison le mouvement du monde? Se proposer d'obéir à Dieu seul, c'est à la fois la résolution la plus honorable et le travail le plus simple; c'est le repos des justes et la soumission des forts. Une si naturelle, une si précieuse dépendance n'est pas un joug, mais un soutien : *Venite ad me, omnes qui laboratis, et onerati estis;.. jugum enim meum suave est, et onus meum leve*[1].

---

[1] Mathieu, 11.

SOIRÉE XX.

Avantages temporels du juste, etc.

Ceux qui ne remarquent pas que tout s'éloigne à jamais, et qu'ils vont entrer dans le monde inconnu, ceux qui ne craignent pas de vivre dans l'erreur, se persuadent que, du moins pour eux, la vraie loi serait triste et toujours austère; ils prétendent qu'on leur propose un joug plus pesant que celui du monde. Quelle témérité, disent-ils! irons-nous choisir des champs épineux de la vie le plus stérile, le plus ingrat? nous reste-t-il des forces pour chercher, dans des lieux reculés, une route qui est peut-être inaccessible? Et cependant il est écrit: Délivrez-vous des soins terrestres; ne consumez pas dans l'affliction les jours accordés pour un usage plus heureux; élevez-vous par la pensée, je vous affranchirai, vous aurez toutes choses : *Omnia adjicientur*. Cette fausse prudence trouble votre âme; ces vœux, cette cupidité la dégradent. *Nolite soliciti esse in crastinum*, di-

centes, quid manducabimus, aut quò operiemur[1].

L'avenir temporel vous occupe trop; il absorbe votre temps, vos forces, votre patience. J'ai, dites-vous, ce qu'il me faut aujourd'hui, mais de nouvelles années enfanteront de nouveaux besoins. Que de biens me manqueront, et que de maux peuvent m'assaillir! Le guide céleste vous répond: Quittez toutes ces craintes, laissez ce fardeau sur les enfans du siècle. Que vous importe le lendemain? Ce qui doit être, s'accomplira sans votre prévoyance. Vous ne commanderez pas au souffle des vents, et ce n'est pas vous qui ordonnerez aux semences de germer dans la terre.

Parviendrez-vous à savoir ce qui vous est réservé? Quand vous vous réjouissez, peut-être le mal vous menace-t-il; et peut-être désespérez-vous au moment où vous allez recevoir des consolations. Votre inquiétude ne dévoilera pas ce que l'avenir recèle encore. Ces pensées inutiles vous affaiblissent, et sans cesse vous oubliez que vous perdez tout en perdant votre indépendance. Laissez les affections du monde à ceux qui se croient certains de périr avec le

---

[1] Mathieu, 6.

monde. Vous, ayez des désirs plus nobles, commencez un ouvrage indestructible. Suivez votre destination : que chaque jour vous rende meilleur, c'est votre seul besoin.

Jusqu'à quand serez-vous abusés par de grossières apparences; sur quelle terre croyez-vous vivre? Vous parlez de plaisirs ardens et de magnanimes entreprises. C'est trop oublier votre impuissance. Nous ne pouvons rien, nous ne sommes assurés de rien; réduits à nos propres forces, nous n'existerions pas. Ces vœux inconsidérés qui nous flattent d'abord, rendront plus amer le sentiment de notre faiblesse. Observez mieux le cœur de l'homme; il est passionné sans doute, mais ce qu'il veut dans cet empressement même, c'est un moyen de se reposer enfin. Les passions qui l'égarent ne pouvaient lui promettre autre chose que de le distraire de ses peines. Repos et modération, c'est la maxime de celui qui commence à se connaître.

Presque toujours notre première ardeur nous a jetés dans des chemins sans issue; les difficultés morales ne nous effrayaient pas encore. Une tardive expérience nous fait sentir dans quel dédale nous nous engageons, mais alors l'habitude nous persuade qu'il serait difficile de rétrograder, et plusieurs d'entre nous le croient impraticable. En effet, un seul moyen nous reste, il faut s'élancer tout à coup si l'on veut sortir du labyrinthe. Un mouvement hardi fera tomber toutes nos chaînes; brisons-les si nous ne pouvons les détacher. Jamais on ne s'arrêterait sur ces pentes rapides. Mais l'on n'attribue les faux pas qu'à des rencontres particulières, et, en se dissimulant qu'ils doivent être perpétuels sur le sol où on marche, l'on tombe enfin dans des précipices.

Tout vous inquiète, et néanmoins tout vous retient; tout vous attire, mais pour vous accabler : ce combat n'aurait pas de terme, fuyez donc, il n'y a point là de repos pour vous; fuyez, parce que le repos vous sera salutaire. Je ne puis, répondez-vous; des convenances, des devoirs même m'assujettissent encore pour un temps; mais ensuite je chercherai cette paix à laquelle je ne voudrais pas renoncer. Cependant l'expérience générale vous dit que ces délais se reproduiront, que tous vos jours seront semblables aux jours actuels; que les embarras ne cesseront point, qu'ils croîtront même; que les projets se multiplieront, et que votre faiblesse toujours plus grande appesantira vos fers. Si vous le vouliez, vous seriez libres;

mais vous attendez un moment où cette liberté soit facile à conquérir, et ce moment ne viendra pas. Des affaires ! en est-il d'autres que l'affaire de votre bonheur? Des devoirs ! les seuls devoirs réels sont ceux que vous négligez pour vous soumettre à des obligations mondaines.

Voulez-vous connaître la faiblesse de ces obstacles, et le peu d'importance des motifs qui souvent nous subjuguent? Figurez-vous que tout à coup la mort vous arrête, et que ces changemens dont vous n'osiez fixer l'heure, elle les fait subitement. Tout finit pour vous, vos rapports avec la terre sont interrompus; quelques minutes encore, et vous allez mourir. Dans une telle situation, de quelle perte êtes-vous occupé ? quel est le reproche qui vous déchire? J'ai perdu le vrai bien, dites-vous; c'est votre unique pensée. Quittez donc dès aujourd'hui ces désirs corrupteurs; délivrez-vous des sollicitudes qui renaissent toujours sans rien produire; abandonnez un travail si funeste : *Nolite solliciti esse.*

En négligeant les biens de la terre, vous aurez gagné beaucoup sur la terre même. Nul, après avoir joui d'une telle situation, ne voudrait recommencer le cours des orageux plaisirs. Ce n'est point que la vertu soit toujours naturelle, et que la vie la plus pure soit exempte de tristesse; mais quand on peut conserver la paix de l'âme, quand on oppose à des ennuis qu'un moment dissipe, des espérances dont l'objet ne périra point, n'a-t-on pas un sort préférable à celui des heureux du siècle? *Quærite..... justitiam, et omnia adjicientur vobis*[1].

Cependant la grandeur de ces espérances n'est pas la seule considération qui doive faire aimer la vie du juste. Il se pourrait qu'une telle perspective vous parût douteuse au milieu de l'obscurité présente. La passion alors triompherait-elle? Sera-t-elle regardée comme la fin des actions des hommes, sera-t-elle pour eux l'interprète de la nature? La passion est trompeuse: les appétits charnels ont été placés en vous, non pas pour vous diriger, pour vous éclairer, mais pour vous exercer; non pour suppléer à la prudence, mais pour lui fournir des occasions; comme moyen, et non comme règle, et moins comme guide que comme empêchement. Si même il n'était point d'autre vie, les passions seraient-elles moins déraisonnables? Supposons un lieu où elles règnent, y trouvera-t-on l'union et la tranquillité? y verra-t-on quelque

---

[1] Mathieu, 6.

marqué soutenue de cet ordre qui est à la fois et l'ouvrage et l'aliment de l'intelligence ?

Peut-être les mouvemens des sens, la peur, l'avidité, la colère, peut-être ces avertissemens suffisent-ils dans l'état sauvage ; mais pour nous la conduite de la vie n'est plus une chose simple, et notre raison peut seule juger de nos vrais besoins. Pourquoi rapprocher obstinément ce qui est inconciliable ? pourquoi perpétuer en soi-même la lutte des deux puissances contraires ? Éloignons sans retour l'inutile danger de ces guerres intestines. Vous reconnaîtrez bientôt que l'abnégation du fidèle est plus heureuse que la joie du méchant ; vous saurez que les peines d'un cœur droit ne sont point navrantes comme les angoisses d'un cœur toujours livré à de nouveaux regrets et consumé de désirs contradictoires. Vous le sentirez ; vous jugerez que ce n'est pas l'une de ces exagérations où peut tomber à notre insu l'esprit entraîné de conséquences en conséquences. Ce n'est pas l'un de ces écarts spécieux que l'on croit justifier par l'honnêteté des motifs, comme si, pour l'intérêt mal entendu de la vérité, l'on devait risquer en l'altérant de fournir à ses ennemis des prétextes nouveaux.

Le monde même, si vous savez l'entendre,

vous dira qu'après un peu de temps l'usage de tous ces biens ne vaut pas la satisfaction de se dire : Je n'en ai plus besoin. S'en priver volontairement, c'est la seule voie de bonheur que nos opiniâtres recherches aient pu nous faire découvrir. Rappelez-vous ces hommes que l'Orient et la Grèce ont admirés, ces sages dont la doctrine retardait l'avilissement des nations, et qui répandirent une lumière jusqu'alors inconnue : seuls constans, au milieu du tumulte, seuls satisfaits de leur sort, parmi les innombrables victimes des affaires et des plaisirs, ils fuyaient la joie, parce qu'elle n'est point ce qu'elle paraît être ; ils évitaient les prospérités, ils jouissaient d'un régime sévère.

Il avait dû leur en coûter sans doute ; l'on n'échappe pas facilement aux séductions qui depuis tant de siècles entraînent le genre humain presque entier. Mais les dédommagemens ou la récompense surviennent bientôt ; et, puisque beaucoup d'hommes recommandables persévérèrent dans une telle manière de vivre, et s'applaudirent chaque jour d'avoir fait un si heureux choix, on peut regarder comme l'effet d'une certaine force d'esprit de ne point s'attacher à des objets qui, sur la terre même, n'ont point de consistance. Les sages des temps profanes, afin de garantir de tout mal essentiel le cours de leurs années, en retranchaient les plaisirs, et ils sentaient s'agrandir leur âme ainsi délivrée de ce qui n'aurait pu la satisfaire.

Né pour agir, pour tendre sans cesse vers la perfection, l'homme ne peut devenir indifférent ou impassible; mais les jouissances les plus calmes sont les seules qui ne l'écartent pas de ses devoirs. La paix n'exclut point la vigilance, elle n'exclut pas même de justes craintes. Ce qui nous fatigue, ce n'est pas de craindre ou de désirer, puisque cela fait nécessairement partie de notre destination. L'effort vers un but n'a rien de très-pénible; c'est le sentiment de l'inutilité de nos efforts qui nous plonge dans des ennuis mortels. Toutes les passions nous font entreprendre de longs travaux; cependant, si les passions nous oppriment et nous abusent, si elles sont redoutables, c'est moins par l'étendue, ou même par la continuité des peines que par la vanité des succès. Ainsi le malheur qu'on se prépare en suivant indistinctement tous ses désirs, et le bonheur qu'on trouve dans la modération du cœur, proviennent d'une même cause; tout le charme de la vie morale consiste à n'être point trompé dans son attente.

Nous le serons inévitablement, si nous vivons au milieu des hommes agités. Loin d'eux, au contraire, on évite presque tous les maux, et on se trouve chaque jour moins éloigné des seuls vrais biens. Malgré les doutes auxquels notre imperfection nous expose, on se félicite d'avoir choisi ce qui ne paraît point de nature à s'évanouir ou à se corrompre; on se sent heureux de n'avoir pas à déplorer la perte des jeunes années, et de savoir contempler, dans quelques-unes de ses parties, ce qui pourra être éternellement parfait.

On est surchargé de soins quand on prend souvent des soins inutiles, quand on est resté dans l'erreur sur l'objet qu'il eût fallu se proposer. Nos calamités savantes augmenteront dans la même proportion que notre ardeur pour les plaisirs. Si nous savions discerner le but, comme nous savons prolonger le travail ou surmonter les obstacles, si seulement nous prenions la peine de nous entendre, il n'y aurait sur notre terre aucun infortuné. Souvenons-nous de ce que les athlètes faisaient pour obtenir quelques applaudissemens; rappelons-nous la constance des prisonniers de guerre, au milieu des supplices, chez les hordes sauvages; songeons enfin aux macérations de tant d'imposteurs, ou de fanatiques, dans des cultes erronés. On entreprend tout pour des mensonges. Quand le prestige finit, les individus et les peuples, n'ayant plus rien qui les soutienne contre les maux divers qu'ils se sont faits, commencent à détester leurs écarts : mais ils veulent toujours une joie vive, très-différente du véritable bien-être; ils se précipitent ainsi d'erreurs en erreurs; et, s'ils ne se déguisaient pas sans cesse, chargés de tant de honte, ils ne pourraient se supporter mutuellement.

La satisfaction de l'homme religieux n'est pas irréfléchie, bruyante, immodérée; elle n'est pas semblable aux joies du monde. Elle n'éblouit pas l'imagination, elle n'entraîne pas les sens, elle ne fait pas oublier les principes; ce sont des mouvemens plus calmes, c'est une hilarité plus intime. Refuserez-vous de croire à ce contentement, parce qu'il n'est pas éclatant et fastueux; dans vos jugemens, imiterez-vous l'âge que subjuguent des goûts folâtres? L'enfant se persuade que les hommes faits n'ont aucun plaisir; comme il ne voit d'amusement que dans le bruit, il ne saurait rien concevoir d'heureux chez des gens tranquilles, et tout ce qui n'est pas turbulent lui paraît inanimé. Ainsi le monde méconnaît la douceur intérieure que produit la conformité entre la conduite passée, les sentimens actuels, et de grandes espérances. Heureux accord qui fait déjà pressentir celui des cieux où l'on possédera tout son être, où, satisfait du présent, l'on attendra l'avenir avec sécurité, où enfin, ne pouvant rien perdre, on jouira sans regret de ses souvenirs même !

Je n'oublierai point cette destination plus favorable, ces pensées plus généreuses. Il me semble que je ne fais que commencer à vivre; faudrait-il fermer déjà ces yeux qui s'entr'ouvrent à peine? n'apercevrai-je point ce qui sera? Universelle beauté de l'œuvre permanente! loi première, seule loi des êtres! Aujourd'hui j'existe, je puis invoquer Dieu, et demain l'oubli deviendrait mon partage ! Ce qui faisait ma force m'anéantirait. S'il en était ainsi, que penserais-je de ce qu'on nomme les prérogatives de l'espèce humaine? Qui m'interdira la plainte? Je suis chargé d'afflictions, je vis dans les périls, et il eût mieux valu que je ne fusse pas né. Que restera-t-il de moi? Mes facultés se détruisent, et l'infortune générale ne m'a pas même permis un juste emploi de mes instans? Qu'ai-je fait ici ? Quels maux ai-je soulagés ? Dans quelles régions ai-je établi la droiture et le bonheur? La terre avait-elle besoin de me voir combattre et mourir? Pourquoi m'est-il donné de connaître le désordre que je ne puis arrêter? Mon expérience va finir; mes recherches, mon courage, mes intentions, tout sera inutile; et je ne saurais imaginer pourquoi de nobles besoins viennent accabler mon étonnante misère.

Serons-nous réduits à regarder, comme un écart de notre imagination trop souvent téméraire, ce qui serait surtout capable de nous fortifier, de nous consoler? Resterons-nous toujours incertains, et pleins de trouble devant un avenir qui peut à la fois ou surprendre notre orgueil, ou déconcerter notre résignation même? Ces profondeurs sont effrayantes sans doute; cependant une réflexion naturelle semble les éclairer. Il serait contradictoire que la révélation fût entière, ou que notre immortalité fût bien connue de la seule raison. Si les clartés d'une autre vie dissipaient entièrement les doutes de l'habitant de la terre, quel mérite lui resterait-il? Ce que la vertu lui conseille seulement, lui serait aussitôt prescrit par son intérêt immédiat, par une sorte de nécessité. Il faut que je l'avoue, si les récompenses étaient évidentes, notre perfectionnement serait trop facile.

Les dons qui aplanissent la voie seraient-ils accordés ou refusés en partie, selon les besoins des différens caractères ? Nous devons nous abandonner aux décrets de la sagesse ; elle connaît ce qu'il faut à chacun, pour que l'œuvre puisse être accomplie. Qu'elle soit à jamais bénie cette providence qui nous destine une journée d'alarmes et d'attente, afin que nous ayons quelques titres pour entrer dans la terre promise, si nous savons achever d'un pas ferme un trajet si court !

Je plains celui qui n'a pas cet espoir, celui qui se persuade, dans sa tristesse, que la vie présente est la seule réelle. Il n'y trouvera pas même des douceurs dont il puisse être assuré jusqu'au dernier moment. S'il en cherche dans le monde, il sera le jouet des orages excités par tant d'opinions fausses et de vaines institutions ; l'inquiétude le saisira au milieu des biens ; et, quand les maux le poursuivront, il ne verra aucun asile. Sa joie ne sera jamais pure ; sa douleur, modérée par la seule légèreté de ses principes, renaîtra sans cesse ; et il n'est point de dédommagement qui puisse lui faire oublier ses pertes.

« Quelle que soit, dit un orateur chrétien, » l'épaisseur du voile jeté sur l'avenir, crai-

» gnons de perdre tous nos droits à l'héritage
» glorieux, en nous dégradant par des actions
» méprisables, en nous avilissant par une con-
» duite impure, en nous embarrasssant dans les
» piéges que le monde nous tend... Soutenons
» les vicissitudes de cette vie avec un cœur
» digne de l'immortalité. » Pour moi, sous
quelque point de vue que je considérasse les
choses, l'immortalité fût-elle incertaine, fût-
elle-même impossible, je voudrais jouir de la
paix avant de vieillir. Dès que nous découvrons
les premières lueurs des beautés immuables,
notre repos exige que nous nous conformions
à cet ordre devenu le premier des biens pour
nous comme pour toute intelligence rendue à
la liberté. Qui peut renoncer à ce qu'il croit
connaître, et oublier ce qu'il admira lui-même?
Qui voudra descendre de l'immensité où brille
la loi de Dieu, chercher une autre prudence sur
les traces du vulgaire, et se renfermer dans les
ténèbres d'une frivolité impie ou d'une foi
superstitieuse?

SOIRÉE XXI.

Solitude particulière, etc.

Les premières années de ma jeunesse étaient déjà passées, mes inclinations commençaient à m'être connues; mais je n'avais aucun dessein, je suivais encore cette impulsion à laquelle il paraît si difficile de résister, celle que donne la multitude, ou qui l'entraîne elle-même. J'aurais trouvé flatteur l'espoir des acclamations; j'eusse aimé cette importance que procurent les valets qui nous précèdent, et ce murmure d'un peuple surpris d'avoir devant ses yeux un homme d'un grand nom. Ce mouvement m'aurait plu, et j'aurais marché dans les voies toujours ouvertes qui doivent conduire aux honneurs. Mais j'étais prémuni contre les maximes licencieuses ou les sentimens extrêmes, par l'habitude de me rendre compte de mes propres impressions. Je ne pouvais pas dire que j'eusse quitté ce que les hommes ambitionnent, cependant je ne voulais rien de précisément semblable; et, en cherchant à ne point perdre des jours dont la beauté possible avait subjugué mon imagination, je m'éloignais des plaisirs, soit qu'ils me fussent indifférens, soit qu'ils me parussent trompeurs. Je ne voyais donc pas où pourraient me conduire ces torrens de joie qui semblaient s'approcher de toutes parts, qui ne m'atteignaient jamais, et auxquels pourtant il m'eût paru si naturel de me livrer tout entier.

Sur le point de terminer un assez long voyage, je passai plusieurs semaines en Lith..... à quelque distance de la mer. C'était au mois d'août; j'aimais à sortir seul vers le soir et à m'arrêter sur le sable du rivage. Deux jours avant de quitter les amis que j'étais venu visiter dans cette province, j'eus après le souper quelques occupations, et voyant la nuit fort avancée, je ne me couchai pas. Je me rendis auprès d'une éminence que l'eau couvre en partie dans des instans moins calmes. La nuit devenait obscure, des nuages sombres s'avançaient avec lenteur. Il pouvait être trois heures du matin, lorsque j'entendis au loin des gémissemens. Bien que je n'eusse pas cédé au sommeil, une sorte de fatigue rendait mes idées confuses : mais, soit je ne sais quel hasard, soit que l'amertume de ces soupirs m'eût instruit beaucoup mieux que je ne le croyais moi-même, je me figurai qu'une femme, trompée dans la jeunesse de son cœur, s'arrêtait auprès des flots, au moment d'y chercher un asile contre de grandes afflictions. Toutefois, cette idée ne me paraissant qu'une suite des rêveries auxquelles je m'étais abandonné, la tristesse dont j'avais été rempli se dissipa lorsque j'aperçus l'aurore, qui revient tous les jours changer quelque chose à l'aspect du monde, et nous faire recommencer une vie dont maintenant si peu d'hommes supporteraient la continuité.

Cependant le jour même on apprit, dans la ville voisine, le malheur d'une femme dont on avait estimé jusqu'alors, dont on avait admiré même les sentimens et la conduite. Je ne dirai point ce qui lui arriva, d'autres s'en seront occupés sans doute. Si l'on a fait ce récit naturellement, si on ne lui a pas donné les apparences d'une fable, le public aura pu être frappé de cet exemple. Il y aura vu les effets de l'odieuse légèreté qu'il tolère chez les hommes. Étrange honneur! La société ne rejette point des êtres auxquels la moindre réflexion ferait préférer les malfaiteurs qui, du moins avec franchise, se sont déclarés les ennemis des lois et n'ont pas choisi d'être criminels sans danger. Pour moi, je ne pouvais comprendre que je n'eusse pas aussitôt marché du côté où j'avais entendu les derniers accens du désespoir. Les reproches que j'avais à me faire rendaient ce malheur sans cesse présent à ma pensée.

J'observais tout l'aveuglement des passions et le danger des attachemens les plus honnêtes; j'examinais les suites du mélange de tant d'intérêts contraires. Sans doute, me disais-je, un honnête homme peut quelquefois être utile dans le monde, mais on peut aussi l'y réduire à ne faire aucun bien. Plus heureux celui qui s'est retiré du tumulte! Il est des curieux qui vont observer quelquefois les mouvemens bizarres, les turbulens caprices des maniaques et des insensés dans les demeures où on les renferme : mais qui voudrait vivre au milieu d'eux, et être étourdi sans cesse de ce bruit qu'ils font avec un sérieux empressement?

A plusieurs égards, et dès long-temps, la solitude s'accordait avec mes goûts; mais je n'étais point décidé sur la manière d'y vivre. Il est un bien auquel je n'avais pas encore renoncé. Je croyais qu'une douce intimité pouvait se concilier avec la sagesse même. J'eusse choisi une femme qui aimât la retraite; mais quel sort promettre à des enfans que leurs habitudes sépareraient ainsi du reste des hommes? Je sentis que peut-être il faudrait opter, et que, si je ne voulais pas rester absolument seul, il était à craindre que mes projets d'indépendance ne se bornassent à un plan de vie assez ordinaire, auprès des villes et dans les champs qu'elles gouvernent.

Ne pouvant sortir autrement de mon irrésolution, je pris le parti d'écouter les penchans qui me retenaient, en m'abandonnant toutefois à la main qui seule maîtrise les événemens, et qui réalise ce que nous croyons avoir déterminé. Je cherchai une femme qui fût de caractère à jouir d'un bonheur obscur et toujours égal; cependant j'avais fixé l'époque, le jour même où cesseraient mes recherches si jusqu'alors elles restaient infructueuses. Elles parurent un moment ne point l'être, mais des obstacles invincibles s'élevèrent presque aussitôt. Je ne vis pas sans peine approcher le terme que j'avais rendu irrévocable, et commencer l'oubli de tout ce qui pouvait me séduire encore.

Je choisis pour retraite l'un des lieux les plus ignorés qu'il y eût en Europe. Mais les habitans se trouvèrent peu tolérans; ils ne purent souffrir sans doute que le prêtre, qu'ils avaient eu dans leur voisinage, fût ainsi remplacé par un homme qui, ne disant pas la messe, ne leur évitât point de faire un circuit assez incommode pour se rendre à la paroisse. Les vices qu'ils me reconnurent dès lors épuisèrent toute leur indulgence, et quelques-uns d'entre eux montrèrent un jour l'intention de m'expulser de ma demeure. Peut-être cette tentative eût-elle été la seule; mais ne sachant si je parviendrais à éteindre en eux cette prompte inimitié, j'allai chez un autre peuple : sous un ciel moins beau, je trouvai l'inappréciable avantage d'une cordialité réelle. Connu d'un petit nombre de familles, auxquelles les ressources qui me sont restées me permettent de n'être pas tout-à-fait inutile, je franchis rarement l'étroite enceinte du vallon où je dois mourir.

Ce que le monde peut contenir de bon pour l'homme, ne se trouve-t-il pas à peu près dans ces limites : la paix avec des gens sincères et quelquefois satisfaits, un air salubre, une eau pure, de l'ombrage et l'aspect du ciel infini? Périsse en moi tout désir contraire à de telles jouissances! La joie est semblable au parfum des roses, qui n'est jamais plus constant et plus suave que dans des lieux faiblement éclairés.

En voulant trop d'émotions, trop de mouvement, on s'exposerait à perdre même le goût de la vie; les sentimens inconsidérés altèrent le véritable sentiment des choses, et nos passions affaiblissent nos cœurs. Si nous vivons au milieu du désordre, comment pourrons-nous entendre une harmonie dont les sons éloignés ne parviennent qu'à l'oreille toujours attentive ?

Je possède un bois qu'on abandonnait, plusieurs arbres fruitiers et un terrain suffisant pour cultiver des légumes. Je fais aussi quelques meubles ; j'ai les outils nécessaires, et toutes mes heures sont remplies. Je trouve souvent l'occasion de donner des conseils à ces montagnards : ils ont plus de bonne foi que de prévoyance ; parmi eux, nul ne veut le malheur d'aucun autre, mais nul aussi ne pensait qu'il y eût un certain art de se rendre mutuellement heureux.

Dans les premiers temps, j'allais, pour divers motifs, au bourg le plus voisin, où demeurent des personnes originaires de M..... Là, je n'eus que trop d'occasions de sentir quelles doivent être dans l'intimité les grâces d'une femme. Mais en me retirant, je me disais : Que restera-t-il à ceux qui se livrent maintenant aux choses de la terre ? Dès que j'avais passé le pont de bois qui ferme mon asile, je me hâtais de saisir la bêche ou le rabot : je ne les quittais pas avant d'y être contraint par le sommeil. Que de fois je me félicitai d'une vigueur qui me rendait cette diversion facile, ou même agréable. Je plains celui dont la pensée n'est pas moins active mais à qui ces occupations et cette lassitude ne sauraient convenir ; c'est celui-là dont la vie est un pénible combat.

Pour moi, je consacre à ce genre de travail une grande partie de mes instans, de peur que mes propres forces ne me deviennent importunes. Je ne redoute point la longueur du jour; avec de l'ordre je le consume doucement, et je puis retirer beaucoup de fruit des soins multipliés, ou des naturelles méditations de cette vie rustique. Si vous croyez qu'il faille plus, si vous me demandez quels seront mes plaisirs, je répondrai que je les vois tous dans l'avantage d'avoir renoncé pour jamais à la plupart des vôtres.

En écrivant une partie des réflexions qui, dans mes jours les moins heureux, m'ont semblé justes et consolantes, je voudrais inspirer à quelques hommes des goûts tranquilles, et l'espérance d'un temps plus durable. Vous qui me lirez, ne cherchez point dans ces feuilles un coloris brillant, des mouvemens variés, et les traces du génie. La rudesse de mes habitudes, l'âpreté des lieux où je suis doivent se retrouver dans mon style. Les études que j'ai préférées dès ma jeunesse n'entretiennent point les illusions favorables au talent. Je soumets les jours de la force à un régime austère; je fais cuire sous la cendre une sorte de pain grossier; le sel même n'assaisonne que rarement les herbes ou les grains qui me suffisent; et je traverse à la nage l'eau glaciale qui me sépare de la forêt que les nuages couronnent*. Je veux rester libre en toutes choses: j'ignorerai les secrets de l'art; mais peut-être obtiendrai-je d'être un interprète des anciennes maximes de la loi éternelle.

---

* Ceux qui connaissent les montagnes, ne seront pas surpris qu'il y ait auprès d'une eau très-froide, quelques arbres fruitiers, comme on vient de le voir.

Note de l'Auteur.

SOIRÉE XXII.

De l'usage de nos facultés, etc.

Tandis que la plupart des hommes se laissent éblouir par l'éclat des villes, nous qui en sommes éloignés, mais qui savons quelles peines on y souffre, nous livrerons-nous à une humeur chagrine? tomberons-nous dans cette autre extrémité, de haïr, de mépriser la vie? Cette humeur, ces dédains, sont les dernières ressources de la passion ; elle veut nous ôter tout ce qui n'est pas elle, et afin que le joug qu'elle nous prépare devienne notre seul refuge, elle nous fait méconnaître la douceur des sentimens que la raison approuverait.

Disciples de la vérité, vous n'êtes pas avides de l'existence terrestre, vous ne la chérissez point sous toutes ses formes, et vous n'en verrez pas les erreurs avec une coupable indifférence; comme vous prévoyez les maux dont tout homme est menacé, vous réduisez à leur juste prix les biens qu'exagère un envieux orgueil, et vous ne dites pas à la vie présente : Tu nous suffis, nos cœurs sont rassasiés; mais

aussi vous ne détesterez pas ce qui vous est donné, vous songerez aux conséquences que vos momens peuvent avoir, et vous ne penserez point que la Sagesse ait fait des choses essentiellement mauvaises. « Les fidèles doivent
» s'accoutumer à un tel contentement de la
» vie présente, lequel n'engendre point une
» haine d'icelle, ni ingratitude envers Dieu.
» Car combien que cette vie soit pleine de mi-
» sères infinies, toutefois à bon droit elle est
» nombrée entre les bénédictions..... Puis donc
» que cette vie nous sert à entendre la volonté
» de Dieu, n'en tiendrons-nous compte, comme
» si elle n'avait nul bien en soi [1] ? »

Si une longue vie doit suivre les temps connus, si une grande récompense est promise à nos faibles courages, que pourrions-nous espérer de meilleur? Supposons-nous, au contraire, que tout finit avec nous, et que nous vieillissons à jamais? Les avantages de cette courte durée ont encore quelque douceur. L'homme détrompé n'y cherche pas la joie ; mais sa modération en diminue les périls et en retranche les perplexités. Il aurait peu d'importance, ce rêve d'une heure ; mais enfin, tandis qu'il dure,

---

[1] Inst. de la rel. chrét., liv. 3, ch. 9, art. 3.

une âme saine pourrait encore s'y attacher, et voir avec intérêt cette suite de sentimens et d'idées. Vous ne doutez point que vous n'ayez plus ou moins le pouvoir d'en varier et d'en régler le cours, et quelles que soient vos opinions à d'autres égards, vous pouvez considérer votre influence sur les choses visibles au milieu de celle des choses sur vous, comme une tâche qui vous est proposée. Achevez-la sans succomber à la tristesse ; avec des matériaux communs à tous les êtres, remplissez une destination particulière. « Il faut savoir savourer et ruminer la » vie..... Dieu nous l'a donnée, il est beau de » faire bien et dûment l'homme [1]. »

Le premier fruit de l'impartialité, c'est une juste appréciation de la vie. Recevons-la comme un bienfait ; jouissons avec reconnaissance de la liberté de découvrir les piéges qui pourraient seuls la rendre fatale. Ce discernement nous conduit à en voir sans trouble les diverses chances, et à ne point abandonner et reprendre, au gré du sort, une confiance téméraire, ou des craintes pusillanimes. « Ne perdez pas le souvenir du » bien au jour malheureux, ou celui du mal au

---

[1] *Charron*, de la Sagesse, liv. II, ch. 6.

» jour heureux[1]. » Le mal n'est pas toujours nuisible, c'est notre faiblesse qui le rendra tel. Nous avons surtout besoin d'être retenus, d'être assujettis, et souvent il faut en cela que notre raison opère ce que le sort n'a pas fait. A la place des longues nécessités du malheur, il nous faut une contrainte qui nous empêche d'abuser de nos facultés, une règle volontaire qui nous détourne de nous attribuer comme un droit ce qui nous est accordé gratuitement, et d'employer pour nous soustraire à la loi sainte, les moyens qui doivent en préparer l'accomplissement.

N'oubliez jamais la valeur des premiers biens actuels; l'un est le temps, l'autre est l'heureuse disposition de l'âme et du corps. Si vous ne possédez point la santé de l'âme, ces penchans droits que la raison entretient et qui secondent la raison, vous n'obtiendrez ni repos, ni espérances légitimes. A la vérité des principes, à l'exactitude dans les jugemens, à cette situation de l'esprit, il est bon de joindre la santé proprement dite; elle nous rend plus constans dans nos desseins, elle laisse à nos facultés une plus facile indépendance, et elle nous engage

---

[1] Ecclésiastique, 11.

à mettre en œuvre toutes les portions du temps. Le temps est une sorte de milieu dans lequel nous réagissons sur les choses qui ont agi sur nous : craignez de le voir finir, avant que le seul ouvrage réel soit ébauché; craignez de ne pouvoir dire que vous avez montré du moins ce que vous eussiez désiré de faire.

On ne remarque pas assez tôt combien il importe de conserver les forces du corps, afin d'entretenir la force de l'âme. La volonté peut rester pure dans un corps débile ; mais à combien d'égards ne devient-elle pas infructueuse ? N'est-il pas à craindre que, pouvant si peu sur les choses et sur soi-même, on tombe enfin dans le découragement ?

Si on connaissait tout le prix d'une santé parfaite, on s'attacherait à ce qui peut la fortifier encore ; on fuirait les excès, on éviterait même les imprudences qui l'affaiblissent chez presque tous les hommes. Nous attendons notre joie du dehors : elle serait en nous; il est peu de malheurs assez grands, assez réels, pour que les avantages bien sentis de la perfection des sens ne puissent nous en consoler ; mais ordinairement on ne réfléchit sur les vrais biens qu'après les avoir perdus. Une continuelle illusion nous éloigne de ce qui est précieux pour nous, en nous éloignant de nous-mêmes. « Regarde au-dedans de toi, disait avec tant de raison Marc-Aurèle ; il y a une source de biens qui jaillira toujours si tu creuses toujours. »

Quiconque souffre que la passion l'entraîne, subordonne tous ses mouvemens au mouvement du siècle ; il discerne mal les objets qui se présentent, il n'est plus maître de lui-même, et ses jours semblent n'être pas à lui. Les forces corporelles, et le nombre d'heures que nous avons obtenues, doivent former, il est vrai, une espèce de fonds pour suppléer à tout ce qui nous manque au dehors ; mais trop souvent on paraît compter sur cette ressource comme si on ne pouvait l'épuiser. Vos désirs multipliés, et l'insatiable fortune que vous avez prise pour guide, vous portent à y recourir sans relâche ; c'est en détruisant de ce qu'il y a de meilleur dans votre existence, que vous réglez assidûment ce qui devrait vous être à peu près étranger. Ainsi par un déplorable abus, qui toutefois est une suite très-naturelle des premiers écarts, on sacrifie à d'inutiles convenances les soins les plus importans. Nous négligeons ce qui compose la vie ; nous le négligeons précisément parce que cela seul est à nous, et ne peut nous manquer tout à fait avant le moment où nos pertes seront consommées.

Vous savez avec certitude qu'il ne vous reste qu'un petit nombre d'années ; mais de plus, ce temps qui doit être si court peut-être, et qui ne saurait être long pour aucun de vous, n'est pas d'une égale valeur dans ses diverses parties. Des maladies surviendront, des difficultés de tout genre abrégeront les saisons même qui paraîtront vous appartenir ; et le jour approche où vous demanderez en vain une seule heure, une heure belle et libre comme celles que vous perdez aujourd'hui.

Le temps mal employé nous échappe sans retour ; et le temps, c'est notre seul domaine. Ne sacrifiez ni le présent à l'avenir, ni l'avenir au présent. Trop d'imprévoyance ôterait au lendemain sa fécondité ; mais ne souffrez point que les soucis d'un lendemain douteux accablent le jour dont vous pouvez jouir. « L'inquiétude renverse le sens, dit Salomon. Il n'y a point de richesses meilleures que la santé, ni de plaisir égal au simple contentement du cœur ; un pauvre qui est sain, et qui a des forces, vaut mieux qu'un riche languissant et affligé de maladies : la veille pour amasser du bien dessèche la chair, et l'application qu'on y donne détruit le repos[1]. »

Les sollicitudes, le découragement, les émotions passionnées, tous ces maux enfantent d'autres maux. Ce qui nous agite fortement, altère en nous cette facilité pour toutes choses, qui est la santé parfaite, l'heureux instrument de la raison. Alors le cours de nos heures, l'usage que nous devions en faire se trouve défectueux; et nous tombons presque inévitablement soit dans la paresse, soit dans la précipitation qui n'est elle-même qu'un défaut de courage, une marque d'impuissance, une paresse déguisée.

Il est moins difficile qu'on ne le penserait d'abord de ne point manquer au devoir, et de se ménager pour tous les âges d'assez douces jouissances. Il suffit d'y réfléchir et de vouloir le bien avec sincérité. L'on jouit beaucoup en jouissant modérément des choses louables. La pureté des intentions produit la tempérance; la tempérance nourrit le contentement; et cette même retenue, qui aujourd'hui nous protége, nous permet aussi de ne rien entrevoir de redoutable dans les régions futures. « Le bonheur

---

[1] Ecclésiastique, 30 et 31.

consiste à examiner ce que chaque chose est en elle-même....., à faire de tout son cœur des actions de justice et à dire toujours la vérité. Que reste-t-il après cela, si ce n'est de jouir de la vie en accumulant bonne action sur bonne action, sans laisser le moindre intervalle[1] ? »

Mais on s'habitue à se sentir exister; on n'examine pas, on ne voit plus tout ce que renferme ce seul mot, VIVRE. La diversité des objets présens occupe notre attention et paraît la fatiguer; nous perdons de vue ce que nous ne sommes pas ainsi forcés de voir; nous oublions que nous avons maintenant la vie, que bientôt nous ne l'aurons plus, et que de toutes les manières de la posséder, la meilleure pour nous serait peut-être celle qui s'éloigne le plus de nos habitudes. « Ils ne goûtent..... la vie, mais ils
» s'en servent pour faire d'autres choses. Leurs
» desseins et occupations y nuisent plus qu'ils
» n'y servent..... Les petites pièces leur sont
» sérieuses; mais tout le corps entier n'est qu'en
» passant..... Ce qui n'est qu'accident leur est
» principal, et le principal ne leur est qu'ac-
» cessoire[2]. »

---

[1] Marc-Aurèle.
[2] Charron, de la Sagesse, liv. III, ch. 6.

On s'attache à tous les moyens de hâter en quelque sorte l'écoulement du temps; mais le faire passer ainsi, l'abandonner, c'est renoncer au but, c'est se détruire soi-même. Pour que nos années nous parussent assez longues, il suffirait que nous fussions attentifs à nous les réserver entières. « Si vous retranchez les paroles inutiles, dit l'auteur de l'*Imitation*, et tant d'allées et de venues qu'on fait sans sujet, si vous fuyez les entretiens de nouvelles et d'affaires de ce monde, vous trouverez assez de temps [1]. » *Stultas quæstiones, et genealogias, et contentiones, et pugnas legis devita, sunt enim inutiles et vanæ* [2]. Cette simplicité de conduite vous mettra presque entièrement à l'abri des peines. La simplicité des paroles en ferait partie; c'est l'un des plus beaux fruits de la sagesse, et nulle part cette modération, si noble à la fois et si conciliante, n'a été recommandée plus fortement que dans l'Évangile. « Bornez-vous à dire: cela est, ou, cela n'est pas; ce que vous diriez de plus, vient du mal [3]. »

Il vous sera plus facile de régler l'emploi de

---

[1] Liv. I, ch. 20.
[2] Saint Paul à Tite, 3.
[3] Mathieu, 5.

votre temps, et de le soustraire en partie à la spécieuse autorité des circonstances, si vous ne perdez point par votre faute ce qu'il peut vous rester de liberté. Ne prenez des engagemens durables que quand le devoir l'exige; conservez le droit de consulter en toute chose votre propre raison; ne renoncez pas aux prérogatives naturelles de l'homme, pour devenir exclusivement l'homme d'un corps, ou même d'une famille.

Vous surtout qui êtes doués de talens heureux, souvenez-vous que l'indépendance en fait la valeur; occupez-vous du perfectionnement de la morale; consacrez à la recherche du vrai ces forces que le dispensateur de tout bien vous a plus particulièrement accordées. Vous en serez responsables; vous les avez reçues pour l'édification de tous. Après avoir d'ailleurs observé la loi, plusieurs d'entre vous pourront être condamnés, les uns parce qu'ils abusent du don de persuader, du don d'écrire, et d'autres même parce qu'ils n'en usent pas dignement.

La parole interprète les rapports universels, ceux qui ne frappent point nos sens; elle est donc le lien des êtres qui rendent au principe de toute inspiration, de tout génie, un libre hommage. La parole est sainte; la profaner, c'est rentrer volontairement dans les ténèbres, c'est invoquer les puissances ennemies, l'ignorance et le prestige. Ne dégradez point la parole : ne laissez pas interrompre cette relation entre la sagesse infaillible et l'homme mortel ; ne négligez pas ce moyen si prompt quelquefois, plus humble chez d'autres, mais rarement infructueux, de propager les notions de bonté, de rectitude, d'ordre général.

Au lieu d'affermir la raison, ou de rendre les hommes plus compatissans et plus justes, tel croit travailler, quand il exprime en lignes sonores, les difficultés d'une chasse, ou les réponses du merle qu'il apprivoise. Tel autre dont la manière paraissait plus mâle et devient plus funeste, loin de combattre les erreurs de son temps, les étudie pour les flatter ; il regarde quelle nuance de perversité doit prévaloir ; il suit avec une pénétration à la fois avide et circonspecte les développemens du vice. Hommes ingénieux, hommes savans à qui l'influence sur l'opinion des peuples était réservée, jusques à quand abuserez-vous des faveurs du Ciel ? Jusques à quand ferez-vous servir à des vues personnelles ce qui est sacré, vous qui, plus adroits, et non pas plus estimables, montrez de l'assurance, afin de jeter les esprits dans une nouvelle incertitude? Vous ne cherchez pas la vérité; vous la célébrez, ou vous l'altérez comme il convient à vos plans, et vous voulez seulement subjuguer l'imagination : mais un art mondain vous trahit, et des imitations calculées disent sans cesse que vous croyez peu ce que vous prétendez faire croire.

SOIRÉE XXIII.

De quelques habitudes morales que l'éducation peut donner.

Parmi les habitudes de la pensée, il en est qui rendent naturelles, en quelque sorte, l'intégrité, ou la bonté; qui diminuent les obstacles et qui préviennent des combats opiniâtres, toujours dangereux pour notre inconstance. Celui dont les premiers sentimens sont réprimés à propos, montrera dans la suite un esprit indépendant, mais non inconsidéré : son âme forte ne sera pas audacieuse; elle n'aura pas cette activité sans motif, cette témérité qui annonce beaucoup d'ignorance, et qui vient de ce qu'on n'a jamais senti à quoi se borne le pouvoir d'un mortel.

L'homme prudent et vertueux ne cède pas à une ardeur irréfléchie, mais il diffère essentiellement de l'homme faible. Ce que le faible redoute dans les choses où il peut y avoir de la grandeur, c'est la grandeur même; il évite ce qui serait difficile, ce que ses inclinations ne lui conseillent point. Mais l'âme du juste sera timorée sans être pusillanime; le juste craint surtout de n'être pas assez grand lui-même, assez éclairé, assez heureux peut-être pour ne rien faire qu'il doive ensuite se reprocher.

On n'affaiblit point notre caractère, en nous ôtant la fausse liberté du mal, en nous inspirant la terreur des jugemens de Dieu. La seule force raisonnable est la force que la raison gouverne. Inaccessible à la crainte des hommes, luttez avec persévérance lorsque c'est votre devoir, ou seulement votre intérêt véritable, mais ne tombez pas dans l'aveuglement d'un courage sans but.

On se soumet à la nécessité, parce qu'il serait ridicule d'entreprendre ce qu'on trouve impossible ; à plus forte raison ne serait-ce point fermeté, mais démence impie, de ne pas vouloir suivre les lois divines. La force nous est donnée pour que nous obéissions volontairement, et non pour que nous résistions. Quand on connaît la volonté souveraine, ne pas obéir aussitôt, c'est prouver que l'on est chargé de misères, que l'on est incapable de s'élever par le désir et qu'on a perdu tout sentiment de perfection. Comme l'affabilité avec les hommes, bien loin d'annoncer des penchans serviles, devient au contraire une marque de grandeur; ainsi le respect pour la justice convient aux âmes peu communes, et montre l'empire qu'elles obtiennent sur les choses temporelles. Cette vénération pour la loi sacrée, cette soumission profonde nous semblera plus conforme à la nature, lorsque nous nous éloignerons de notre première bassesse. Celui qui prend pour une vigueur réelle la véhémence de ses passions, se prosterne devant des hommes, et s'il n'implore pas toujours un pouvoir inique, du moins il sollicite des faveurs équivoques; mais le juste ne reconnaît d'autre autorité que celle qui lui parait descendue des cieux, et c'est à la majesté incorruptible que s'adresse son hommage.

Celui-là conservera jusqu'à la mort de louables dispositions, qui, dès son entrée dans le monde, aura su regarder toute chose comme faible en étendue, en durée, en valeur devant l'Intelligence. Il s'attachera tellement aux indications présentes des plans universels, à la véritable fin des êtres, que toute fausseté lui paraitra vicieuse, que toute jouissance exclusive lui semblera funeste, et que les biens, qui resteraient absolument inutiles sous le rapport moral, seront méprisables à ses yeux.

Il dira la vérité, il sera vrai imperturbablement. La vérité serait toujours bonne: si d'autres n'y avaient pas manqué, jamais nous n'aurions une sorte de besoin d'y manquer nous-mêmes. Il se peut que dans un monde qui l'altère chaque jour, l'on rencontre des circonstances où, sans produire aucun bien direct, elle expose d'abord à quelque danger; mais pour qu'elle fût sans inconvénient, il suffirait que la résolution de la dire devînt unanime.

Si l'on était déshonoré par des mensonges, comme on l'est quand on a manqué de valeur ou de probité, ce moyen de perfectionnement aurait des effets très-étendus. Plus on y réfléchira, moins on verra de bornes aux suites d'un respect constant pour la vérité. Quel vice pourrait se propager, si tout déguisement devenait odieux? Quelle injustice consommera-t-on, quand les subalternes même n'oseront dire le premier mot nécessaire pour en pallier les motifs? Comment rester divisés, si l'on ne peut avoir recours aux subterfuges? Comment s'exposer aux conséquences de la guerre, si on renonce de part et d'autre à en dissimuler les causes secrètes?

L'homme que je suppose a besoin de se rapprocher de l'ordre, et il se voit toujours devant le juge souverain dont l'existence, fût-elle même incertaine, serait du moins présente à sa pensée, comme possible, comme très-vraisemblable et extrêmement désirable. Soutenu par ces grandes idées, on se livre difficilement à la fluctuation des coutumes et des systèmes : on s'égare quelquefois, mais on n'est point subjugué; l'on conserve l'amour des choses simples et des seules jouissances qui ne divisent point les hommes.

Le juste ne craint pas de s'observer lui-même, d'examiner le passé, de se demander si, après l'événement, il a pu trouver bonne la détermination qu'il avait prise, ou, si tel plaisir dont il a fait l'épreuve, répond à cette impatience que sa raison avait contenue difficilement. Dans ses rapports avec un autre homme, il se dira : Comment en jugerais-je, si cet homme était exactement à ma place, s'il se conduisait comme je me conduis à son égard?

Ainsi dirigé dès vos premiers ans, vous seriez incapable d'abuser des avantages que le sort vous offrirait. Cette heureuse méfiance vous ferait sentir que les biens pourraient vous être aussitôt retirés ; elle vous rappellerait que souvent nous trouvons notre perte dans les succès même dont nous osons nous prévaloir, et que nous attribuons faussement à notre propre sagesse.

Tout est faible en naissant; il faut de l'attention pour apercevoir les germes. Dans l'origine, les qualités sont indécises en quelque sorte et les inclinations timides. Les habitudes vicieuses commencent dans de légères occasions; c'est notre seule inadvertance qui les détermine, c'est la durée du consentement qui les rend invincibles. Mais durant plusieurs années, les principes que l'on croit avoir ne sont que ceux des autres, et il importe que la conduite des guides qu'on estime soit à peu près un modèle en tout. C'est l'opinion qui rend dangereux les mauvais exemples; ils seront sans pouvoir, si l'on n'est pas prévenu en faveur de celui qui les donne.

Occupez-vous moins d'éloigner entièrement de votre fils l'exemple du mal, ce qui d'ailleurs n'est guère en votre pouvoir, que de lui donner, dans votre personne, le spectacle égal et si frappant à la longue d'une vie consacrée à la justice, d'une vie dont la pureté ne fasse supposer en vous aucune incertitude, comme aucune affectation, aucun effort pénible, aucun doute qu'il ne soit de notre intérêt d'être vertueux dans l'âge même des passions. De bonne heure aimez la sagesse : jeune encore, soyez juste ; soyez-le, parce qu'il vous est né un fils. Alors vous n'aurez pas besoin de réticences, vous n'emploierez aucune ruse. Il faut que la dissimulation soit aux yeux des adolescens, ce qu'elle est en effet, l'opprobre et le fléau de la terre. Que jamais ils n'entendent de votre bouche un mensonge momentanément utile. Ne leur faites point de contes avant l'âge où ils pourront les comprendre et y reconnaître la vérité même. Ne dites pas : Comment donc les conduirons-nous ? A la place de tous ces petits moyens, vous en aurez un grand ; vos préceptes, vos conseils paraîtront une inspiration de la sagesse, cette autorité est puissante lorsqu'elle reste sans mélange. Entretenez dans l'enfant, dans le jeune homme la justesse d'esprit naturelle à quiconque n'a pas écouté des sophismes dictés par les faux intérêts du cœur. A l'égard des particuliers comme à l'égard des peuples, tout confirmera cette maxime connue dès long-temps : On gouverne aisément des esprits justes.

Vous êtes loin d'avoir achevé votre ouvrage, quand ceux qui se conduisent bien sous vos yeux, n'ont cédé qu'à un ascendant humain, quand ils n'ont contracté qu'une habitude, pour ainsi dire, accidentelle. Les menaces et les reproches, la nécessité même que vous imposez, ne peuvent avoir que des effets d'un jour; si vous vous retirez, aussitôt cesse toute obéissance. Pour nous dompter à jamais, la force qui nous pousse au bien doit paraître l'instrument d'un pouvoir plus grand, d'une volonté plus vénérable; toute loi humaine ne doit être qu'une conséquence des lois observées dans le cours du monde. Ce n'est pas en parlant au nom de la Divinité, que tant de législateurs méritèrent qu'on les accusât d'imposture; mais en répandant sur la Divinité même de fausses idées, mais en s'écartant de la raison bienfaisante et irréfragable, mais en s'attribuant une mission toute particulière.

Étendez les vues de ceux que vous dirigez, prouvez-leur que des intérêts d'un moment ne sont pas leurs véritables intérêts. On fait mal par ignorance; le voyageur qui s'égare volontairement, pour ainsi dire, s'égare-t-il sans retour? Si vous savez expliquer le vrai, peut-être ne s'y conformera-t-on pas avec exactitude, mais du moins on l'aimera. Ce qui est surtout à craindre, ce n'est point la lenteur de la marche, mais cette précipitation qui fait suivre une fausse route. On réserve un long travail à celui qu'on laisse s'avancer en aveugle; il vaudrait mieux qu'il n'eût point fait un seul effort : le but s'éloigne moins quand on ne songe pas encore à le chercher, que quand on le cherche ardemment où il n'est pas. Il serait moins nuisible pour nous de n'avoir pas commencé à connaître les choses, que de les juger d'une manière que notre amour-propre ou notre faiblesse craindront de réformer.

SOIRÉE XXIV.

Des fautes irréparables, etc.

La justesse de l'esprit, la soumission du cœur, font également et le sage et le fidèle, le véritable citoyen et l'homme heureux. Connaître et suivre la vérité, voilà l'objet de l'homme. La première, la seule étude est celle qui doit éclairer la volonté, fortifier les bonnes résolutions et rectifier les penchans. Dans tout le reste, ce que n'exigent pas les besoins du corps n'est qu'un travail oiseux, et très-souvent blâmable.

On a beaucoup de peine à concevoir que des gens d'esprit mettent tant d'importance à l'honneur du succès dans un genre frivole; mais peut-être cela s'explique-t-il par l'assiduité même que veulent les arts. Vous n'avez pas d'habitudes plus sérieuses, vous jugez donc assez naturellement du prix des objets par la durée de vos propres soins. Toujours notre âme se porte vers quelque chose, et elle s'y attache fortement; la principale différence est dans le premier choix, souvent le courage du vice est égal au courage de la vertu.

Si l'on se défiait de cette disposition à juger des choses d'après quelques rapports d'un ordre inférieur, on ne prodiguerait pas tous les jours son temps et ses forces. Il est beaucoup d'entreprises dont on reconnaîtrait l'inutilité si elles demandaient moins d'adresse ou de persévérance, si elles n'imposaient point par la place qu'elles occupent dans nos relations, dès que nous commençons à nous y livrer. La morale, dans toute son étendue, est la seule science vraiment convenable aux hommes; c'est la seule qui leur donne avec le bien être actuel l'avantage de ne point désespérer de l'avenir, de pressentir une existence plus libre, d'abandonner sans regret le passé qui insensiblement absorbe nos jours, et de voir sans terreur, en approchant du terme, la barrière élevée entre nous et le monde.

Peut-être négligeons-nous trop de considérer nos différens devoirs comme des parties tout-à-fait distinctes dans le rôle que nous devons achever. On sentirait qu'il faut éviter surtout les fautes que rien ne répare, et s'observer soi-même avec plus de soin au milieu des occasions où sans doute on ne se retrouvera pas. Il est des torts, des négligences dont notre conduite, devenue plus régulière, peut effacer le souvenir dans notre esprit même, dont les suites ne paraissent pas irrémédiables tant que nous sommes sur la terre. Mais comment se consoler de n'avoir pas usé de ce que le sort ne laissera plus à notre disposition, d'avoir affligé des hommes qui ne connaîtront point notre repentir, d'avoir perdu ce que nulle volonté humaine ne pourra renouveler? Peut-être ce mal que nous avons fait alors, ne s'oubliera-t-il jamais. Dans les maux physiques, nous redoutons plus un accident qui, presque sans souffrance, nous priverait pour toujours d'un de nos organes, que l'accident dont nous aurions seulement à craindre des douleurs vives, mais passagères. Songeons de même à nous garantir plus particulièrement des fautes dont bientôt les effets seront indépendans de nos intentions.

Nous savons que c'est un mal d'être injuste dans la plus légère circonstance, d'offenser un homme sans nécessité, de dire un mot qui l'affecte péniblement. Mais surtout ne perdons point de vue le mal affreux que nous nous ferions à nous-mêmes, et dont gémirait notre vieillesse, si nous privions cet homme d'un bien légitime dont nous ne pourrions le dédommager; si nous l'outragions de manière qu'il nous fût impossible de détruire l'effet de nos paroles, et de lui rendre l'honneur, ou enfin si nous l'affligions durant ses dernières années.

Les relations dans lesquelles il importe davantage de n'avoir pas de reproches à se faire, sont celles qui ne se reproduiront point. Peut-être ne trouvera-t-on pas une seconde sœur, un second mari. Qu'ils soient contens de vous, ceux qui ont auprès de vous des titres sacrés. Dans tous les rapports intimes, souvenez-vous que non-seulement il est bon que vous ayez fait votre devoir envers tel individu considéré comme l'un de vos semblables devant Dieu, mais qu'il faut aussi que vous ayez bien rempli ces fonctions particulières de la vie morale. Si donc il était possible que vous ne dussiez rien de plus à de proches parens, qu'à des compagnons de voyage, ou à des associés dans une affaire, il conviendrait encore d'agir envers les premiers avec plus d'empressement et plus d'exactitude : de telles occasions étant uniques dans la vie, si vous ne les saisissez point, vous sentirez un jour que vous devez être condamné sur cette partie de l'œuvre qu'il fallait accomplir.

Qui de nous peut se flatter d'avoir rempli tous ses devoirs à l'égard des hommes qui ont cessé de vivre? N'aurions-nous pas à désirer en ce sens de nous retrouver un moment avec un père, avec des amis, ou des bienfaiteurs qui moururent loin de nous? Ils ne sont plus; et, lorsqu'ils jetèrent un dernier regard sur leurs jours accumulés, ils dirent que nous aussi nous avions négligé de les satisfaire : ils n'avaient pas reçu de nous les consolations qu'ils auraient eu le droit d'en attendre.

Si généreuse, si constamment bonne, ô ma mère ! avez-vous senti que vous étiez aimée de votre fils comme vous deviez l'être? Je connais mes torts. Je les connaissais alors; mais je ne les croyais pas irréparables; et, en gagnant du temps, au lieu de considérer que le temps m'échapperait sans retour, je les attribuais à la force de certains obstacles, que des résolutions plus fermes eussent fait disparaître. Dans cette absence perpétuelle que je devais mieux prévoir, êtes-vous avertie de mes regrets? S'il vous reste un souvenir distinct des choses de la terre, m'avez-vous rejeté ? Pouvez-vous savoir combien je désirerais vous dire enfin : Je ne vous ai pas assez vénérée, mais que votre fils soit maintenant à vos yeux, ce qu'il eût dû être au milieu même de nos malheurs? Des lieux inconnus où vous êtes, que ne pouvez-vous me faire entendre quelques mots d'une bonté maternelle ! Le passé changerait d'aspect : je regarderais sans crainte cette distance qui me sépare déjà de mes premières années ; je marcherais plus heureusement dans nos voies toujours obscures, et j'interrogerais d'un regard plus tranquille cet univers que l'irrécusable justice gouvernera.

SOIRÉE XXV.

Indulgence, équité, etc.

Ma retraite n'est pas si profonde qu'elle m'ait interdit continuellement tout rapport avec les hommes, et même avec les habitans des villes ; mais je les voyais sans être l'un d'eux ; je les rencontrais seulement, et il était rare que je m'approchasse du monde auquel je n'appartiens plus. Ce sont mes frères, mais des frères qui ont d'autres coutumes, et qui reconnaissent d'autres lois. Comme je ne partage point leurs entreprises et leurs espérances, je pourrais m'offrir à eux sans me livrer jamais ; je m'efforcerais de contribuer à leur édification; ou à leur bonheur, sans avoir à me demander s'ils feront quelque chose pour moi, s'ils me veulent sincèrement du bien, et si je porterai docilement le joug ordinaire, celui que chacun s'impose dans le dessein de le faire peser davantage sur ses concurrens.

Mais combien peu d'hommes ont besoin d'un zèle étranger à tous les dons de la fortune ! mes exhortations ne suspendraient que durant un jour leur avidité pour les plaisirs apparens, et ne leur feraient pas retrouver des sentimens plus graves. Ce qui m'importe surtout à leur égard, c'est de n'avoir rien à me reprocher; j'oserais croire que j'y suis parvenu dès long-temps, si ce n'était pas aussi un mal de désespérer du bien, et si, trop frappé peut-être de ce qui rend toujours douteux le succès de nos discours, je n'avais pas négligé de faire sentir du moins à ceux dont les dispositions paraissent heureuses, que l'âme devient inquiète au milieu des prestiges, que la vérité est nécessaire, et que nous verrons le terme du songe de la vie.

Pour s'étudier soi-même, il faut dans les premiers temps se comparer aux autres; on se connaîtrait fort imparfaitement, si l'on n'avait aucune connaissance de tout le reste du genre humain. Je me suis attaché quelquefois à interpréter les habitudes extérieures, pour découvrir le secret des inclinations réelles. Si j'en excepte très-peu d'individus, j'ai remarqué parmi les hommes, plus de froideur ou d'imprévoyance, plus de préoccupation et d'incertitude, beaucoup plus de faiblesse enfin que de méchanceté proprement dite. Soit d'après mes souvenirs, soit d'après l'expérience bornée, mais plus exacte, dont je trouve encore les occasions, je n'ai pas lieu de croire les hommes si dépravés que le prétendent ceux qui, voulant s'excuser s'ils sont corrompus eux-mêmes, et s'enorgueillir s'ils ne le sont pas, approuvent ce que la société imagine avec tant d'efforts pour réprimer des penchans qui s'éteindront lorsqu'en général l'organisation de la société ne les favorisera point.

On allègue trop volontiers que les autres sont en état de guerre avec nous. Les dispositions hostiles que bientôt l'on trouve en soi, proviennent de cette continuelle résistance regardée mal à propos comme indispensable. Observez mieux la conduite de vos frères, et cherchez les vrais motifs de ce qui vous déplaît d'abord ; ne vous livrez pas à de tristes préventions, ne croyez pas sans examen tout ce qu'on dit de la perversité humaine. Vous verrez alors que le mal est bien plus dans la complication des affaires et des craintes, que dans une véritable stérilité de l'âme ; vous reconnaîtrez que la plupart des hommes sont capables de devenir sincèrement vos amis, s'ils vous voient dans l'inébranlable résolution de remplir vos devoirs envers eux, d'êtres vrais et justes, d'obéir à la Divinité.

Qu'arrive-t-il dans ces rapports imparfaits entre deux hommes? Le plus souvent l'injustice paraît mutuelle, de part et d'autre, on n'a pas fait ce qu'on eût dû faire. Mais que l'un d'eux rentre visiblement dans les bonnes voies, l'autre sans doute aura honte de tarder à le suivre. Cependant, direz-vous, si je rencontre un homme qui fasse exception, je deviendrai sa dupe; je me serai livré, il en abusera promptement, et il ne me restera point de ressources. Cette fausse prévoyance reproduit les divisions. Que redoutez-vous? qui vous empêche d'éviter avec les hommes que vous connaissez peu, ces rapports dans lesquels un fourbe pourrait trouver des moyens de vous perdre, si vous ne deveniez faux comme lui? Entreprenez moins de choses, et achevez loyalement celles que vous aurez entreprises. Liez-vous avec moins d'hommes; mais que, de votre côté du moins, la liaison soit toujours franche.

La prudence suppose de la réserve; mais elle ne vous prescrit de vous méfier ni des hommes que vous aurez choisis, ni même de ceux que la force des choses vous aura donnés pour collègues, pour compétiteurs, pour adversaires. Néanmoins, continuez-vous, puisque le choix n'est pas toujours en mon pouvoir, et que d'ailleurs je dois craindre d'en avoir fait un mauvais, je serai victime de mon erreur, et si je m'explique sans précautions, sans réticence, mes intérêts seront compromis. Eh bien ! ils seront compromis vos intérêts présens, vous aurez renoncé à quelques avantages, mais vous aurez acquis le droit d'attester au besoin la vérité. Or la force de la vérité est si grande, que la duplicité des hommes ne prévaudra jamais entièrement contre elle. Et, quand tout serait désespéré dans ce que vous nommez vos affaires, quand vous auriez perdu ce qu'il faut que vous perdiez un jour, oubliez-vous que la certitude d'avoir agi en homme de bien, que cette satisfaction intérieure vaut seule, et sur la terre même, tout ce que la terre peut promettre ?

Vous devez vous conformer aux institutions civiles, puisqu'elles forment entre les familles un pacte indispensable; mais il faut y ajouter quelque chose pour en corriger le vice. Ce qu'on y peut reconnaître d'essentiellement défectueux, c'est qu'elles ont pour fin, ou du moins pour résultat, de régler les faits bien plus que les intentions, et d'arranger les choses au lieu d'unir les hommes. La loi profane est superficielle, et semble ne considérer que les fragiles objets de l'art. Plus utile et plus étendue, la vraie loi proposée à l'homme doit régler, non pas ces dehors dont la diversité ranimera sans cesse l'envie et les disputes, mais ce qui se retrouve dans tous les pays, ce qui reste toujours en nous, ce qui fait partie de notre nature.

N'opposez pas l'une à l'autre ces deux lois ; mais, en obéissant à la première, parce que ceux qui l'ont faite ont droit de prétendre qu'on la suive au milieu d'eux, attachez-vous à la seconde, étudiez-en l'esprit. Ne la pas aimer, ce serait ne la pas connaître : elle a pour origine la vérité même, et elle dévoile en partie les beautés de l'univers ; elle console des maux, ou elle remplace les biens ; avec un peu de temps elle dédommagerait de tout, et elle pourra tout pacifier en dirigeant, en apaisant nos désirs.

Quand vous aurez écouté cet esprit de sagesse, quand votre discernement sera libre et pur, vous sentirez que dans l'indulgence il y a beaucoup de justice, et vous verrez qu'il est peu d'hommes tout-à-fait avilis. Il n'en est pas deux peut-être sur mille désignés entre les extrêmes, ou, si vous voulez, parmi ceux pour qui la société ne prépare ni des mausolées, ni des gibets. Le Dieu de miséricorde pardonne à plusieurs de ceux que leurs frères ne craignent point de maudire. Je pense même que, dans la confusion où l'on vit, la scélératesse des malfaiteurs ne doit pas leur être entièrement imputée; souvent les actions les plus odieuses sont moins une suite des vices de quelques individus, que des imperfections de tous.

Cette considération ne justifie pas les criminels; c'est d'ailleurs une nécessité que l'on sévisse contre eux, et le plus compatissant des hommes, s'il se trouvait au nombre des magistrats, ne pourrait éviter quelquefois de partager leur inflexibilité. Mais moi, j'ai le bonheur de ne point exercer de semblables fonctions ; je suis étranger à toutes les parties de l'ordre politique; pour mon repos, comme pour ma joie, je me trouve presque aussi éloigné du monde que le puisse être un homme vivant. Il m'est donc permis d'examiner de préférence ce qui atténue les fautes les plus graves. Je ne saurais trop me répéter à moi-même qu'indépendamment du souvenir de nos propres défauts, la justesse de l'esprit, ainsi que le précepte divin, exigeraient que nous ne fussions pas trop prompts à soupçonner ceux qui peuvent n'être pas coupables, ou à mépriser ceux qui le sont en effet. « Bien réglé au dedans, on se met peu en peine des déréglemens des hommes. L'âme qui est dans le calme ne forme point de soupçons; mais l'esprit turbulent et inquiet ne peut demeurer en repos, ou y laisser les autres[1]. »

Si l'amour du crime et l'entière dégradation de l'âme sont beaucoup plus rares qu'on ne le croit quand on manque de raison et de véritable expérience, il est conforme aux intérêts même de la vie actuelle d'agir noblement ou charitablement avec ses semblables. Portez du moins vos regards sur l'ensemble de ces intérêts présens, et vous reconnaîtrez que le moyen le plus sûr de n'avoir point d'ennemis, c'est de faire voir que vous ne serez l'ennemi de personne. Tôt ou tard il n'y aura rien de ce que vous craignez, dans le cœur de vos frères, si vous leur faites tout espérer des constantes dispositions du vôtre. *Alter alterius onera portate.*

Quelles que soient les machinations qui déshonorent tant de rivaux et de concurrens, vous avez peu de chose à craindre d'eux si votre cœur ne partage point leurs haines. Vous verrez dans ces entraves de simples difficultés, mais non pas de vrais obstacles. Dans toutes les sup-

---

[1] *Imitation*, liv. II, ch. 1 et 3.

positions, votre droiture n'aura d'autre inconvénient que de vous exposer à des dangers que les moindres entreprises, que les démarches indispensables au milieu du monde ne vous offriront pas moins souvent, et dont vous êtes environné par cela seul que vous vivez sur la terre.

Si même cette droiture invariable était plus difficile, plus périlleuse, si elle exigeait de grands sacrifices, en serait-elle moins la première loi dans une société d'hommes ? Où vous arrêterez-vous, si vous passez une fois ces bornes sacrées ? Comment une société subsistera-t-elle sans l'inviolabilité des conventions ? formerez-vous un corps, si, dans votre réunion, chacun n'est pas regardé sincèrement comme une partie essentielle de cette réunion même ? Si l'unité, la concorde n'est pas substituée à l'opposition des vues personnelles, vous serez plus malheureux et plus vils que l'habitant des forêts. Le défaut de lumières est son excuse, et il ne connaît d'autre repos que cette sauvage indépendance. Mais vous, c'est volontairement que vous manquez aux lois de l'association, et que vous détruisez ce qui vous distinguait de la brute : vous prostituez la parole, cette faculté d'exprimer ce qu'on sent et ce qu'on pense, cette communication féconde, cette mobile image de ce qui sera toujours.

La vérité est favorable à la prudence même, à cette prudence du sage qui n'est pas toute dans les précautions du moment, et par laquelle on maintient la paix, on conserve la liberté. Mais si la vérité n'est pas entière, elle est beaucoup moins imposante, et c'est pour cela que les hommes ont tant de peine à comprendre la satisfaction qu'elle procurerait. Là même où elle se rencontre, on en méconnaît les avantages, parce que la finesse ou les artifices l'altèrent presque toujours. La ruse est un commencement d'hostilités, et la guerre offensive entre des frères est une guerre impie. Je veux que les subterfuges si connus des âmes faibles ne vous conduisent pas à la trahison; du moins cet exemple autorisera d'autres déguisemens, dont une défiance réciproque sera toujours le fruit. Quand les ingénieux prétextes seront tolérés, comment distinguer de ce manége, qui semble n'avoir rien de précisément coupable, celui qui tient à des desseins perfides et à des complots atroces?

Il est une autre dépravation qui se cache sous les dehors de la légèreté. En prétendant adoucir les mœurs, elle ébranle jusqu'aux fondemens de la morale; en affectant de négliger les détails, et de n'avoir point d'inutiles scrupules, elle parvient à faire excuser le crime même, dans des occasions qu'elle suppose indifférentes.

Ne vous laissez point séduire par une circonspection insidieuse, par une politesse qui rend la fausseté plus redoutable, en la rendant moins choquante. Hommes de bien, cherchez le vrai en toute chose, dites-le sans restriction, aimez-le sans réserve*. Quelque forme qu'elle affecte, la dissimulation s'éloigne toujours de l'équité, toujours elle a pour origine la préférence qu'on donne aux biens du moment sur les biens indestructibles.

La vie morale doit être considérée comme une alternative entre ce qui est temporel, et ce qui est permanent. Notre volonté, notre liberté se porteront, ou vers la série des incidens fugitifs, ou vers le monde stable et grand que l'infirmité de notre vue semble éloigner de

---

* « En verité, le mentir est un maudit vice. Si nous
» en connaissions l'horreur et le poids, nous le poursui-
» vrions à feu, plus justement que d'autres crimes.
» Nous ne sommes hommes, et ne nous tenons les uns
» aux autres que par la parole. » *Montaigne*, liv. 1 ch. 9.
Note de l'Auteur.

nous. Les caprices de l'imagination, l'importance que l'on met aux intérêts personnels, et les tentatives opiniâtres que la cupidité nous suggère, tous les écarts proviennent d'une sorte d'éblouissement difficile à éviter durant le cours de ces phénomènes dont nous restons incertains malgré nos calculs. Mais l'exactitude, la simplicité, la confiance appartiennent aux perceptions intimes d'un autre ordre et d'une destination plus heureuse, à ces paisibles sentimens que nous retrouverons en nous quand le passage des choses corruptibles cessera de nous inquiéter.

Plaignez ceux d'entre vos semblables que ces objets visibles ont entièrement séduits. Dans les routes où nous marchons tous avec incertitude, s'ils ont fait des chutes, c'est en cédant à une impulsion presque générale. La faiblesse de la plupart des hommes, il importe de se le rappeler toujours, a produit chez quelques-uns cette faiblesse particulière. Si l'être le plus criminel n'avait pas trouvé, pour ainsi dire, de nombreux complices de ses premiers écarts, aurait-il méconnu la bassesse du vice? en aurait-il surmonté l'horreur? Les irrégularités, que le monde tolère avec une sorte d'approbation, égarent tout-à-fait ceux qui, en admettant

de certaines doctrines, les étendent plus loin que le commun des esprits, et ont moins d'inconséquence ou de timidité. Gardons-nous donc d'imputer à un seul homme toute la noirceur d'une mauvaise action, préparée jusqu'à un certain point par beaucoup d'autres. Celui qu'un forfait ne surprend plus, se serait abstenu d'abord d'un léger mal que l'erreur publique n'aurait point excusé; quelque indignation que doive exciter sa turpitude, nous ne pouvons pas affirmer qu'il soit perverti sans retour. Si vous joignez à la haine du crime trop de courroux contre le coupable, souvent vous manquerez de justice, non moins que de charité. *Tu autem quis es, qui judicas proximum ? Unus est judex. Nolite ingemiscere fratres in alterutrum, ut non judicemini* [1]. « Ayons l'esprit
» entièrement occupé de nos misères, nous
» trouverons au dedans de nous tant de choses
» à réformer, que l'envie ne nous prendra pas
» de juger et de condamner les autres..... Que
» si la faute est réelle et manifeste, excusons
» charitablement celui qui l'a commise; croyons
» qu'il a des vertus cachées [2]. »

---

[1] Epitre de Saint Jacques, 4 et 5.
[2] Combat spirituel, 43.

Le blâme exprimé avec dureté, les réprimandes sévères produisent peu de bien, peu d'édification réelle. On se concilie mal les cœurs, si on les contriste sans nécessité ; ou les aigrit en leur montrant de l'aigreur, et la raison leur devient importune. Si c'est la justice qui vous inspire, vous donnerez des avis avec ménagement ; quelquefois vous céderez aux mouvemens du zèle, mais sans vous abandonner à des vivacités orgueilleuses. La juste indignation, la colère inspirée par le seul amour du prochain, cette colère sainte foudroie presque toujours le crime, parce qu'elle descend de très-haut, et qu'elle paraît armée d'une force surnaturelle. Mais les éclats, les moyens extrêmes doivent être réservés contre des maux extrêmes. Ils feraient d'ailleurs moins d'impression s'ils étaient moins rares. Dans toute occasion ordinaire, souvenons-nous de cette belle maxime : « Si vous vous irritez contre vos frères, vous méritez condamnation; soyez les enfans de votre père céleste qui fait lever son soleil sur les méchans comme sur les justes [1]. »

Quand vous devez porter un jugement, con-

---

[1] Mathieu, 5.

damnez ce que la raison vous défend d'approuver : mais que ce soit pour le maintien de l'ordre, que ce soit par respect pour la justice ; et non pour le méprisable avantage de rendre l'entretien plus piquant, et de voir applaudir quelques bons mots, ou pour flatter des ressentimens, entretenir des rivalités, et déprécier chez les autres ce que vous n'avez pas fait vous-même. Dans les occasions contraires, libre de tout devoir particulier, gardez-vous d'être prompt à vous élever contre un homme. S'il est heureux, voulez-vous déranger ce rare concours de circonstances ; et s'il souffre, est-ce à vous d'augmenter l'affliction qui poursuit les fils d'Adam ? Celui qui pleure vous paraîtra-t-il encore coupable, surviendrez-vous pour aggraver sa pénitence ? Les peines morales sont entre les hommes le premier signe de fraternité. Que partout la commune douleur les rapproche et les réconcilie !

Que les plus raisonnables du moins se défient des apparences, qu'ils se souviennent que presque toujours ces hommes, dont la conduite est l'objet de notre mépris, auraient beaucoup de choses à dire pour excuser leurs fautes. Et de plus, nos propres faiblesses sont-elles moins grandes ? Qui d'entre nous a fait tout ce qu'il devait, qui d'entre nous a contenté pleinement et ses frères, et lui-même, et la divine justice?

On connaît la précipitation des jugemens du monde, et on devrait se garder de l'imiter; presque toujours les décisions absolues sont des décisions téméraires Les hommes qui n'ont pas un infatigable amour de l'équité, deviennent fréquemment injustes. Tout les y conduit; la simple condescendance ou la flatterie, la paresse ou l'amour-propre : ils parviennent à penser de leurs semblables ce qu'ils seraient étonnés qu'on pensât d'eux dans les mêmes occasions. « Combien voyons-nous
» de gens qui à l'extérieur ne font paraître
» que des imperfections, et qui dans l'âme
» sont des gens de bien ?..... Une même chose
» peut avoir diverses fins ; et ainsi, pour en
» juger équitablement, il faudrait pénétrer
» dans toutes ces fins..... Les deux grandes
» maximes que vous avez à pratiquer, sont de
» souffrir d'être jugés, et de ne juger per-
» sonne[1]. »

Vous vous hâtez d'affirmer les faits et d'en dire les causes ; vous vous piquez de deviner le

---

[1] Bourdaloue, sur le texte, *Nolite judicare*.....

but qu'on s'est proposé. Cependant vous n'avez pas de renseignemens certains sur l'événement même, et vous ignorez quels desseins légitimes on a pu taire par prudence seulement, ou si les motifs réels ne sont pas ceux qu'il vous plaît de nommer des prétextes. Comment seriez-vous suffisamment instruit des considérations qu'il a fallu peser, et qui ont pu rendre impraticable ce que vous prétendez qu'on eût dû faire? Peut-être cette irrésolution, dont vous parlez, fut-elle le fruit d'une délicatesse plus particulière; peut-être cette faiblesse, qui vous scandalise, serait-elle entièrement justifiée. Peut-être aussi, en faisant ce que vous approuveriez, s'exposerait-on à de justes reproches, ou compromettrait-on des intérêts que vous ne soupçonnez pas.

Mais, selon vous, il est des circonstances qui vous sont clairement expliquées, et dans lesquelles vous ne balanceriez point à faire ce que ne fait pas tel homme en place, ou tel chef de famille. Je vous dis encore : Qui vous force à les juger? Pourquoi d'ailleurs oublierions-nous que chacun a son caractère dont il lui est permis de ne pas combattre tous les mouvemens sans exception. Indépendamment des erreurs dont nul n'est sûr de se bien défendre, les principes universels peuvent se présenter sous un jour qui en change les nuances. Nous devons apprécier en partie les procédés des hommes d'après leur manière de voir ; ce qu'il y a de particulier dans la nôtre n'est point leur règle. Sans doute on ne peut pas toujours entendre la justification de ceux que les apparences accusent ; mais, comme on peut s'abstenir de prononcer, il sera toujours injuste de les condamner sans les avoir entendus.

Une réflexion suffirait seule pour vous avertir de votre légèreté. Vous devriez vous rappeler que la plupart des jugemens qu'on porta sur vous en différens temps se trouvèrent faux, ou même ridicules. La difficulté de connaître le fond des choses exposait tous ces discoureurs à tenir sur votre conduite des propos absurdes ; il en sera de même pour vous quand vous jugerez les autres ? En blâmant inconsidérément vos frères, vous commettez une faute plus certaine que les fautes qu'on leur attribue.

Ne dites pas que vous examinerez tout avec soin, que vous découvrirez les véritables causes. Pourquoi tant de sollicitudes ? Votre propre perfectionnement en exigerait moins. Un article de la règle des chartreux défend de se mêler des affaires publiques et des intérêts des princes, d'en prendre connaissance et d'en désirer le succès. Attendez, pour vous occuper de tant de soins dont vous n'êtes pas chargé, que vous n'ayez plus rien à faire au dedans de vous-même. Travaillez au seul ouvrage qu'il vous importe d'accomplir avant le jour où finiront les vaines curiosités.

C'est le devoir de l'homme, c'est celui du chrétien de supposer aux belles actions des motifs parfaitement louables, et de présumer que les plus difficiles à justifier paraîtraient moins mauvaises si les apparences n'étaient pas contraires. On peut en cela se tromper quelquefois; mais cette erreur ne saurait nuire. Est-il nécessaire que j'évalue tant d'incidens avec justesse, et, qu'en marchant moi-même à tâtons sur la terre, je mesure exactement les pas de ceux que j'y rencontre? Je parviendrais à savoir ce qu'a fait cet homme et ce qu'a dit cette femme : cependant un peu plus loin des tribus seront détruites, des états se formeront, des usages nouveaux seront suivis par un peuple entier; je n'en apprendrai rien. Qui suis-je donc? comment prétendrais-je approfondir ce qui se passe au dehors, moi qui ne sais point si mes jours auront assez de durée pour que je me connaisse moi-même?

Lorsqu'il est impossible de garder entièrement le silence, rien n'empêche du moins que l'on se charge du rôle toujours généreux et souvent équitable de défenseur des absens. Cette perspicacité dont le médisant fait preuve contre eux, exercez-la vous-même en leur faveur; et sans attester rien de douteux, faites valoir, pour les disculper, tout ce que probablement ils allégueraient eux-mêmes. Enfin ne livrez personne à la précipitation des jugemens publics ; si vous ne pouvez les rectifier, vous pouvez faire voir que vous n'y prenez aucune part : il est une manière d'éviter en toute circonstance de paraître confirmer la calomnie.

Il m'est arrivé, comme à plusieurs autres, de me former une idée peu favorable de quelques personnes que je connaissais imparfaitement. J'étais fort jeune alors, mais non pas assez pour trouver dans mon âge une excuse suffisante. Je fus corrigé d'un tel travers par une de ces méprises dont la leçon n'est pas de nature à être jamais oubliée. Je dédaignais pour ainsi dire de me lier avec un de mes parens qui, mécontent de son sort dès sa jeunesse, paraissait n'avoir jamais eu la force de rien entreprendre pour l'adoucir. Nul ne lui refusait de l'esprit et des moyens; mais avec des talens on est souvent un homme très-ordinaire. C'est la force du caractère, l'étendue de la pensée, la générosité des intentions, enfin c'est la grandeur d'âme qui fait le véritable homme ; je ne l'accordais pas à un individu que je croyais estimable au milieu de son obscurité, mais qui, fatigué de sa manière de vivre, l'était selon moi de son obscurité même, et dont chacun attribuait la modération et les habitudes solitaires à une sorte de maladresse pour se produire dans le monde. L'année suivante, un événement qui me rapprocha de la demeure de cet homme respectable, me le fit mieux connaître. Je sentis le prix de son amitié, je l'obtins même. Je le regardai bientôt comme l'un de ces modèles que l'on n'a pas l'espoir de rencontrer deux fois dans le cours d'une longue vie. Ma vénération pour la sagesse de ses principes, et pour ses vertus constantes, est peut-être la seule justice qui lui ait été rendue parmi les hommes. J'ai su quel malheur, en changeant ses desseins, en déconcertant sa prudence, avait réduit à cette inaction le personnage qui eût été le plus digne de l'admiration générale dans un ordre de choses dont nul autre que moi ne pensa qu'il se fût même occupé. Vraisemblablement aucun homme n'a été bien connu du public : heureux celui qui se voit apprécié du moins par ses amis et par ses proches !

Qu'il nous est difficile de descendre en nous-mêmes ; de combien de prestiges naturels en quelque sorte n'avons-nous pas à nous garantir, si nous voulons étudier notre propre conduite, bien qu'elle soit toujours exposée à nos regards ! Renoncez de bonne heure à pénétrer les intentions de vos semblables. Laissez à Dieu tous ces secrets des mérites humains ; lui seul les découvre sans effort, et les juge sans incertitude. Excusez dans les autres tout ce qui présente un côté excusable. On a vu de prétendus criminels dénoncés par dix témoins, et condamnés dès lors avec assurance, malgré leurs protestations dont la sincérité fut ensuite reconnue.

Direz-vous que dans les soupçons ordinaires, dans tout ce qui n'est pas juridique, l'erreur, plus fréquente sans doute, a beaucoup moins d'importance ; direz-vous que l'invisible tribunal de l'opinion, peut rester frivole sans être précisement inique, parce qu'il ne prononcera point de peines capitales ? Vous vous abuseriez : il saura faire subir les peines les plus graves ; et, quelle que soit l'insuffisance des jugemens du public, le public les rendra redoutables. Ces chagrins qui peuvent conduire lentement à la mort, ces humiliations qui la font chercher dans une vengeance personnelle, ne furent que trop souvent l'effet d'une plaisanterie, ou d'une réflexion hasardée sans aucun dessein de nuire. Et d'ailleurs, ne nous est-il prescrit d'être justes que dans les occasions d'éclat? Que penser d'une raison qui craindrait d'être exercée trop souvent, et qui abandonnerait à la folie une grande partie de nos jours.

Les préventions qu'entretient l'animosité, deviennent la source la plus corrompue, il est vrai, mais non pas la plus abondante de cette multitude de jugemens insensés qui partout affligent les villes et qui troublent aussi la paix des campagnes. Souvent on n'est point pervers, et l'on est pourtant repréhensible. Il y a dans la médisance même plus d'indiscrète vanité que de médisance réelle. On croit devoir parler à chaque moment, on veut être applaudi; ce besoin imaginaire peut égarer les hommes qui prétendent que la bonté naturelle suffit sans règle et sans vigilance. Ceux même qui seraient en garde contre des tentations plus odieuses, céderont à cette fantaisie d'éveiller la curiosité des personnes qui les écoutent, d'agiter leur imagination, de les éblouir enfin par de vives saillies.

Confucius voulait qu'on s'examinât scrupuleusement soi-même, et qu'on regardât les autres avec indulgence. Aimer à découvrir des fautes dont on n'est pas responsable, c'est le propre d'une tête faible, qui n'admet que des conceptions étroites. On observe les gens du voisinage, pour trouver une occasion de penser; on les juge, pour avoir quelque chose à dire. Les louer, ne serait pas assez piquant; les excuser, ce serait l'objet d'une discussion pesante: en les blâmant au contraire, on montre plus facilement quelque finesse, on fait valoir une triviale connaissance des hommes, et rien d'ailleurs ne rend l'expression ingénieuse comme le sourire de la malignité. « Tout le
» monde est enclin à éplucher et à décou-
» vrir les vices d'autrui. Et il ne faut pas pen-
» ser que ce soit excuse valable, si nous ne
» mentons point; car celui qui défend de dif-
» famer le prochain en mentant, veut que son
» estime soit conservée autant qu'il se peut
» faire avec vérité....... La cupidité d'ouïr les
» détracteurs, et la promptitude de leur prê-
» ter l'oreille, et de croire légèrement à leurs
» mauvais rapports, n'est pas moins défendue

» que de détracter; car ce serait une moquerie
» de dire que Dieu haït le vice de malédicence
» en la langue, et qu'il ne reprouvât point la
» malignité du cœur. Mettons peine, tant qu'il
» possible, et expédient......., de ne donner
» point facilement lieu en notre cœur à mau-
» vaises suspicions; mais prenant en bonne part
» les faits et dits de tout le monde, conservons
» en toute manière l'honneur à chacun. [1] »

Cette union qui serait si convenable entre des êtres soumis aux mêmes besoins et aux mêmes misères, cette paix qui devrait être le partage des disciples du même maître, pourquoi paraît-elle un bien idéal? ne dépendrait-il pas de nous d'en réaliser les promesses, et n'est-ce pas évidemment notre faute si l'on ne voit rien de semblable sur la terre? Quel fruit retirez-vous des calomnies, des démêlés, et des haines? Est-il jamais arrivé que l'on accablât les autres sans bientôt s'attrister soi-même? On voit quelques familles à peu près exemptes de ces divisions; la vraie loi, plus aimée, plus fidèlement observée, en délivrerait les nations entières.

En ceci, comme en toute autre chose, on

---

[1] Inst. de la rel. chrét., liv. II, ch 8.

n'exige point de vous l'infaillibilité, la perfection ; mais il vous est prescrit du moins de réparer le mal aussitôt que vous le connaîtrez. Ne vous attachez pas à justifier ce que vous avez fait par inadvertance ; votre aveu désarmera l'inimitié même. La discorde sera très-facile à contenir, quand on voudra sincèrement l'arrêter ainsi dès les premiers pas. A la bonne foi qui prévient la plupart des difficultés, joignez assez de franchise pour étouffer quelques mauvais germes qu'un moment de faiblesse aurait laissé naître. « Ne vaut-il pas beaucoup mieux s'expliquer avec un homme, le reprendre, et lui donner lieu par-là d'avouer sa faute, que de garder de la colère contre lui [1]. ? »

Ces offenses que vous avez reçues, ces torts que jadis on eut envers vous et dont vous aimez à vous plaindre, ces fautes impardonnables à vos yeux, se réduisent le plus souvent à de simples négligences et à quelque procédé peu généreux, ou à des froideurs dont les vraies causes diffèrent beaucoup de celles qui s'offrirent à votre esprit. Tel, dans ses rapports avec vous, éprouve des obstacles qui le con-

---

[1] Ecclésiastique, ch. 20.

trarient lui-même. Parce qu'il ne s'explique pas, vous l'en rendez responsable; mais, loin d'agir à son gré, peut-être a-t-il trop de honte de cette situation, et se croit-il réduit à suspendre tout projet d'intimité jusqu'au temps où les faits doivent parler hautement en sa faveur. Tel autre, qui dans ses revers trouva chez vous un asile, ne vous presse point de partager sa retraite, tandis que vous éprouvez des embarras semblables à ceux dont apparemment, dites-vous, il perd le souvenir; mais il a une femme qui ne veut pas vivre avec la vôtre, ou des parens dont la protection sera nécessaire à ses enfans, et qui exigent que vous soyez écarté. Ces circonstances qui l'affligent lui-même, ou vous les savez, ou il vous serait facile de les entrevoir; cependant vous croyez agir avec modération en ne lui faisant pas des reproches formels, et votre cœur s'éloigne de lui. Examinez votre propre conduite, et voyez si d'autres n'auraient pas contre vous des prétextes semblables. Vous vous êtes séparé d'un homme que vous estimiez beaucoup, mais dont la profession ne vous convenait pas, et dont le fils suivait des principes que le vôtre ne devait point connaître avant l'âge d'en sentir tout le danger. Ces raisons vous parurent suffisantes ; d'autres hommes ont les leurs : si vous voulez absolument en juger, que ce soit du moins après les avoir écoutées de la bouche même de ceux que vous croyez coupables. Et lorsque vous les trouverez faibles, souvenez-vous encore de cette réflexion d'un sermonnaire : « Les hommes ne sont pas assez vertueux » pour fonder la paix sur l'équité constante, » et jamais ils ne l'obtiendront que par la fa-» cilité du pardon [1]. »

C'est pour votre propre intérêt, pour votre repos que vous pardonnerez. Si même la loi divine ne l'exigeait pas, la prudence humaine nous y conduirait : voudrions-nous que les haines devinssent légitimes ? Que de gens alors s'élèveraient contre nous ! Voyez les pays où la vengeance est consacrée par un aveugle usage. Fussiez-vous certain de n'avoir donné à personne le droit prétendu de vous punir, de se venger de vous, sans cesse vous auriez à éviter les suites de ce que vous feraient entreprendre vos propres ressentimens. Celui qu'on immole pour quelque ancienne offense, trouve aussi des défenseurs vindicatifs qui succom-

---

[1] *Élisée*, sur le pardon des injures.

beront à leur tour dans d'autres représailles; et la haine de deux familles, ainsi alimentée, doit finir par l'extinction de l'une d'elles.

Ces divisions, ces embûches, ces emportemens, tous ces maux viennent d'un mal qui paraît léger, de ce qu'on ne surmonte point les premiers mouvemens d'impatience, de ce qu'on néglige d'abord de se conformer à cette maxime descendue des cieux : « Comment réduirai-je au silence celui qui me calomnie, celui qui affecte de me mépriser ? en devenant plus vertueux. »

L'impatience et le désordre supposent la faiblesse; ce qui nous conduit à l'injustice, c'est l'intérêt personnel qu'irrite notre incapacité. Les liens vulgaires nous jettent dans le doute, et multiplient nos fautes. Ne conservons avec les hommes que les rapports les moins compliqués, les rapports durables. Détachez-vous en partie de ce que renferment des bornes étroites; celui qui devient libre a besoin de plus d'espace. Les cieux sont immenses, et ils sont réguliers. Plus forts, nous deviendrons meilleurs; c'est la crainte qui fait les méchans, et ce sont nos désirs qui perpétuent l'iniquité. Séparons-nous d'avance de ce qui périt sous nos yeux même, ou de ce qui change pendant qu'on s'y attache ; nous serons moins éloignés du Dieu vivant. Dieu est bon, il est grand : Dieu est nécessairement juste, parce qu'il commande à toutes choses.

SOIRÉE XXVI.

Amour des hommes, etc.

Mes réflexions trop vagues se ressentent de l'habitude que j'avais prise d'écrire pour moi seul. Je réunis presque sans choix les pensées qui se présentent, et je vois avec une sorte de satisfaction le peu d'art que l'on y trouvera. Je n'ai recours à aucun ornement ; il faut que la vérité soit mon soutien ; si je l'altérais en ne m'occupant que d'elle, comment me le dissimulerais-je ?

Je m'étais dit que, sans obtenir l'approbation réservée aux talens ingénieux, le zèle pouvait suffire à d'autres égards. Cependant la stérilité de mes expressions affaiblit les maximes que je croyais utiles. Pourquoi ces pages me satisfont-elles si peu moi-même ? pourquoi n'y puis-je retrouver ce dont j'avais cru les remplir ? Quelle impuissance que je ne prévoyais pas, les rend froides et vaines ? L'Esprit divin, qui fait naître et qui reproduit toutes choses, ne m'a pas accordé de transmettre la force des sentimens, la plénitude de la conviction, la véhémence des désirs. Mais dois-je en être surpris? Qui étais-je pour prétendre à ces dons, moi qui commande si mal encore à mes affections terrestres ? Si quelquefois un mouvement plus généreux me dégage de mes liens, et me fait mieux entrevoir les choses élevées, le découragement succède à ces efforts, et je crains de me retrouver semblable aux infortunés qui bornèrent dans le siècle toute leur existence.

Mais attendrai-je pour appeler d'autres hommes dans le chemin de la justice, que j'y marche moins aveuglément moi-même. Si je diffère, ne serai-je pas ensuite arrêté par les mêmes motifs jusqu'à ce que la mort me ravisse toute occasion de faire un peu de bien ? L'imperfection de cet écrit ne m'empêchera donc point de l'achever. Nul ne sentira plus que moi, combien il manque d'onction et d'énergie. J'avais eu le désir d'en changer divers passages, je voulais m'efforcer de le rendre moins défectueux; mais tout au contraire, plus j'en suis mécontent aujourd'hui, plus il me paraît convenable de le terminer avec la même simplicité. Si, dans un autre temps, je crois écrire d'une manière plus heureuse, plus entraînante *, alors je détruirai ceci ; non pas pour le soin de ma réputation, puisqu'on ignorerait sans doute quel en est l'auteur, mais pour éviter de fréquentes répétitions. Je m'occuperais nécessairement des mêmes objets ; et d'ailleurs un seul volume doit renfermer tout ce j'aurai à dire, ou du moins tout ce que j'entreprendrai d'exprimer.

Si quelqu'un parvenait à faire bien connaître les secrets de la retraite, ce qu'elle persuade, ce qu'elle commence à révéler, il y aurait de grands changemens dans les vœux même de la multitude, et l'esprit de l'homme trouverait du repos. Mais l'agitation du monde actuel est apparemment conforme aux desseins de la Providence. Et, par cette raison, il est deux choses que nul langage humain ne divulguera entièrement ; la douceur tous les jours moins imparfaite d'une solitude religieuse ; et le vide, la sécheresse, la fausseté pour ainsi dire de ce qu'on veut appeler la vie positive.

C'est une grande erreur de se dire que, si les choses visibles sont inexplicables, nous pou-

---

* On voit que ce dessein n'eut aucune suite. Peut-être l'auteur est-il mort dans un âge très-peu avancé.

vous vivre dans la licence, parce que nous mourrons tout entiers. Quiconque se souvient de Dieu sent au contraire que des êtres imparfaits doivent être une exception au milieu de l'immensité des êtres, et que, si nous discernons peu d'objets dans nos régions obscures, il en reste beaucoup à découvrir dans les régions infinies. Celui qui désire la lumière, se prépare pour être trouvé digne d'en jouir; malgré les séductions des sens, il écoutera la voix surnaturelle qui lui inspirera de résister au mal, afin d'en être un jour délivré pour jamais.

Pourquoi l'aspect des choses présentes nous étonne-t-il? Parceque le mal s'y trouve mêlé, tandis que le bien est l'ouvrage de celui qui peut tout. Ce mal est une exception; nous n'en savons pas le terme, mais il est prochain sans doute. Faisons donc le bien; c'est déjà nous séparer en quelque sorte de ce qui va périr, c'est commencer à vivre sous la loi éternelle.

Être unis contre le mal, voilà le premier devoir sur une terre d'affliction. Ne nous persuadons jamais que le mal souffert par un autre homme soit étranger à nos propres intérêts. Les périls sont communs, la résistance doit être commune. Aimons-nous; ce lien mutuel par sera plus fort que le fardeau des misères. La charité est sublime, *Deus charitas est*[1].

La société humaine ne serait que trouble et folie, sans l'inviolabilité des engagemens, l'affection pour nos proches, les dispositions obligeantes envers nos semblables, et le respect pour tous les genres d'infortune. Si nous connaissions toutes choses, certainement nous verrions que la justice règne; mais elle est cachée à nos regards, et nulle science n'a expliqué l'univers.

Ce perpétuel désordre, cette confusion morale, la malveillance, les durs mépris, les bontés ironiques de l'oppresseur, et l'insolence des heureux, cette iniquité au milieu des desseins du Très-Haut doit nous faire comprendre que la vérité nous reste inconnue, que le plan général est pour nous maintenant comme s'il n'était pas, et que la nouvelle loi, conséquence indirecte de l'ordre primitif, ne saurait éclairer davantage l'incompréhensible travail de nos volontés passagères.

Une grâce m'a été donnée; les maximes et les goûts inconsidérés de la jeunesse ne m'ont séduit que faiblement. Dès que j'ai été ca-

---

[1] Ép. de saint Jean, I, 4.

pable de quelques réflexions, j'ai pris l'habitude de me supposer à la place des autres, soit dans mes rapports avec eux, soit lorsque j'observais seulement leurs penchans au milieu de leurs perplexités.

Assez tôt convaincu de notre extrême faiblesse, et ne voyant guère dans le succès de nos entreprises que les bienfaits d'une destinée inconnue, ou l'accomplissement des lois suprêmes, je ne partageais pas la témérité de celui qui dit : Je ne succomberai point; l'on ne me verra pas, moi qui ai l'âme élevée, souffrir patiemment ce que d'autres supportent, et courber la tête sous le joug obscur des longues infortunes. Non, me disais-je, il n'est point de prudence infaillible, point de force, point de génie qui nous garantisse de l'abandon des hommes. Fussiez-vous dans l'intention de sortir de la vie plutôt que d'essuyer des revers humilians, vous ne savez pas si le concours de certaines circonstances ne pourrait point vous retenir, suspendre vos résolutions, et, de degrés en degrés, vous placer, vous qui prétendez à tant de choses, auprès de ce misérable dont l'entier dénûment excite vos mépris.

Mais il en est qui vont plus loin; ils osent reprocher à leur semblable des maux qu'ils ne partagent pas encore. Par une vanité surprenante, on rit de la douleur. Un homme rit de la douleur d'un homme! Quel oubli du devoir, quelle ignorance de l'avenir! N'insultez pas même aux difformités de l'âme; ne cachez pas ainsi votre insensibilité sous le masque de la vertu. Le fidèle qui hait le péché, ne hait point le pécheur; jamais il ne hait les hommes. Quand vos frères deviennent l'objet de vos dédains, vous êtes entraîné par autre chose que par un simple amour de la perfection. Tout ce courroux contre les faiblesses d'autrui, disait un homme vertueux, dégénère en haine pour les coupables.

La religion, la raison même, supposent chez les hommes une liberté sans laquelle ils ne seraient plus des agens responsables de leur conduite, mais d'aveugles instrumens de la volonté irrésistible. Cette force universelle nous semblerait aveugle elle-même; il faudrait lui imputer sans réserve et la corruption humaine, et les souffrances de tout ce qui respire. Si nos raisonnemens ne démontrent pas cette liberté, du moins nous croyons la sentir puisque nous raisonnons; chercher à se rapprocher de la vérité, c'est admettre qu'il dépend de nous d'éviter des erreurs. Mais notre liberté a peu d'influence sur le cours des choses matérielles, et sur la partie visible de nous-mêmes; il convient donc de distinguer, parmi tant d'imperfections, les défauts involontaires qui ne peuvent être chez les hommes le véritable sujet d'un reproche : cessons de négliger des lois morales si simples et si connues. On peut blâmer les entreprises illicites, l'avidité, la duplicité, l'intempérance, l'asservissement de l'âme, enfin ce qui prive souvent la vie intérieure de cette dignité dont elle est susceptible. Mais ni la charité du chrétien, ni la simple humanité de l'honnête homme, ne permettent qu'on remarque, sans une véritable compassion, les malheurs physiques, la laideur des traits, la faiblesse des organes. Votre curiosité offensante, et animée par l'orgueil le plus vulgaire, observe la démarche difficile ou gauche d'un homme dont les jambes sont inégales. Mieux instruit, vous le regarderiez avec respect; son malheur est la suite d'une opération très-douloureuse qu'il souffrit, dans sa jeunesse, parce qu'il s'était précipité au milieu des décombres d'un incendie, pour rendre des enfans à leur mère désespérée. Tel autre est privé d'un bras; il passe auprès d'une femme que vous voulez occuper de vous seul, et vous demandez à cette femme si ceux qui n'ont qu'un bras doivent songer à plaire. Vous jouissez durement d'un avantage qui vous sera ôté. L'une de ces nombreuses tuiles qui vous menacent tous les jours, vous rendra semblable à cet infortuné. Un homme vous verra dans ce moment, et vous dira : Tu le méritais. Cependant il sera puni lui-même, pour avoir voulu vous punir lorsque vous étiez aussi devenu un objet de pitié.

Il est un mal qui ne demande guère d'autre indulgence que l'humble souvenir de nos propres fautes ; c'est l'intention perverse quand elle est évidente, quand elle n'est pas désavouée par le coupable même. Et toutefois, lorsqu'il en porte la peine, l'offense faite aux hommes doit paraître effacée ; quelle serait l'excuse d'un esprit implacable plutôt que sévère qui en garderait la mémoire ? N'apercevez que la douleur ; soulagez-la s'il est possible. Voudriez-vous qu'elle accablât vos ennemis, ou même ceux que vous nommez les méchans ? Examinez et voyez s'il vous en reviendrait quelque autre bien que l'odieux contentement de votre haine.

Interrogez les moins sages des hommes ; que pourront-ils objecter, contre ce précepte, *Benefacite his qui oderunt vos*[1] ? Diront-ils que

---

[1] Mathieu, 5.

l'honneur outragé demande vengeance? Honneur faux et populaire; ressource d'un esprit commun qui fait des efforts pour devenir redoutable, n'ayant rien de ce qu'il faudrait pour se montrer généreux! Cet honneur inconsidéré n'est pas même selon les convenances de la société, puisque l'on se fait estimer des hommes si l'on y manque, pourvu que ce soit en s'élevant plus haut : on est sûr d'être approuvé partout en pardonnant, si l'on pardonne noblement. Avouez que cette honte mondaine de ne pas rendre le mal pour le mal n'est qu'un prétexte des âmes viles. « Bénissez ceux qui vous persécutent, disait saint Paul; vivez en paix; ne vous vengez point vous-mêmes [1]. »

N'a-t-il point l'homicide dans le cœur, celui qui peut sans remords se réjouir du trépas d'un ennemi, d'un concurrent, et quelquefois même d'un vieillard dont il croit hériter? Sans la crainte des lois pénales, la manière de penser d'un tel homme le conduirait au meurtre. Cependant on a vu le public, trop indulgent pourvu qu'on l'amusât, souffrir sur la scène une effrayante immoralité qui ne supposait d'autre obstacle

---

[1] Saint Paul aux Rom., ch. 12, vers. 14, 18, 19.

aux actions les plus noires, que l'établissement des échafauds.

Tout sera perverti si l'on méconnaît la sainteté de cette maxime : « Traitez les hommes ainsi que vous voudriez qu'ils vous traitassent vous-même [1]. » L'équité, la charité, se trouvent réunies dans ces paroles de la loi. La charité supposera toujours la justice; et la justice, à l'égard d'un être faible, sera nécessairement miséricordieuse. « N'attristez point le cœur du pauvre. Ne manquez pas de consoler ceux qui sont dans la tristesse, et pleurez avec ceux qui pleurent [2]. »

La vraie bonté ne se borne pas à quelques dons. Elle est de tous les momens; elle réglera toujours ce que vous ferez; elle entrera dans vos diverses résolutions, et elle rectifiera tout dans les fonctions que vous remplirez. S'il faut décider entre deux hommes, ne considérez que le droit; prononcez d'abord selon l'étroite justice dont vos recommandations ou vos conseils adouciront ensuite les rigueurs. Mais dans toute autre circonstance, occupez-vous surtout de l'opprimé, de celui qui est sans appui. « Si

---

[1] Luc, 6.
[2] Ecclésiastique, 4 et 7.

le pauvre a été trompé, on lui fait encore des reproches; s'il parle sagement, on ne veut pas l'écouter. Que si le riche parle, tous se taisent, et ils relèvent ses paroles jusqu'au ciel[1]. »

Une autre peine d'autant plus respectable pour l'humanité qu'elle doit être commune à tous les humains, c'est la peine du vieillard. Il n'a plus de consolation sur la terre, si on lui refuse des soins attentifs, des marques de déférence. Son âge peut les exiger du jeune homme, sans que ce soit pour celui-ci une servitude; il sera vieux à son tour, et l'homme avancé en âge eut autrefois les mêmes égards pour ceux qui étaient vieux alors.

Que tous s'appuient les uns sur les autres, *si unus ceciderit, ab altero fulcietur*[2]. « On fait beaucoup lorsqu'on fait bien le peu que l'on fait, et on le fait bien, quand on cherche plutôt à procurer l'avantage de tous, qu'à satisfaire sa volonté propre. Celui qui possède une vraie et parfaite charité, ne se recherche jamais lui-même....., et ne met sa joie dans aucun bien qui lui soit particulier[3].

---

[1] Ecclésiastique, 13.
[2] Ecclésiaste, 4.
[3] Imitation, liv. I, chap. 15.

Cette disposition générale préviendra les disputes, ou du moins les étouffera bientôt. Souvent elles ont leur principe dans quelque opposition d'intérêts; mais ensuite elles ne sont alimentées que par l'oubli de l'ordre universel, par l'indifférence de chacun de nous pour ceux qu'il lui était prescrit d'aimer, qui ont besoin maintenant de la même assistance, et qui pourront partager comme lui, les bienfaits d'une vie céleste. *Qui non diligit, non novit Deum*[1]. L'union serait le plus grand moyen de perfectionnement, comme le plus sûr indice du bonheur. Evitez les disputes, est-il dit dans l'Ecclésiastique, et vous diminuerez les péchés[2].

Ceux qui vivent ensemble doivent plus particulièrement encore, et devraient par cela seul se considérer comme des amis, comme des frères. « Les douceurs de la vie intime ont » pour les âmes saines un charme que les âmes » corrompues ne peuvent connaître. » Toute réunion suppose la communauté des vœux; sans cette intention mutuelle, la réunion serait un piége. Altérer volontairement la bonne in-

---

[1] Ép. de saint Jean, I, 4.
[2] Ecclésiastique, 28.

telligence sans laquelle il n'y a point d'association véritable, cesser d'être l'ami sincère de ceux avec qui l'on doit vivre; c'est agir contre soi-même ; et c'est, pour une vaine supériorité obtenue avec perfidie, se préparer des sollicitudes chaque jour renaissantes. Les inimitiés domestiques qu'un seul moment de bonne foi terminerait et qui détruisent tout le bonheur des familles, les mécontemens fondés sur des prétextes, la prudente méchanceté prompte à choisir pour ses victimes ceux qui n'ont pas de méfiance, ou qui éviteront les éclats, ceux qui nous aimeraient, ceux que nous devons le plus chérir ; voilà le dernier signe de l'affaiblissement des âmes, et l'opprobre des sociétés humaines. « Est-il quelqu'un parmi vous, qui se donne pour un homme sage et vivant selon la loi? Qu'il fasse paraître ses œuvres dans la suite d'une bonne vie, avec une sagesse pleine de douceur. Mais si vous avez dans le cœur de l'amertume et un esprit de contention, ne vous vantez point d'être sages, ne mentez point contre la vérité. Cette sagesse ne vient point d'en haut; c'est une sagesse terrestre, animale et diabolique. Car, où se trouve la jalousie et l'esprit de contention, il y a aussi du trouble et toute sorte de mal [1]. »

Heureuses les familles qui habitent des lieux tranquilles! Loin des dissensions du monde, elles conserveront plus sûrement le bonheur de l'intimité. Dans les villes, trop de mouvemens divers entraînent les cœurs, trop de suggestions les abusent; de faux plaisirs rendent indifférens les plaisirs purs, et des espérances multipliées affaiblissent les premiers penchans. Au milieu de ces vives promesses de bonheur, vous oubliez ce qui pourrait le donner, ou vous sentez que les autres l'oublieront. Les regrets vous découragent, l'incertitude vous refroidit; vous vous défiez de vos proches, et vous vous craignez vous-même : l'union des familles demanderait une réciprocité de besoins mieux sentie, et plus de repos, plus de satisfaction. Dans la retraite, on vit réellement et pour soi, et pour les siens; on est moins distrait, et l'on reconnaît sans cesse la main de celui qui nous protége tous. « Avec le sentiment de la Divini- » té, tout est grand, noble, beau, invincible » dans la plus vie la plus étroite; sans lui, tout

---

[1] Ép. de saint Jacques, 3.

» est faible, déplaisant et amer, au sein même
» des grandeurs [1]. »

Si vous aimez vos semblables, fuyez la foule ; c'est dans la solitude que l'on rencontre des frères, c'est là qu'on retrouve l'homme, l'enfant de Dieu. Comme on entrevoit les astres lorsque la lumière du jour se retire, lorsqu'on cesse de pouvoir observer la plupart des objets de la terre ; ainsi on discerne des signes plus sensibles de la loi générale, et on est plus près de connaître l'homme, quand le bruit des hommes s'éloigne, quand on n'apprend plus rien de leurs passions présentes, quand on se souvient seulement qu'ils sont tous sujets à s'égarer, qu'ils sont tous capables de se repentir.

Ne craignez point que les capitales soient abandonnées. Assez d'hommes sentiront l'importance des glorieux desseins qu'on y forme à l'envi, assez d'hommes voudront jouir des dons précieux qu'on s'y dispute avec autant de politesse que d'acharnement. Vous qui respectez l'ordre moral, et qui ne voulez pas que les suites de vos bonnes intentions dépendent trop souvent du hasard ; vous qui connaissez l'importunité des obstacles, et la force de l'exemple,

---

[1] *Études de la Nature*, dernier art. de l'étude 12ᵉ.

préférez la paix des campagnes : vous y entendrez de toute part la voix de la sagesse; la constance, la modération, la simplicité y seront plus faciles, et vous y goûterez mieux les douceurs de la fidélité.

SOIRÉE XXVII.

Bienfaisance, commisération, etc.

Le précepte de soulager celui qui souffre est bien propre à faire sentir toute l'imperfection de la société. Il est donc vrai que, sans une loi expresse, les malheureux pourraient n'être pas secourus : dans une grande réunion, au milieu du concours de tant de volontés, il existe donc, malgré les apparences, un égoïsme général ; chacun, s'il ne se rend nécessaire à des intérêts particuliers, se trouve isolé parmi les hommes, et celui-là n'est rien pour eux qui est homme seulement.

Une race puissante a l'empire sur les êtres animés, sur les choses de la terre ; mais elle fut séduite, et l'ordre n'est plus son objet. Son travail qui paraît si grand devient inutile ; c'est par les désirs qu'elle s'éloigne du bonheur et tout ce qu'elle fait avidement, elle le fait contre elle-même. N'avouera-t-on jamais que cette industrie favorable à quelques individus attente aux droits du grand nombre ; que tant de faste et tant de soins servent seulement à rendre moins visibles des peines plus accablantes; que la persévérance et le dévouement élèvent des fourbes, enrichissent des bateleurs; et qu'enfin au milieu de cette fatigue, on perd la franchise, la pure joie, la santé, la liberté?

L'esprit et le cœur ont été frappés d'une même affliction : elle altère aux yeux de l'insensé la vraie couleur des objets; il cherche dans de nouveaux désordres un aliment pour ses vœux insatiables; et, au lieu de se nourrir de ce qui lui était propre, il dévore ce qui le tue. On s'était figuré que les excès du luxe calmeraient notre convoitise, et que l'ostentation déguiserait notre faiblesse. Ces tristes calculs de la vanité n'ont rien produit de semblable; mais ils consument en une heure ce qui ferait la consolation et la paix de vos jours, si vous le donniez à vos frères indigens.

Vous seriez rarement insensibles à leurs souffrances; mais, dans le trouble de vos besoins imaginaires, vous ne discernez plus les vrais besoins, vous n'entendez pas les plus justes plaintes. Ce commandement fait à des hommes de secourir des hommes, cette loi trop simple, et dont la naïveté pourrait surprendre, devenait sans doute indispensable, puisqu'elle reste encore insuffisante. Cependant c'est un lien d'amour qui embellit et conserve les diverses parties du monde ; on le remarque surtout dans les espèces animées, et les affections de chaque être le rapprochent d'un certain nombre d'êtres. Plus intelligens que la brute, les hommes doivent être plus aimans ; c'est à eux que cette loi principale fut donnée, *diligatis invicem*.

S'ils s'aimaient, si seulement ceux qui sont incapables de mal faire voulaient le bien des autres, comme ils veulent leur propre bien, les excès n'auraient plus d'excuse, et la tentation même s'éloignerait de ces caractères impatiens et dangereux que la tiédeur générale conduit au crime. Mais la terre est abandonnée pour un temps à une activité qui suscite partout la discorde. L'on ne sait d'autre secret pour échapper au sentiment de ses propres erreurs, que d'inventer de perpétuelles distractions ; comme dans quelques sacrifices, où les cris des victimes humaines semblaient étouffés par la sinistre allégresse des hymnes et des chants superstitieux.

Que du moins en particulier chacun s'efforce d'adoucir la misère d'autrui. La bienfaisance, si nécessaire dans une société malheureuse, est le fruit des bonnes mœurs, et semble aussi en être le principe, tant elle contribue à les faire aimer. Rendre les cœurs moins mécontens, c'est généralement les rendre meilleurs ; c'est s'opposer à la fois et au mal qui se fait, et au mal qu'on éprouve. Le vice et le chagrin se reproduiraient mutuellement.

Cependant ne nous laissons pas subjuguer par la prétention de faire des heureux, de combler tous les souhaits. La raison, la piété même ne conseillent d'entreprendre que ce dont le succès du moins est vraisemblable. Evitez l'illusion de la bienfaisance*, cette faiblesse des justes; soyez plus justes encore, et même en aspirant à devenir les instrumens du bien, restez humbles parmi vos frères affligés. Jamais vos dons ne satisferaient entièrement un seul individu, mais avec les mêmes efforts vous consolerez tous les ans plusieurs familles. C'est du soulagement qu'il faut aux hommes ; ils ne sont pas ici pour le bonheur, la réunion des faux biens

---

* Ce mot de *bienfaisance* est l'un des meilleurs de la langue, l'un des plus heureusement composés : il rappelle que donner à ceux qui ont très-peu, ce n'est pas seulement leur faire du bien, que c'est en général bien faire et diminuer la cause des désordres.

Note de l'Auteur.

les accablerait. Ne leur montrez pas cet appareil de félicité, mais aidez-les à porter le joug ; leurs peines seront salutaires quand la vraie charité en allégera le fardeau, épargnez-leur avant tout celles qui peuvent conduire au désespoir, ou du moins à de coupables murmures. Jouir tous les jours davantage, c'est le vœu de la passion, et ce vœu multiplie nos maux ; ne souffrir qu'en proportion de nos forces, et obtenir assez de calme pour laisser à la vertu ses libres exercices, tel est l'objet de la sagesse : soutenez donc vos frères, afin qu'ils cessent de gémir sans retenue ; mais laissez à l'imprudent le soin d'offrir et d'accumuler des avantages stériles.

Vous jouissez des bienfaits du Père commun ; c'est en frères qu'il faut jouir, c'est à cette condition que vous avez des champs féconds ou des arts utiles, et que vous voyez les bêtes de somme partager vos travaux. Ces biens innombrables ne sont pas également répartis. Quelques-uns d'entre vous en sont pour ainsi dire accablés ; ils se hâtent de s'en prévaloir, et leur conduite annonce beaucoup d'insensibilité. Que les pauvres travaillent, disent-ils ; au milieu des hasards de la vie, que chacun s'occupe de ses propres douleurs ; que ceux-là souffrent qui ont le sort contre eux, l'on n'aurait aucun repos si l'on écoutait toutes les plaintes. Il est vrai que, lorsqu'ils profèrent en public ces sortes de discours, ils peuvent prendre soin de les adoucir; mais vous trouverez quelque chose de plus dur encore dans d'autres expressions qui leur échappent, et qu'ils croient moins propres à les faire connaître.

Dépositaires infidèles, vous perpétuez l'inégale répartition qui laisse des milliers d'hommes dans la détresse, afin de donner à trois ou quatre individus une opulence dangereuse pour eux-mêmes? Ce soleil, qui, durant une suite de siècles paraît tous les jours à la minute marquée, ne mûrit pas régulièrement les fruits de la campagne pour les livrer à des caprices avares, et pour produire au milieu de la disette même de déplorables excès. Il y a dans ceci une intention cachée, mais la droiture du cœur suffit pour la faire découvrir. Généreuse avec plus de magnificence, la divine sagesse élève l'homme à la dignité d'artisan du bien. Elle lui dit : Voilà un monde imparfait, c'est à toi d'y rectifier ce que tu peux connaître; j'ai permis au mal de s'y introduire, tu le repousseras; j'y ai rendu le bien naturel, tu travailleras à l'y établir sans retour, en te conformant au plan général; mérite cette autorité sur la terre, n'y laisse volontairement aucun désordre.

Le bonheur promis, devait-il être plus facilement obtenu? La justice que nous ne saurions séparer de l'idée de Dieu, ne pouvait-elle pas exiger que des biens durables fussent du moins achetés par des efforts d'un jour? Ces légers sacrifices, considérez-les comme des témoignages de fidélité. « Vous n'êtes dans les desseins » de Dieu que les ministres de sa Providence » envers ceux qui souffrent.... Tout ce que vous » êtes, vous ne l'êtes que pour eux[1]. »

Voudriez-vous ressembler à tant de chrétiens à qui, pour ainsi dire, il ne reste du christianisme que des habitudes irréfléchies? Ils seraient incapables de renoncer aux biens futurs pour conserver des biens que tout consume; mais par un défaut de zèle non moins funeste, ils perdront ces espérances que la foi autorisait. Ils reconnaissent leurs devoirs, mais ils les négligent; ils sentent la nécessité du précepte, mais en voient-ils toute l'étendue? Ils sont charitables, mais que donnent-ils en effet? Ils

---

[1] *Massillon*, sur l'Aumône.

donnent à peine ce dont l'absence ne leur impose aucune privation. Tout leur manque quand les indigens se présentent, parce qu'ils ont tout prodigué lorsqu'il s'agissait d'eux-mêmes. Ils accordent aux pauvres, durant le cours de leurs années, ce qu'ils dépenseraient en un seul jour, ce qu'ils livreraient avec empressement pour d'orgueilleuses fantaisies, ce qu'ils laisseraient échapper pour des convenances incertaines à leurs yeux même, ou seulement par faiblesse, par irrésolution. Tel souffre un domestique infidèle, et fait chasser un pauvre qui, dit-il, l'incommode; il tolère les habitudes ruineuses de ceux qui l'entourent, les dilapidations de ceux qui le servent, mais il attend un accroissement de richesses pour retirer du malheur un parent qui l'avait cru son soutien.

Le plus souvent ce n'est point perversité, c'est plutôt inadvertance; et néanmoins cet oubli du devoir est toujours condamnable. Peut-être serait-on porté à s'occuper des infortunés, peut-être voit-on avec regret l'impuissance où l'on croit être de les secourir; mais si on l'avait voulu d'abord, on le pourrait facilement aujourd'hui. Esclave du luxe et des modes les plus dispendieuses, en réglant votre maison, vous n'avez eu d'autre soin que de céder à l'opinion, à la coutume ; en songeant surtout à ce qui mérite à peine quelque attention, vous vous trouvez sans moyens pour les choses essentielles, et vous suivez avec une fatale constance cet ordre prétendu, si contraire à l'ordre légitime.

Des gens riches promettent de donner leur superflu. Quel sera-t-il ? Ceux qui passent pour les moins imprudens, élèvent leur dépense au niveau de leurs revenus. Ils comptent sur de nouvelles possessions ; mais s'ils voulaient examiner d'avance les chemins sans issue dans lesquelles ils s'engagent, ils penseraient aux fortunes énormes dont les propriétaires éprouvent encore une sorte de pénurie. Le superflu qui se trouve quelquefois dans de simples habitations, et jusque chez les villageois, est inconnu dans les hôtels encombrés d'or. Cet or y entre par cent canaux ; mais il faudrait des efforts inouïs, pour en détacher quelques parcelles en faveur de tant de malheureux dont cependant la joie serait peu coûteuse. On fait de cet or un usage plus naturel ; un nombreux domestique s'en couvre insolemment, et l'habit d'un seul laquais payerait les dettes d'une famille. Mais que les malheureux ne cherchent point à s'introduire dans ces maisons où tant d'hommes qu'on n'estime pas sont fastueusement accueillis. Que le chrétien pauvre, dont les destinées furent confiées à ces riches, chrétiens comme lui, n'en réclame jamais une humble, une indispensable subsistance. Il se pourrait qu'il en fût quelquefois écouté : mais auparavant il faudrait avoir franchi un barrière trop redoutable ; il faudrait avoir apaisé dans les antichambres une troupe oisive et prompte à faire valoir ses basses prétentions, comme cet animal qui s'acharne plus volontiers sur les indigens, qui les devine à leur craintive démarche, et les éloigne par ses morsures ou les poursuit de ses aboiemens.

Qu'entendez-vous par votre superflu ? Vous disputez avec la loi ; des différentes manières dont l'Écriture s'exprime, vous avez choisi ce mot : *Quod superest.* Mais voulez-vous de bonne foi considérer quel est le superflu des riches, ce qu'il est de votre temps ? C'est la majeure partie de vos revenus. L'Évangile dit, il est vrai : *Quod superest, date eleemosynam ;* mais l'évangile dit aussi : *Vende quæ habes, et da pauperibus.* Que craignez-vous ? il n'est qu'une chose importante, c'est de se rendre digne des biens parfaits. *Anima plus est quam esca..... Facite vobis thesaurum non deficientem*[1].

---

[1] Luc, ch. 12, v. 23 et 33.

Les fruits de la fécondité générale sont accumulés dans de certaines mains, sans doute parce que diverses entreprises utiles pour tous seraient plus difficiles à exécuter si le partage était plus égal. C'est encore, et c'est surtout afin que l'attente des uns et le don volontaire des autres lient tous les hommes par une réciprocité agréable aux riches, nécessaire aux pauvres et salutaire à tous, soit dans le présent, soit pour l'avenir.

Un homme pieux a dit, en parlant des prétextes tirés de la fainéantise des pauvres, que, s'ils s'abandonnent au vice, c'est qu'on les abandonne à leur infortune. Quelquefois ces reproches de paresse ne seraient pas sans fondement; mais ne vous hâtez pas de juger celui qui souffre, vous a-t-il dit la cause de ses maux? *Charitas non cogitat malum*[1]. Vous connaissez bien peu ce monde où vous dominez, si vous trouvez dans les revers une preuve d'inconduite. Ce serait un léger inconvénient qu'il vous arrivât de fermer les yeux sur les fautes de quelques hommes réellement inexcusables; mais vous commettez vous-même une faute grave, si vous attribuez au désordre le malheur

---

[1] Saint Paul aux Cor., I, 13.

de celui qui ne mérite aucun reproche, et si à la privation de vos secours se joint votre injustice qui rendra ses peines beaucoup plus amères.

La véritable bienfaisance ne connaît pas cette acception des personnes. Dans ses dons particuliers, dans ce qu'elle fait librement et par un zèle surabondant, elle préférera jusqu'à un certain point les infortunés les plus estimables ; mais dans la distribution des secours ordinaires, dans cet accomplissement des devoirs, elle traite également tous les malheureux : quand elle rencontre un vieillard affaibli par la faim, elle ne s'informe pas si trente ans auparavant il vivait avec frugalité.

Vous n'alléguerez point que la miséricorde ne venant qu'après l'équité, vous manqueriez à la justice en ne mettant pas dans la balance, les défauts comme les qualités estimables; lorsqu'il faudra distribuer des secours, vous n'écouterez point cette justice mal à propos scrupuleuse. Il ne s'agit pas alors d'apprécier les hommes sous le rapport moral, vous ne devez voir que leurs besoins. Ne vous arrêtez plus à l'idée qu'on se forme d'un homme juste ; ce n'est pas le juste seul que la loi vous recommande, et d'ailleurs le juste est précisément celui qui a le moins besoin d'assistance. Mais comparez les derniers de ces indigens à l'être affreux, à l'être imaginaire dont la scélératesse mériterait une véritable proscription; découvrant alors des qualités précieuses au milieu des vices, et quelques dispositions honnêtes chez celui même qui s'est le plus égaré, vous trouverez que de tous ceux qui s'adressent à vous, aucun n'est tombé dans un état qui vous autorise à méconnaître en lui la qualité d'homme.

La charité voit tous les mortels d'un œil égal; comme elle n'examine point leur condition, ou leur importance dans le monde, elle ne rejette pas non plus ceux à qui la vertu paraît manquer. Le seul être auquel je ne doive point d'indulgence, c'est moi-même; ma propre conduite est la seule dont je sois responsable; c'est aussi presque toujours la seule qui me soit vraiment connue. Rien ne justifierait ma sévérité à l'égard des autres, la charité est tolérante. *Omnia suffert. Videte ne quis malum pro malo alicui reddat, sed semper quod bonum est sectamini in invicem, et in omnes*[1]. Pleine de candeur, sans ambition, sans envie, ennemie des soupçons, la charité est nécessairement éloi-

---

[1] Saint Paul aux Cor., I, 13; aux Thess., I, 5.

gnée de toute dispute, de tout ressentiment: *Non irritatur*[1]. Ce ne serait pas être vraiment bienfaisant, que de faire du bien en suivant des penchans particuliers: *Benefacite his qui oderunt vos....... si enim diligitis eos qui vos diligunt, quam mercedem habebitis.*[2]?

L'orgueilleux n'admet point que l'homme qui a besoin de ses secours puisse être regardé comme son égal en aucun sens; prévenu de cette idée, que les autres sont plus corrompus que lui-même, il n'aperçoit pas dans cette disposition une marque de son propre avilissement. Le bien qu'un envieux voit faire, l'importune, et il l'attribue à de secrets motifs. Mais celui qui aime la justice a d'autres sentimens; et jusque dans la société, ne sait-on pas que la méfiance est étrangère aux hommes les plus estimés, qu'il leur en coûte de commencer à croire le mal dont les effets sont déjà sensibles? Le soupçon est plus naturel à celui que sa conscience avertit chaque jour; il découvre au-de dans de lui-même que la perfidie est vraisemblable, et que des intentions hideuses sont quelquefois cachées sous une hypocrisie plus hideuse encore.

---

[1] Saint Paul aux Cor., I, 13.
[2] Mathieu, 5.

Dépouillez les hommes de tout ce qui n'est pas eux, vous vous tromperez moins sur leur mérite. Celui que des dehors favorables soutiennent dans le monde, y sera continuellement approuvé : honneurs, éclat, pouvoir, tout l'aide à remplir à son gré le rôle qu'il accepte, et son travail se borne au soin de paraître achever lui-même ce que le sort fait pour lui. Mais l'homme en faveur de qui le sort n'a rien fait, aura toujours à combattre; réduit à sa nudité première, il doit résister seul aux choses et aux hommes; c'est celui-là qui mérite les regards du sage. Supposez-vous à la place de ceux que la fortune abandonne, vous vous ferez une idée plus vraie de leurs efforts intérieurs. Ne les dédaignez pas même lorsqu'ils succombent; ayez plus de bienveillance, croyez que les ressources leur sont ravies; plaignez une faiblesse que peut-être vous ne partageriez pas, mais que peut-être aussi vous partageriez. Nul ne connaît au juste le terme de ses forces, nul ne sait bien prévoir le jour du découragement.

N'oubliez point que les mêmes douleurs peuvent vous atteindre; vous approcherez alors des malheureux avec une sollicitude pleine de délicatesse qui doublera le prix de l'aumône. S'il en est dont vous ne puissiez adoucir les maux, vous chercherez du moins à leur donner des consolations, vous aurez pour eux des soins particuliers ; honteux de votre impuissance, vous sentirez que cette disette n'est pas moins grande que la leur, et, voyant qu'ils ne reçoivent pas de vous ce qu'ils en attendaient, vous vous humilierez devant eux.

Comme vous ils sont hommes ; débiles comme vous, ils comptent laborieusement les minutes qu'on ne revoit jamais. Fils du même père, disciples de la même loi ; livrés aux mêmes tentations, également destinés à vieillir en nourrissant des espérances et à mourir avec effroi ; semblables à vous dans tout ce qui est essentiel, et moins favorisés sous des rapports fugitifs ou incertains, vos inférieurs dans un monde frivole, mais vos frères devant celui qui anima sans distinction la poussière humaine ; tels sont les pauvres : et, puisque vos fortunes diffèrent beaucoup plus que vos personnes, sans doute ils sont au-dessus de leur sort, ou vous êtes au-dessous du vôtre. C'est à vous à montrer, par des égards sincères, que vous appréciez religieusement l'homme honnête vivant de peu jusqu'à l'heure de la délivrance.

C'est l'élévation de la pensée qui inspire une sorte de respect pour le malheur. Non-seulement les hommes que la pauvreté comprime peuvent avoir autant de mérite que ceux dont une pompe triomphale rehausse les talens, ou même les vertus; mais la charité doit aller plus loin, la charité est plus douce que la justice. Considérez tous les humains comme ayant des droits égaux tant qu'ils paraissent heureux: s'il en est un que le malheur frappe, aussitôt vous le mettrez dans les premiers rangs; de nouveaux revers pourront devenir auprès de vous un titre plus vénérable, et même vous n'aborderez qu'avec beaucoup d'intérêt celui que poursuivront les mépris irréfléchis de la multitude. Il suffit d'un cœur simple pour éviter la dureté du siècle, et pour ne pas fuir les infortunés; mais c'est avoir quelque intelligence de la loi impérissable, que de les chercher dans l'oubli dont ils n'osent sortir, de les préférer dans leur ruine, de les admirer dans leurs combats.

Si vous êtes généreux par ostentation, vos largesses ne méritent plus le nom de bienfaits. On voit plusieurs hommes placer leur orgueil dans cette libéralité que dédaigne l'orgueil des autres. Leurs bonnes inclinations se trouvent ainsi perverties, et ils se rendent coupables dans le bien même qu'ils s'empressent de faire.

Ils donnent beaucoup, mais ils désirent que tout un peuple les proclame ses bienfaiteurs. Les campagnes qui environnent leurs terres se ressentent toujours de leur présence; mais en cela que se proposent-ils? que le jour de leur arrivée soit un jour de fête, et le temps de leur absence un temps de consternation. Est-il donc charitable celui qui ne donne que pour obtenir, et qui, paraissant occupé de ses frères, s'occupe de ses propres avantages? Si nous ne savons pas renoncer entièrement à nous-mêmes, du moins songeons à nos vrais besoins; si nous semons dans le seul dessein de recueillir, que du moins notre récolte ne soit pas sur la terre, et ne périsse pas au premier jour. Ne vous privez point, dit Salomon, des récompenses du jour heureux, et ne laissez perdre aucune partie du bien que Dieu vous donne [1].

Un autre abus, qui est plus condamnable parce qu'il a des suites plus grandes, c'est une partialité produite par l'humanité même. La charité s'étend sur le genre humain; cependant la vraie charité a pour borne tout ce qui appartient à la justice. Si vous exercez un emploi,

---

[1] Ecclésiastique.

votre pitié ne doit pas empêcher les actes que vos fonctions exigeront. Soutenez la loi, sévissez contre le mal. Si même l'offense vous a concerné, si le délit à compromis vos intérêts, et que vous ne puissiez laisser à d'autres le soin de prononcer, jugez en juge; il est défendu d'absoudre arbitrairement. Vous pardonnerez comme homme ; comme magistrat, vous condamnerez : si vous pouvez ensuite soustraire le coupable aux peines que vous aurez décernées vous-mêmes, ce sera en implorant pour lui l'indulgence qui ne vous est pas permise.

Ainsi la sévérité que l'ordre exige n'interdit pas les émotions du cœur; mais la bonté, assujettie à cette rectitude, devient plus pure, plus égale, plus digne du principe de toute perfection. La bonté ne serait qu'apparente, si on la séparait de la justice; pour l'avantage d'un seul elle occasionerait le mal de plusieurs. Souvent la bonté ne voit que l'objet actuel; au contraire la justice, devant embrasser toutes choses, agrandit notre intelligence, qui est faible sans doute, mais dont les limites restent inconnues. Au milieu de l'iniquité, on peut se croire bon, et quelquefois même on est généreux : mais la seule justice réunit tous les devoirs; quand on a résolu d'être juste, on est bon et compatissant, on l'est nécessairement. Si donc vous vous glorifiez d'être porté à la bienfaisance, vous n'avez d'autre mérite que d'être homme, d'avoir reçu un cœur d'homme : mais celui qui sera toujours juste devient utile et sage parmi ses semblables; il est déjà dans les voies de la Divinité.

SOIRÉE XXVIII.

De la faiblesse de nos moyens, etc.

Que de grandeur dans le repos général! Que de charme dans le réveil, le rajeunissement des êtres, dans les nuances éthérées de l'orient lumineux! Que de majesté, que d'harmonie dans le mouvement de l'univers! Mais que d'incertitude au milieu même de cette volupté! Ceux qui jadis aimaient avec espérance le parfum des fleurs, et l'éclat des astres, et les chants du matin, ne verront-ils plus les astres et les fleurs? n'y a-t-il point d'aurore après la nuit où ils descendirent? Se rouvrira-t-il, l'œil qui est fermé sous la pesante poussière des tombeaux?

Quand le ciel est froid et nébuleux, je sens trop l'existence du mal; sans la perspective d'un autre monde, j'aurais peine à échapper aux misères du monde imparfait. Et, quand le ciel est pur, quand une lumière féconde se répand autour de ma demeure, le souvenir de l'ordre universel m'accable dans la solitude; un important besoin d'être plus grand m'éloigne de la douce simplicité dont je pouvais jouir, et je trouve beaucoup de tristesse dans l'inutile beauté des choses.

Mais le voile de la mort ne couvre-t-il point des beautés nouvelles, et des vérités heureuses? Un insecte a ses métamorphoses; la durée de la vie humaine, la continuité du sentiment sera l'un des mystères de la nature. Passe-t-on du néant à l'être, et de l'être au néant? Si l'esprit n'était qu'un accident de la matière visible, sentirions-nous qu'il est possible de vivre à jamais? La Divinité règne, et la pensée est nécessaire.

Les sensations que je reçois maintenant, et mes idées qui se multiplient, ces idées qui paraissent inépuisables ne sont peut-être qu'un pressentiment de la vie réelle. Un jour je la posséderai, je saurai ce que je suis dans les desseins de la sagesse. Le mal n'est qu'une discordance momentanée, la perfection doit appartenir à ce qui n'est pas soumis au temps : le doute, l'irrégularité, les vicissitudes peuvent attrister un lieu de passage; mais au delà se retrouvent la règle et la permanence. Si Dieu existe, tout est ce qu'il doit être. Or, si Dieu n'était pas, comment la matière eût-elle été vivifiée? comment me sentirais-je moi-même, et verrais-je ce que je vois? Éternité, deviens mon asile! Que je sois conservé selon la promesse que j'ai cru entendre ! Mais si le désir m'a trompé, si Dieu n'existe pas, les traces du vrai sont donc perdues, et la raison ne peut rien. Que m'importent alors ces vagues perceptions, ces lueurs d'une science obscure, ou d'une joie insensée? Pourquoi des efforts, des soins, des craintes? si Dieu n'est pas, s'il faut que je meure enfin, pourquoi vivre aujourd'hui? Cependant, si le monde subordonné à l'intelligence est incompréhensible, le monde sans elle serait contradictoire : cette différence me suffit ; elle me semble assez frappante pour me ramener à des lois qui apparemment ne devaient point nous parvenir avec une plus heureuse clarté.

Les choses de la terre sont-elles plus assurées ? quelle certitude se promet-on au milieu des mortels? Vous préférez, dites-vous, à des temps inconnus les momens que vous pouvez posséder; mais vous n'en possédez point; l'inconnu est partout devant vous, et l'heure que vous n'achèverez pas est celle-même que vous avez commencée. Vous voulez pour votre partage des biens positifs, des biens visibles : néanmoins, ce que vous voyez n'est déjà plus; et ce qui sera, vous ne le voyez pas, vous le conjecturez seulement. Votre assurance vous égare; il ne peut exister pour vous que des probabilités. Quand vous vous levez avec audace, vous n'êtes pas sûr de vous tenir debout, et le globe où votre pied s'appuie n'est pas un fondement assez ferme. Pourquoi l'instant qui le détruira serait-il éloigné? Le calme qui soutient les mondes dans la partie de l'espace où notre vue s'étend, peut cesser tout à coup; un souffle des vents de l'abîme dérangera ces globules nombreux, cette poudre qui brille dans la nuit vaste, et dont nous comptons avec admiration les grains étincelans.

Et, avant que la terre périsse, toutes choses ne périssent-elles pas sur la terre? On voit la lumière se renouveler chaque jour, on s'y habitue comme si elle devait renaître à jamais. En commençant un voyage, on se dit qu'on reviendra sur le même navire, et qu'on retrouvera ses jardins, sa maison, sa famille; cependant c'est par un bonheur particulier que l'on reste vivant soi-même, et qu'on revoit sur une plage étrangère un seul de ses vieux amis. Plongés dans la mobile étendue, nous ne saurions retenir avec confiance ni la journée la plus courte, ni le sol le plus étroit; et, s'il n'existe point une volonté toute puissante, nous allons tomber sans conserver même le souvenir de notre passage, ou le sentiment de nos pertes.

Que ferai-je dans la vie présente ? Je sais qu'il est pour nous des minutes assez douces ; je ne méconnais point les dons du génie, les jouissances du cœur, ou même d'autres avantages que les besoins des sens reproduisent tous les jours. Ces faveurs nous sont offertes pour que nous trouvions dans notre exil une image de la patrie céleste, mais nous dénaturons ces biens livrés à notre imprudence. On voit facilement combien la terre serait belle si les hommes, en conservant leurs facultés, réprimaient ces perpétuelles fantaisies qui trompent leur discernement, qui rendent leurs calculs téméraires, et leur industrie fatigante. Il suffit d'observer ce qui est sous nos yeux, pour sentir que la loi générale est une loi de justice et de fécondité. Malgré nos fautes, et malgré les larmes qui peuvent obscurcir notre vue, nous découvrons dans ce que l'homme n'a pas fait la majesté d'une conception divine.

Quelquefois cette grandeur m'accable, et quelquefois elle me soutient. L'immensité me satisfait comme si elle devait être le domaine de l'homme ; mais en d'autres momens je suis frappé de ma détresse, et l'avenir ne m'offre pour délivrance qu'un muet repos, les siècles du sépulcre. O souveraine justice ! O bonté de la vraie force ! O justice ! ne suis-je rien devant toi quand la douleur m'affaiblit ? Écoute les soupirs de cet être à qui tu as donné de t'apercevoir. Quel sera son refuge ? Qui entendra sa misère ? qui le soutiendra contre les menaces de la mort ? Lui sera-t-il inutile de comprendre que Dieu est ?

SOIRÉE XXIX.

Examen de soi-même ; communication avec le monde invisible, etc.

Il est des notions générales qui deviennent la base du travail de l'esprit : elles conservent leur influence lors même qu'on n'y songe pas expressément ; c'est une sorte de milieu dans lequel on évalue les motifs, et qui répand beaucoup de clarté sur nos divers jugemens. Telle doit être l'idée d'un témoin irrécusable de nos mouvemens intérieurs, d'un juge à la fois sévère et miséricordieux, qui peut secourir la faiblesse, mais qui ne pardonne point à l'iniquité.

Il serait bon que dès l'enfance on eût pris l'habitude de se considérer comme étant sous les yeux du juge céleste. Quel homme osera recourir à des déguisemens insidieux, à des subterfuges, s'il pense que nous sommes entendus de celui que toute imposture offense. Soyons vrais avec un sentiment religieux ; nous le serons scrupuleusement toutes les fois que nos discours pourront avoir quelque suite morale, non-seulement par les faits dont nous parlerons, mais aussi par notre manière de nous énoncer. Dans la circonstance la plus indifférente en elle-même, ce serait encore ou une hypocrisie, ou une profanation, de choisir en débitant des fables, les termes imposans qui sont faits pour attester la vérité. Nulle plaisanterie, si elle ne peut être aussitôt donnée pour telle, n'autorise à surprendre la confiance, à conserver un ton qui semblerait dire qu'on est incapable de proférer des mensonges.

Un homme que j'ai vu s'était acquis, par un long artifice, la plus grande réputation de sincérité ; il attendait, pour tromper, qu'il en pût tirer quelque avantage considérable. L'occasion vint, il se l'était ménagée. Une seule parole lui a suffi pour prendre possession d'un bien auquel il n'avait point de droit. Personne n'osa le soupçonner ; la franchise de ses discours était connue depuis si long-temps ! Plusieurs années après, démasqué d'une manière qu'il n'avait pu prévoir, il devint un objet d'horreur pour ceux-mêmes qui auraient peut-être oublié les faux sermens d'un autre homme.

Que celui qui est disposé à la vanité au milieu de ses semblables, considère ce que doit être la perfection réelle, et même à quel degré de perfection relative s'élèverait un homme qui s'efforcerait constamment d'imiter, pour ainsi dire, le modèle inimitable. Fût-il souvent difficile de s'estimer moins que ceux dont nous remarquons les défauts, cela ne devrait pas détruire l'humilité naturelle à tout homme qui ne s'aveugle pas lui-même. Le coupable que nous condamnons aujourd'hui, se corrigera; il se repentira, il vaudra mieux que nous. Et d'ailleurs est-on suffisamment juste, parce qu'on n'est point aussi vicieux qu'il soit possible? Dans mes désirs, dans mes actions, dans mes pensées, combien je suis loin de me voir irréprochable, autant qu'on doive espérer de l'être! Si je le devenais un jour, et qu'alors je sentisse quelques mouvemens d'orgueil, je pourrais me dire encore : ce que je n'ai pas même entrepris, d'autres l'ont achevé; ils en furent jugés plus dignes, et ils ont fait ce que tout au plus j'ai projeté de faire.

Cependant que sont les travaux même du premier d'entre nous? En tout genre quelle stérilité! L'espèce humaine n'a jamais produit rien d'égal au fil d'un ver, à l'aiguillon d'une mouche. La nature a-t-elle besoin des forces de l'homme? Les germes qu'il sème, se seraient arrêtés ailleurs. Le fleuve qu'il dirige, aurait fertilisé d'autres provinces. Le bétail dont il a soin, devient moins nombreux que tant de libres habitans des mers errans sous les glaces du pôle. Ses mains adroites, sans puissance, réunissent ou divisent des matériaux qu'elles ne peuvent ni former ni détruire; et l'effet réel de tout ce travail ne sort point des limites du néant. Ne dois-je pas croire que des bornes presque aussi étroites lui sont marquées dans le monde moral? Le désintéressement, la constance, l'élevation peuvent être, à des degrés différens, le partage de plusieurs intelligences supérieures à l'homme actuel; et c'est en vous seule, ô source de toute beauté, de toute réalité! que se trouvent la sagesse et la certitude, la justice et la bienfaisance. Que sera-t-il devant vous ce mortel fragile? Les ténèbres l'enveloppent, ses propres recherches le trompent, et dans le trouble de son abaissement, il ne sait pas mesurer l'intervalle qui le sépare d'une véritable participation aux choses célestes.

Quelle nécessité d'ailleurs de se préférer à ses frères? Pourquoi mépriserais-je celui même en qui je n'ai rien vu de respectable? Comme il est des vices cachés, il est des mérites secrets, et les plus belles qualités ne sont pas toujours celles que l'événement fait apercevoir. Je puis supposer les hommes que je rencontre meilleurs qu'ils ne paraissent l'être : la justice rigoureuse est inutile ici ; je n'ai pas à les juger, mais je dois me juger moi-même. Je me trouve à une si grande distance de la perfection, cette distance me frappe si justement, que je ne m'arrêterai pas à celle qui peut exister entre des mortels asservis à leurs mauvais penchans, et un autre mortel qu'une grâce particulière a peut-être affranchi. « Que chacun examine ses propres actions, et alors il trouvera sa gloire en ce qu'il verra de bon dans lui-même, et non point en se comparant aux autres[1]. »

L'homme le plus digne d'estime ou d'indulgence n'est pas celui qui a fait le plus, mais celui qui a montré le plus de zèle dans ce qu'il avait à faire. Nul peut-être n'a tenté tout ce qui était possible; mais beaucoup aussi n'ont pas fait mieux, parce que l'occasion ne s'est pas offerte. Ils seront jugés par celui qui seul connaît leurs intentions. Pour moi, je ne suis pas même assuré de la valeur des miennes : ai-je commencé ce que malgré ma faiblesse, je devais entreprendre; ai-je demandé du moins le degré de force que j'eusse pu recevoir? Souvent présomptueux dans mes espérances, j'ai manqué de courage et de fermeté dans mes actions. Peut-être ai-je heureusement évité le mal; il fallait quelque chose de plus, il fallait

---

[1] Saint Paul aux Galates, 6.

savoir faire le bien. Je puis avoir trop redouté les obstacles, et avoir voulu trop particulièrement une paisible modération : la vraie fin de la vie n'est pas cette tranquillité.

Cette paix d'un jour est désirable, sans doute; mais seulement comme un avantage relatif, comme un moyen de rendre plus assurée notre marche vers le seul but qui réponde à la hardiesse de nos vœux. La plupart des empêchemens qu'il faudrait vaincre sont extérieurs; une prudence légitime fuit les périls, une sainte assurance les braverait en plusieurs rencontres. Je crois avoir bien fait de chercher un asile ; mais dans cette sécurité qu'il procure, ne me suis-je pas imposé des devoirs trop limités? On méconnaît d'abord sa faiblesse; et, plus tard, une autre erreur fait oublier les ressources de celui qui ne redouterait autre chose que de manquer à la loi de Dieu. Si j'ai entrevu le monde réel, je devrais n'attacher aucune importance à des maux circonscrits dans le monde illusoire. En méprisant les promesses des hommes, serais-je donc resté sous le joug de leurs opinions; en renonçant aux biens qui vont finir, craindrais-je les peines qui ne sauraient avoir plus de durée?

Si l'homme jeté sur la terre pour y marcher durant un jour, doit être réellement la proie de la mort, m'applaudirai-je d'un choix scrupuleux entre des sentiers qui tous conduisent au même abîme ? Notre vie au contraire n'est-elle qu'une préparation ? Alors il ne s'agit plus de se voir moins malheureux maintenant, mais de se rendre digne du bonheur invariable. Quelle que fût l'incertitude de celui qui aurait vécu selon la justice, du moins il pourrait se résoudre à l'alternative de l'anéantissement, ou d'une destinée nouvelle qu'il entreverrait sans crainte. La vieillesse a d'autant plus besoin d'une telle sécurité qu'elle n'a plus d'espérance sur la terre. Notre vieillesse sera douce ou affreuse, suivant l'usage que nous aurons fait de nos fortes années. La nouveauté des choses éblouit votre adolescence ; mais bientôt votre vue sera plus forte, vous songerez à la dernière heure, et la légèreté des enfans du siècle vous surprendra. Si le vieillard a eu jadis de la modération, il lui reste un paisible sentiment de l'existence; s'il a été vicieux, il ne lui reste que des terreurs.

Ne dites pas : Qu'importe ce triste retour? il faut jouir dans la saison de jouir. Malheur aux esprits faibles que séduisent de telles puérilités! N'y eût-il rien de possible après la vie actuelle, le dernier âge serait encore celui dont la prudence s'occuperait, par cela même qu'il est le dernier. La jeunesse a nécessairement des consolations.

mais les maux de la vieillesse peuvent devenir intolérables. Et d'ailleurs la perspective d'une tranquille soirée embellit la journée entière. Vous l'avez toujours éprouvé dans la distribution de votre temps, ce n'est pas le matin qui exige les occupations les plus douces; une heureuse attente nous distrait de nos ennuis, et quelquefois même nous fait aimer des travaux assidus.

Sans doute, il paraît commode de laisser couler les heures en s'abandonnant aux conjonctures, d'oublier les suites de nos faiblesses, de ne rien voir au-delà des impressions journalières, et de prolonger les songes de l'indépendance. Cette situation serait favorable si réellement on ignorait qu'il faudra tout perdre, si on vivait dans la simplicité où restent quelques hommes, dans une liberté sauvage. Mais nous qui savons que la mort va dissiper toutes les apparences, nous nous attacherons à d'autres pensées, nous chercherons un aliment qui suffise à l'insatiabilité de nos cœurs.

Dès que l'on a découvert en soi l'homme moral, dès que l'on commence à se connaître, on sent le besoin de régler une conduite dont les effets peuvent être perpétuels. Pour donner à ses facultés toute la force dont elles sont susceptibles, il faut constamment s'examiner soi-même; cette pratique a été recommandée par des sages, et le christianisme l'a consacrée. Dans cet examen de ses propres sentimens, on se partage en quelque sorte; on condamne sa volonté même, et d'autres intentions écartent les premiers motifs. L'homme des temps futurs, l'homme impartial juge l'homme actuel qui pourrait être abusé; l'homme pensant observe les inclinations de l'homme sensible: ou, mieux encore, cette partie de nous-mêmes à laquelle tout devrait être subordonné, la raison, se trouve représentée par une autre intelligence étrangère aux vicissitudes. Ce guide toujours prêt à nous réprimer et à nous instruire, ce génie tutélaire rendra moins effrayant l'intervalle qui nous éloigne de la source de toute assistance. Il se laisse entrevoir comme un modèle; il nous soutient et nous console, il nous rapproche, selon nos moyens terrestres, de l'unique perfection. Ainsi nos efforts seront dirigés, et notre prière sera entendue; nous aimerons la vérité dans nos jours illusoires; nous nous avancerons vers ce qui est à jamais, en observant l'apparence actuelle, image trop peu distincte du monde inconnu.

SOIRÉE XXX.

Des œuvres conformes à la croyance, etc.

Tandis que plusieurs hommes qui raisonnent avec justesse se montrent inébranlables dans leurs devoirs, bien qu'ils n'attendent rien au-delà du trépas, on en voit d'autres pour qui les peines ou les récompenses futures ne sont pas même l'objet d'un doute, s'abandonner à leurs tentations, et ne pas craindre de souiller d'un mal si dangereux dans leurs propres idées, les jours rapides qui précèdent le jugement. La fermeté des premiers peut surprendre à quelques égards, mais il est beaucoup plus difficile d'expliquer l'inconséquence de ceux que rappelle une réflexion de saint Augustin. Encore attaché aux erreurs de sa jeunesse, il se disait : Paraîtrai-je excusable, le serai-je, si, croyant ce que je crois aujourd'hui, je continue à vivre comme j'ai vécu ?

Quand l'homme juste n'espère pas l'immortalité, sans doute il est à plaindre. Que manque-t-il à ses vertus pour qu'elles fassent à jamais son bonheur ? Elles sont trop désintéressées en quelque sorte, elles devraient être plus faciles.

On dirait que le prix ne lui a pas été proposé ; ce qu'il faudrait faire pour l'obtenir, il le fait, et il n'aperçoit, malgré cette vigilance, que la destruction et l'oubli.

Mais vous à qui l'avenir est promis, et qui vivez comme si l'avenir était chimérique, vous verrez cet incrédule s'élever contre vous à l'heure de la manifestation. Selon votre croyance même, vous le verrez alors rejeté comme vous, désespéré comme vous, mais seul vraiment digne de pitié ; vous l'entendrez vous dire : Par quelle folie vous êtes vous perdu ? vous saviez que la doctrine venait de Dieu même, et vous ne vous êtes pas prosterné ; les vérités vous semblaient palpables, mais le mensonge vous plaisait davantage ; les cieux vous étaient ouverts, vous avez refusé d'y entrer. Cette gloire qui vous était offerte, vous la négligiez pour des biens abjects que je dédaignais, moi qui n'attendais rien de vraiment grand. Vous étiez certain que des secours seraient donnés à celui qui marcherait dans les routes du salut ; vous étiez certain qu'un juge à qui rien ne peut échapper, observait vos pas : mais moi, je me plaignais qu'il n'y eût point une patrie à conquérir, et je disais dans mes gémissemens, que l'homme serait heureux de voir le ciel après avoir combattu mille fois mille années. Aveuglement inexplicable ! Vous vous attachiez à une fragile demeure, à une prison étroite, à ce point qu'on discernerait à peine dans l'étendue ; vous avez oublié le monde essentiel, ce colosse sans extrémités, ce géant sans vieillesse.

Que lui repondrez-vous ? N'a-t-il pas fait au milieu des incertitudes, et pour le calme d'un moment, tout ce que vous aviez à faire pour mériter un bonheur incorruptible ? Vous croyez, dites-vous, à l'immortalité, à la rémunération ; cependant vous vivez comme vivraient ceux qui n'y croiraient pas. Vous connaissez la loi, et des coutumes vous entraînent ! Vous savez que Dieu gouverne, et vous avez des passions !

Mais est-il vrai qu'un même homme réunisse ces contraires ? Votre foi ne serait-elle que le souvenir de l'opinion de votre famille, qu'un faible et paresseux consentement ? Une foi réelle ne permettra jamais de s'arrêter à des objets mondains ; jamais ils ne subjugueront une âme occupée des perfections inaltérables. Essaye-t-on de résister au pouvoir qui ouvre et ferme les cieux ? La félicité parfaite vous serait connue, et vous ne sacrifieriez pas le trouble rarement amusant, la périlleuse agitation d'un petit nombre d'heures ? Dans les décrets de celui qui observe les hommes, au grand jour de l'appréciation de leurs mérites, quelle sera la valeur d'une foi qui présentement ne produit rien pour vous-même, et rien pour vos semblables? Vous n'avez su en tirer ni des fruits de prudence, ni des fruits de miséricorde: *Ex operibus justificamur*[1].

O deux fois heureux celui qui verrait clairement et cette doctrine universelle, et cette vie impérissable! Combien il lui serait facile de suivre ses propres intérêts, et de reconnaître la beauté qui frapperait ses yeux! La tête de l'homme est faible; son courage est inconstant; le désir qui lui donne tant d'assurance n'est peut-être que le soulèvement d'une stérile poussière. Cependant, si le bonheur futur n'était pas annoncé à peu d'élus; s'il était indubitable, avec quelle docilité, ce semble, avec quelle persévérance l'on se détacherait de ce qu'on ne peut aimer toujours, avec quelle joie on s'habituerait à ne chercher dans le cours des choses que les mobiles figures de l'œuvre indestructible!

Quel est enfin le mortel le plus sage, et, malgré l'épaisseur du voile funèbre, quel est le plus heureux? Est-ce celui qui s'agite, qui s'élève, qui commande, qui réussit à éblouir les peuples? Ou n'est-ce pas l'homme qui s'est retiré de tous ces jeux, et qui attend avec calme et espérance,

---

[1] Ép. de saint Jacques, ch. 2.

à la fin d'un court trajet, une lumière moins incertaine, des facultés plus glorieuses, et des joies plus sûres ? Il ne hait point les heures présentes, mais elles ne contiennent rien qui puisse l'asservir. Il use des choses simples; il ne désire pas de cesser de vivre, il ne désire pas de vivre long-temps. Les erreurs de la société ne l'irritent point; il les quitte, et les oublie. Dans une longue paix, ils pressent avec confiance la secrète perfection des desseins de Dieu. Il a trouvé sur une plage équatoriale une entière indépendance, et il aimerait la terre, si la terre pouvait lui suffire. Exempt de craintes, de besoins variés, de devoirs trompeurs; sous un abri que la nature entretient; nourri des fruits que chaque saison renouvelle; loin des climats sombres ou des plaines populeuses, et du mouvement des ports, et du bruit des arts; loin des larmes et des cris de misère; sans passions, sans remords; sans gloire, comme sans humiliations; ignorant et les triomphes inutiles, et les louanges que la bonne foi prodigue à une loyauté fausse, et toutes les catastrophes des nations, il s'observe lui même pour se rendre digne d'une existence plus forte. Solitaire en aimant les hommes, et religieux sans faiblesses; satisfait parce que la vie actuelle a ses dons, et toujours tranquille parce qu'elle ne sera bientôt plus, il regarde s'approcher pour lui le dernier rayon du jour terrestre; il cherche à discerner, au milieu des profondeurs inconnues, quelques accens de la voix qui peut dire : Tu cesses d'être; mais qui sans doute prononcera : Tu vis dans l'éternité.

Moi aussi; je me soutiendrai, comme dans un lieu d'attente, sur ce globe où nous devons rester si peu. L'écrit que je me propose de laisser, voilà presque mon seul lien avec le siècle. Et, dans ces rapports même, qu'y a-t-il de relatif à des vues temporelles? On ne saura pas quel fut le solitaire dont on lira les pensées. On ne s'informera pas s'il possédait les avantages que nous ne possédons qu'un jour, s'il naquit dans une condition élevée, s'il devint heureux en changeant d'habitudes; mais on examinera si toutes ses paroles semblent dignes de la vérité qu'il invoquait, s'il a mérité qu'on l'écoutât, s'il fut un homme droit, et soumis à l'Éternel.

Non, je ne veux pas que l'on me croie plus sage et meilleur que je ne le suis, plus fort que je ne saurais l'être. Je n'ai pas vaincu; je combats tous les jours. Je l'avouerai même, si rien n'existait au-delà de ce que nous voyons, il me manquerait quelque chose pour que j'aimasse sans réserve ma demeure silencieuse. Mais enfin, eussé-je été persuadé de tout perdre en mourant, je n'aurais pas voulu rentrer dans la servitude : malgré cette triste conviction qui paraîtrait justifier le soin qu'on prend si souvent de s'oublier soi-même, jamais je n'eusse quitté des lieux tranquilles, pour les grandes occupations et les nobles ébats, pour le tumulte des villes florissantes.

Des impressions variées peuvent contribuer à entretenir le courage de l'esprit ; mais pour qu'elles deviennent bonnes, peut-être faut-il qu'elles soient produites par des objets indépendans de nos erreurs. Les embarras que nous susciterait l'imprudence de nos vœux, ne seraient propres qu'à nous égarer davantage. J'aime les dangers qui remuent l'âme, et non ces craintes froides qui la troublent seulement, et qui la troublent sans cesse. Les longues inquiétudes énerveront enfin le mâle caractère que fortifieraient les périls momentanés d'une vie simple. Dans celle du monde, l'opposition des intérêts demande une dextérité aussi futile que fatigante ; les vives émotions m'y paraissent déplacées : nous avons besoin d'être agités, sans doute, mais non de l'être par de petites choses.

Dans la nuit la plus obscure, si le tonnerre semble ébranler les rocs autour de moi, cette terreur naturelle ne m'attriste point. J'aime les nuits paisibles, mais j'aime aussi les nuits orageuses. Quelques heures après, la sérénité du ciel se joint à la fraîcheur du matin; et la foudre n'a pas frappé le mélèse qui étend au-dessus de mon toit ses branches que le printemps doit rajeunir encore. Dans la solitude, les jours pénibles ressemblent à ces orages; un calme inconnu des autres hommes succède ici à l'anxiété d'un moment, et prolonge en nous le désir de la véritable existence.

Je n'ai pas su me garantir de tous les écarts de la pensée : la paix dont je jouis est précaire; je l'éprouve quelquefois avec autant de honte que de découragement. L'ennui revient, il surmonte tout; il renouvelle de faux besoins, et je me sens inondé d'amertume. Mais de tels instans sont rares; la fatigue du corps épuise l'activité trompeuse, qui ne me laisserait apercevoir autour de moi que l'abandon et l'uniformité. Jamais d'ailleurs cette tristesse ne me donne le regret du monde, de cette fumée qui le nourrit, de ces machinations qui l'occupent sans relâche. Je puis être encore assez faible pour songer aux biens que la terre offrirait si les hommes l'avaient voulu; mais je croirais ma raison égarée sans retour, si je me surprenais à aimer l'alternative des misères et des plaisirs, une ostentation risible, un labeur interminable, une bruyante confusion où jamais on ne se sent vivre par ses propres forces.

Dès long-temps je l'ai quittée cette terre que les hommes se sont faite. Que je sois écouté comme un mourant qui, des portes de l'avenir, crierait à ceux qui vivent : Vos douleurs passent, vos inclinations changent, mais les choses infinies ne changeront pas. Tandis que rien encore ne semble irrévocable, entendez la voix qui m'a soutenu chaque jour, et que transmettent jusqu'à vous mes derniers accens. Implorez le Dieu qui pardonne ; commencez à vivre sous l'empire de celui qui veut la justice, et qui donne l'intelligence ; renoncez à ce que le temps consume ; cessez un travail qui produirait le repentir ; laissez des domaines dont il faut sans cesse relever les débris, et préparez-vous à entrer dans les régions où le mal est inconnu.

www.ingramcontent.com/pod-product-compliance
Lightning Source LLC
Chambersburg PA
CBHW072139080925
32272CB00036B/2326